核心素养背景下
高校语文教育教学研究

吴忠湘　冯桂华　著

吉林大学出版社
·长春·

图书在版编目（CIP）数据

核心素养背景下高校语文教育教学研究 / 吴忠湘，冯桂华著 .
— 长春：吉林大学出版社，2022.11

ISBN 978-7-5768-1268-8

Ⅰ . ①核… Ⅱ . ①吴… ②冯… Ⅲ . ①大学语文课 – 教学研究
Ⅳ . ① H193

中国版本图书馆 CIP 数据核字 (2022) 第 233177 号

核心素养背景下高校语文教育教学研究

HEXIN SUYANG BEIJING XIA GAOXIAO YUWEN JIAOYU JIAOXUE YANJIU

作　者	吴忠湘　冯桂华
策划编辑	邵宇彤
责任编辑	冀　洋
责任校对	张　驰
装帧设计	林　雪
出版发行	吉林大学出版社
社　址	长春市人民大街 4059 号
邮政编码	130021
发行电话	0431–89580028/29/21
网　址	http://www.jlup.com.cn
电子邮箱	jdcbs@jlu.edu.cn
印　刷	定州启航印刷有限公司
开　本	787mm × 1092mm　1/16
印　张	14.75
字　数	328 千字
版　次	2022 年 11 月第 1 版
印　次	2023 年 1 月第 1 次
书　号	ISBN 978-7-5768-1268-8
定　价	89.90 元

序言

伴随高等教育领域课程改革的深入，核心素养的提出为高等教育领域内各学科走内涵式发展道路提供了建设思路，指明了建设方向。而高校语文作为帮助大学生形成正确的人生观、世界观和价值观的支柱学科，不仅需要对大学生的语言知识、语言能力进行培养，更重要的是，在语文教学过程中，注重对大学生在优秀文化继承与发展等人文素养方面进行培育，从而坚定大学生的文化信仰，为大学生的全面发展打下坚实的知识、能力、素质基础。

高校语文因其学科本身的工具性、人文性和综合性特征，铸就了它有别于其他学科的丰富内涵与深厚情怀。人们工作、学习、生活的任何内容都与语文息息相关。通过语文的学习，尤其是高校语文的学习，不仅能提升学生的思维力与创造力，还能增强学生的文学鉴赏力与审美力，同时，语言运用能力的提升会使学生的精神世界更加丰富，情商更高，人格更完善，其作用不可低估。但是，在实际教学过程中，高校语文教育教学却面临着严峻挑战。课程建设滞后、课时安排短缺、师资力量薄弱、教学手段单一、教学方法陈旧、师生兴趣不高等问题依然存在，有的高校甚至砍掉了语文课程。面对新时代素质教育的要求和高校人才培养模式改革以及创新型人才的社会需求不断加深，如何更加科学有效地开设好高校语文这门事关中华优秀传统文化传承和新时代创新人才综合素质提升的文化基础课程，是一项值得不断探索的新课题和十分有意义的教育创新工程。

时代环境的变化对高等教育有了更新的要求，高校语文是中华优秀传统文化传承的必要途径。本书是一本有关高校语文教育教学的专著。本书首先介绍了语文教育的本质和核心素养的相关概念；其次，分析了高校语文的教学现状及存在的问题，重点介绍了高校语文文体阅读教学、写作教学和口语交际教学；最后，提出了核心素养背景下高校语文教育教学创新路径。本书共九章，由吴忠湘、冯桂华共同撰写完成，第一、二、三、四、五章和第六章第一节由冯桂华撰写，第七、八、九章和第六章第二、三、四节由吴忠湘撰写。全书内容务求实用丰富，言辞表达力求准确、明晰、流畅。

　　探索并实践高校语文创新教育途径，可以让中华优秀传统文化得到更好的传承，让教育的核心目标得以实现，尤其是对全面提高大学生语文素养方面有着不可替代的作用，能对大学生未来的发展奠定良好的基础。这既是文化自信的表现，也是文化自觉的行动，更是教育者的责任担当。

作者

2022 年 6 月

目 录

第一章
语文教育的本质

第一节　语文教育的工具性

语文教育包含双重含义：教学语言和使用语言教学。无论是叶圣陶先生的"口头为'语'，书面为'文'"说，还是吕叔湘先生的"语言文字"说，只要我们不做狭隘的理解，语文的内涵都是非常清楚的。在教育教学中，语文有别于其他学科，语文学科的教学需要研究与探讨语言本身，不仅要理解其表达的是什么，还要研究是怎样表达的，以及为什么这样表达。而学习其他学科，语言只是一种媒介。由此不难看出，从学科特点而言，作为交际工具、思维工具和文化传承工具的语文，要臻于熟练地掌握它，就始终不能脱离语言的工具性。重视语言训练是语文学习的必由之路，换句话说，脱离或忽略语言工具性特点的语文课都不是真正意义上的语文课。语文学科的重要任务之一，就是让学生系统地学习语言，提高学生正确理解和运用语言的能力，提高学生的观察能力、感受能力、想象能力、思维能力和创造能力，以加深对祖国语言的认识和热爱。语文教育的工具性就表现在语言本身的工具性和语文学科的工具性两个方面。

一、语言本身的工具性

语言是一种社会现象，不是自然现象，也非个人现象。语言和人类社会有着紧密的联系，它依存于社会，更是组成社会的一个不可或缺的因素，是推动社会发展的重要力量。语言是随着人类的产生而产生的，是人类区别于其他动物的一个重要标志，只有人类才有语言。人与人之间、人与社会之间的联系有赖于语言，有了语言，生活在同一社会的人才能共同生产、生活，才能在生产活动和社会实践中得以协调并共同行动，才能相互交流生产、生活的经验。没有语言，人与人之间的联系无所适从，社会也会解体。总之，语言与社会有着密切的相互依存关系，语言是人们生产、生活的工具。而交际工具、思维工具、思想文化的载体是语言工具性的主要表现。

（一）语言是人类最重要的交际工具

"语言从我们生命伊始，意识初来，就围绕着我们……语言犹如我们思想和感情、知觉和概念得以生存的精神空气。在此之外，我们就不能呼吸。"①人生活于世界之中，人也生活在语言之中。"语言给世界中的事物命名，世界在语言中向人类开启世界之为'世界'……人总是以拥有语言的方式'拥有'世界，语言把人引领入'世界'之中。"②人类的说和写都是为了表达思想、进行交际，而说和写所用的语言就是表达思想和进行交际的工具。

语言是获取、储存、转换、表达信息的重要手段。在现实生活中，人们利用语言工具来表达自己的思想，也通过语言工具理解他人表达的思想。语言对于社会所有成员都是共同的、统一的，不论地位高低、学养优劣，所有人都得遵守社会的语言习惯，谁都不能垄断。但与此同时，人们在使用语言的过程中又可以有不同的风格。比如，一般百姓和学界泰斗在遣词造句上就会存在极大的差异，人在私人场合和社交场合说话用语必然有所不同，但又都不能偏离语言的基本规则。又比如，人们喜闻乐见的相声艺术，它的语言表达不同于说书艺术，也不同于其他的文艺作品，更有别于学术论文。它以通俗易懂、幽默含蓄见长，但又不突破人们平时共同遵守的语言规则。所以，尽管表达上有变异，但并不影响受众对它的理解。

众所周知，人们在交际时常用的是语言，但又不限于语言。除了语言，文字、肢体语、旗语、电报代码等也是人们熟知和惯用的交际工具。但无论是文字，还是肢体动作，或其他图形符号等，都是建立在语言基础上的辅助性交际工具。比如文字，是用来记录语言的，利用文字，可以打破语言交际的时空限制。但是，文字在交际中的作用远不如语言，一个社会可以没有文字，但是不能没有语言；没有语言，社会就不能生存和发展。只有语言才是人类社会不能缺少的、与人类社会生活的各个方面关系最深的、能充分交流思想感情的交际工具。

（二）语言是人类思维的工具

语言是人类创造的，是人们在社会劳动过程中，为适应交流、传递信息的需要而产生的。而思维是人脑的机能，是对外部现实的反映。语言和思维是两种独立的现象，但两者又如影随形。语言一经产生，就成为思维存在和发展的必要因素，是实现思维、巩固和传达思维成果的工具。依据巴甫洛夫高级神经活动生理

① 江月.浅谈语文教育生活化的实施途径［J］.现代语文（学术综合版），2017（07）：104-106.

② 张杰.语言建构了世界——对卡西尔《人论》语言观的一种文化人类学解读［J］.贵州社会科学，2010（09）：11-17.

学的原理，语言在人脑反映外部现实的生理机制中，担负着第二信号系统的职能。思维则是以抽象的形式间接地、概括地反映外部现实，而语言是思维活动的必要条件。没有语言，间接的、概括的思维活动就无法正常进行。语言是思维得以实现的工具，是思维存在的形式，准确、连贯、生动的语言对促进思维的发展起着重要的作用。思维成果凭借语言被记录、固定下来，思维的明晰化、形象化，又直接关系着语言的准确性、连贯性和生动性。语言不仅能实现思维成果的表达和传播，更能使思维在已有基础上得以发展。

语言是思维本身的要素，语言的发展水平标志着思维的发展水平。思维和语言是相互依存、相互促进的。语言是现实的思维，是思维的物质外壳；语言外壳又总是包含着思维的内容。思维的发展推动语言的发展，语言的发展又促进思维的发展。思维活跃开放，语言自然丰富灵活；思维板结凝滞，语言也就呆板贫乏；思维缜密，语言就会准确；思维混沌，语言也就模糊。

（三）语言是人类文化的载体

文化包括风俗、习惯、地理、历史、宗教、信仰、生产、生活等方面的内容。语言自从它产生的那一天起，就是以一定的形式和内容出现的。它表达着不同的意义，体现了它与客观世界、人类社会和思维的依存关系。任何民族的语言都记载着本民族的思想和文化。而任何一个民族的文化，都是历史的积淀，都反映着该民族人民的劳动创造、艺术成就、价值取向、共同观念和生活习俗等。因此，语言载体观也可以说成是：语言是用来"装载"文化的工具。

二、语文学科的工具性

与其他学科相比较，我国传统语文教学的历史最长。语言随着人类大脑和声带的发育而产生。语言的产生和发展为人类的群居奠定了基础，而群居就构成了人类社会。人类社会的发展需要有共同的交际语——口头语，但口头语不具备时间上的留存性和空间上的延展性，于是就促成了书面文的产生和发展。在口头语阶段，人们依赖的是口耳相传。但有了书面文，就必须有教育，语文教育也就是从有了书面文开始的。然而，从公元前6世纪春秋末期开始，直至19世纪末开办新学堂止，在这悠久的历史中，我国没有"语文"这个概念，也没有专门的语文教材。直至1949年中华人民共和国诞生，政治、经济、文化、教育等各方面都走上了新的发展道路，与上层建筑关系密切的语文教育也面临着创新发展的需要。恰逢此时，时任华北人民政府教育部教科书编审委员会主任的叶圣陶先生提出了"语文"这个新概念，并且指出"口头为'语'，书面为'文'"。此后，对何为"语文"又有过诸多解释。1950年版的语文课本提出"说出来是语言，写出来是文章"，即认为"语文"是"语言文章"；1956年版的语文教材分为"汉语"和"文学"，即认为"语文"为"语言文学"；1963年的语文教学大纲中有"理解运用祖国的语言文字"的表述。无论是"语言文字"说、"语言文章"说，还是"语言文学"说，语言始终是基础，文字、文章、文学都是在语言的基础上产生发展而来的，这也说明了语文学科是以学习语言和运用语言为主，旨在传授、培养学习其他学科所需的语文知识和人生所需的语文技能的一门学科。

（一）语文是学生学习的工具

各门课程的学习都以语文作为工具，因为任何一门课程的内容都无法不用语文作为表现形式，任何一门课程的学习都得从识字开始，都需要写字、阅读、口语表达的基本功，都需要思维活动。正如叶圣陶先生所言："语文是工具。自然科学方面的天文、地理、生物、数、物、化，社会科学方面的文、史、哲、经，表达和交流都要使用这个工具。"[①]

无论哪一门课程的学习，都离不开语文，除了需要语文来呈现其内容，需要运用语言文字来教学，还需要通过语文来呈现其学习的成果。比如学习笔记、学习心得、实验报告的撰写，毕业设计、毕业论文的完成，研究成果的总结与表述等，都需要借助语文来实现。尤其是理工科学生在项目论证、撰写实验报告、做计划安排、完成工作总结时，叙事说理、表意抒情都离不开语文，而且若缺乏归纳和总结能力，科研上、技术上的发展就不会有多大潜力。古人有言，"言之无文，行而不远"，如果想要把自己的所学所思记录下来，并且让其流传下去，就不仅要用语言把它表达出来，而且还需要表达得准确、生动、周详，否则注定"行而不远"。而能不能表达出来，和表达得好不好，都与语文有关。

从某种意义上说，语文类似于载我们到达彼岸的船，船只是我们所要借助和依赖的工具，但不是我们的目的。只有彼岸才是目的。可如果没有船这个工具，彼岸也就无法到达。

（二）语文是学生成长发展的工具

迄今为止，人与世界存在四种对象关系，即人与自然的关系、人与外界社会

---

① 王荣生.语文科课程论建构［D］.华东师范大学，2003.

的关系、人与他人的关系和人与内在自我的关系。语文是实现人与世界的这四种关系的工具，是认识自然、社会、他人和自我的工具。著名哲学家海德格尔在谈论人的本质时明确提出："世界存在于语言之中，语言是存在的家园。"[①]没有语言就没有世界，人也就失去了栖息之所。从这个意义上说，语言是立人之本，亦是人的根本存在方式。要使学生从一个无知的自然人成长为成熟睿智的社会成员，需要不断地学习以增长知识和才干，逐步养成健全的人格，这一过程每时每刻都需要借助语文这一工具。所以，我们需要引导学生通过自主的语言实践活动，积累言语经验，把握祖国语言文字的特点和运用规律，加深对祖国语言文字的理解与热爱，培养运用祖国语言文字的能力。

（三）语文是学生认识、参与、改造生活的工具

语文习得是学生成长发展的需要，更是学生生活的需要。每个人都拥有自己的生活，学生也不例外。作为生活的主体，他们也常常用他们特有的目光观察和研究周围的一切，常常为了能够更好地生活而适时地调整自我与周围环境的关系，甚至还有意识地通过他们的语言行为去影响、改变自己和他人的生活。而语文正是他们认识生活、参与生活、改造生活的主要工具。他们不仅运用语文生活，而且在自己的生活中学习运用语文。

语文学习与现实生活总是紧密相随，以至于难以分清谁是目的谁是工具。语文教学的目的从来就不仅仅是学习和掌握语文工具，而是要运用这一工具去认识生活、参与生活和改造生活。教学过程中不能仅仅把学生看作语文训练的对象、语言文字训练的主体，而是要让学生真正成为他们生活的主体，成为自主地学习运用语文这个工具能动地生活的主体。无数事实证明，无论是听说还是读写，学生只有真正联系自己的生活，真正融入自己的情感，才能将知识迁移和内化。

第二节　语文教育的民族性

语文教育通常指的是指导人们学习祖国语言的教育活动。语文课程是一门教学生学习运用祖国语言文字的课程。每一个国家每一个民族之所以都很重视语文课程、重视母语教育、重视民族传统文化教育，就是为了让自己的下一代热爱并

---

① 转引自：谢延龙.在通往语言途中的教育［D］.东北师范大学，2010.

掌握本国、本民族的语言和文化。"在民族语言照亮而透彻的深处，不但反映着祖国的自然，而且反映着民族精神生活的全部历史。人们一代跟着一代传下去，但是每一代生活的成果都得保留在语言里，成为传给后一代的遗产。一代跟着一代，把各种深刻而热烈的运动的结果、历史事件结果，信仰、见解、生活中的忧患和欢乐的痕迹，全部积累在本民族语言的宝库里。总之，一个民族把自己全部精神生活的痕迹都珍藏在民族的语言里。"[①] 正因为如此，语文教育就具有鲜明的民族性。由于语言是以特定的民族形式来表达思想的交际工具，在人对世界、对自身困惑的探究和理解的无穷进程中，语言占有核心地位，是维系人与世界各种关系的基本纽带，是人的思想、感情、意志的主要表达手段。因为人是按照他所学母语的形式来接受世界的，当这一民族在人类历史上作为稳定的共同体出现时，语言就深深地打上了民族的烙印。汉语为国际通用语言之一，属汉藏语系，以其独特的构形、语音、语义、语法和语用体现着中华民族的历史积淀，凝结着民族精神、民族情怀、民族立场，闪耀着华夏文明的光辉。汉语是汉民族的母语，在几千年的发展历程中，汉语融入了中华民族的情感、态度、价值观，也深深地打上了历史的、地域的、心理的烙印，是一种从形式到表达都充溢着浓郁的民族特性的语言。而语文教育的民族性正是由汉语独特的民族性所规约的。

一、汉语语音的民族性

我国是一个多民族、多语种的国家。汉语是我们中华民族的共同语，有古代汉语和现代汉语之分。现代汉语又分为标准语（普通话）和方言。古代汉语是古代汉族人所使用的语言，分为书面语和口头语，因为口头语言无法超越时空的限制，所以，我们现在所说的古代汉语，仅指被记录下来的古代书面语，也就是古代文献语言。现代汉语中的标准语，亦即我们大家熟悉的普通话，是我们国家的通用语言。普通话是在北方话的基础上发展而来的，是以北京语音为基础音，以北方话为基础方言，以典范的现代白话文著作为语法规范的现代标准汉语。

不同的语言各有自己不同的语音系统，不同的语音亦有各自不同的语音单位。汉语语音的发展大致可以分为上古、中古、近古和现代四个时期。上古音指先秦两汉时期的语音，中古音指六朝到唐宋时代的语音，近古音指元明清时代的语音，现代音则指以现代普通话语音系统即北京音系为代表的语言。普通话的语音系统主要包括声母、韵母、声调、音节以及变调、轻声、儿化等。音节在汉语语音系

---

① 程红兵.语文人格教育价值观新论［J］.河南教育（基教版），2007（03）：33-35.

统中具有非常重要的地位，它是区分汉语语系与印欧语系的一个重要标志。郭绍虞先生就曾指出："古人作文不知道标点分段，所以只有在音节上求得句读和段落的分明；骈文和古文甚至戏剧里的道白和语录都如此，骈文的匀整和对偶，古文句子的长短，主要的都是为了达成这个目的。"[①]因此，音节不仅是汉语与其他语系区分的标志，更使汉语语音产生了一系列与众不同的特点。

（一）汉语是富于音乐性的语言

按照我国传统的声韵分析法，音节分为声母、韵母和声调三个部分。声母为一个音节的开头部分，除零声母外，其余21个声母都由辅音充当，且以清辅音为主，清音声母17个，浊音声母只有4个。清辅音发音的特点是声带不需要振动，送出去的气流不带音；而浊音正好与之相反，发音需要声带震动，送出去的气流带音。但普通话音节中浊音少、清音多，故听起来富有音乐的美感。

韵母是一个音节中声母后面的部分，普通话有39个韵母，分为单韵母（一个元音）、复韵母（两个或三个元音）和鼻韵母（元音加鼻辅音）三类，每一类又可分为若干种。普通话的音节可以没有辅音声母，但必有韵母，如"啊（a）"；一个音节中可以没有辅音，但必有元音，如"优（iou）"。可见，普通话音节中元音占绝对优势，这就导致很多音节基本都是由复元音构成的。而元音是乐音，这样就使我们在使用普通话说话、诵读时语音响亮且动听。

声调是贯通整个音节高低升降的调子，即每个音节在读出来时的声音变化。普通话共有阴平、阳平、上声、去声四个调类，并有与之相对应的调值。普通话中任何一段语音流，往往都不会以一个调值的音位重复出现，而是四个声调错落有致地铺排在一段有意义的音流上，并在主要元音上完美结合。这样就使得语音产生出高低抑扬的起伏变化，从而在听觉上形成一种抑扬顿挫的跌宕美。

普通话语音的这些特点，使得我们的汉语成为世上最具音乐美的语言。无论是古代的"关关雎鸠，在河之洲"（诗经《关雎》）、"东风夜放花千树。更吹落、星如雨。宝马雕车香满路。凤箫声动，玉壶光转，一夜鱼龙舞"（辛弃疾《青玉案·元夕》），还是今天的"大河上下，顿失滔滔"（毛泽东《沁园春·雪》）、"小草偷偷地从土里钻出来，嫩嫩的，绿绿的。园子里，田野里，瞧去，一大片一大片满是的。坐着，躺着，打两个滚，踢几脚球，赛几趟跑，捉几回迷藏。风轻悄

---

① 转引自：何旺生.郭绍虞的中国诗学语言批评［J］.合肥师范学院学报，2010，28（04）：73-78.

悄的，草软绵绵的"（朱自清《春》），读来都跌宕有致，极富音韵之美。不论是诗词曲赋，还是散文，都致力于让语句如行云流水般流畅，并于极力铺排、点染中，以求得意象、意蕴的贯畅和音韵、节律的自然和谐。

（二）汉语是双音节占优势的语言

"偶语易安，奇字难适"，指的是偶数音节的组合更能给人协调匀称的感觉。汉语中得以广泛流传的成语绝大多数取四字格形式，是双音节化最明显的特征，其基本结构类型与双音节词语大致相同，如"破釜沉舟""千军万马""买椟还珠""四面楚歌"等，基本都是双音节的叠加，结构的整齐使音律更加和谐，表意的含蓄使表达效果更加典雅，彰显出语言的内在美。

即便是汉语中的单音节，也通过复合法、附加法等方法大量转变为双音节，而三音节和三音节以上的词语也大量缩略为双音词。比如一个人姓文，我们可称他"老文"或"小文"，却很少称之为"文"；一个人复姓"欧阳"或"上官"，我们一般不会称呼为"小欧阳"或"老欧阳"，"小上官"或"老上官"；而"网络购物""吹牛皮""装洋蒜"则习惯表述为"网购""吹牛""装蒜"等。从韵律上看，双音节是标准音步，双音节词汇就自然形成了鲜明的节奏感，诵读时更加朗朗上口，因而在使用时，无论是语音表达还是语句的组合，都会显得更加和谐优美。如诗句"昔我往矣，杨柳依依。今我来思，雨雪霏霏"（《诗经·采薇》）、"列缺霹雳，丘峦崩摧。洞天石扉，訇然中开"（李白《梦游天姥吟留别》），规整的节奏与韵律，宜记宜读，悦耳动听。即便是伴随着时代的发展而产生的一些新词汇，大多数也为双音节，如"网购""微信""点赞""麦霸""博客""淘宝"等。可见，直至今天，人们依然习惯于用双音节表示新事物或新现象。相反，有时若违背了双音节化这一传统，便会显得不和谐。比如"男大当婚，女大当嫁"这一俗语，若说成"男人大当婚，女人大当嫁"，便感觉有些别扭。

自古及今，人们习惯使用和乐于接受双音节，既是因为双音节化使汉语语音更加简单整齐、协调对称，更是人们的思维方式、认知方式使然。中国特有的地理位置、自然环境、气候条件、审美趣味等，养成了中国人追求不偏不倚、和谐对称的审美心理。无论是传统的四合院民居，还是皇家宫殿，其建筑格局都讲究"天圆地方"、秩序井然；园林设计中亭台楼阁与假山池塘的合理搭配，传统绘画中的留白，文学创作中的对仗与平仄等，都鲜明地体现出中华民族对"和谐对称"之美的崇尚。

二、汉语语法的民族性

语法是语言学的一个分支，指语言的结构方式，包括词的构成和变化、词组和句子的组织。每一种语言，尽管字形、字音不同，但其作用相同，都是用来"声其心而形其意"。且人类大脑构造大致相同，所以不同语言、不同民族的人的思维可以说是相通的，作为思维工具的语言自然也有相同之处，且"皆有一定不变之律"。随着德国哲学家奥斯忒（Hans Christian Ørsted）在 1630 年首次使用"普遍语法"这一术语，"普遍语法"研究也越来越受到语言学家的重视和认可。一切语言都有相似的语法范畴，如名词、动词等，但共性不能取代个性，普遍性不能代替特殊性。由于生活环境、历史发展、文化背景的差异，汉语语法与西洋语法有相同或相似之处，但也有不可替代的民族特征，主要体现在以下几方面。

（一）汉语语法的主体意识强

与西方注重细密严整的逻辑形式不同，独特的地理环境和生活方式，使中国人养成了注重情感表现的心理特征和整体观照世界的思维方式。如习惯于用感性直观的方式认知和审视外部世界与内在自我，对世界的把握和认识带有灵活性、宽泛性等特点。这种认知和思维方式不仅体现在中华民族的行为举止中，也体现在其语言上，表现在汉语的语法特性上，便是"以神统形"和"以意得言"。

印欧形态语言，其语法意义通过直接外显的、丰富的形态变化来表现。而汉语不同，汉语是思维主体化的产物，它依靠词语顺序或上下文的情境来表现，语序和虚词成为表达意义的重要手段。语序不同，语义就不同。如"我喜欢她"，换成"她喜欢我"，意思就变了。句意的变化只靠"她"和"我"的位置互换。如果加上一个虚词，如"也"，就能使两个句子的意思统一起来，即"我喜欢她，她也喜欢我"。语序的变化所带来的不仅仅是语意的轻重与强弱的改变，还会改变整个句式，因此所表达的意思也就随之变化。比如同样的三个语素"不""怕""冷"，由语序的变化，可搭配出"不怕冷""冷不怕""怕不冷"这三个表意不同的语法结构，实现语意重心的转移。另外，用的虚词不同，意义也不同，如"她和你去"和"她或你去"意思迥异。

汉语重意念，词语组合往往依靠意合，词序可选择以意念来贯通。这就使得词语的组合有相当程度的灵活性和一定的弹性，表现在句式上，则是动词、形容词可作主宾语，名词短语可以作谓语等，只要在语境帮助下不致造成误解，许多词语即便语法上不能搭配，也往往可以结合到一起。比如"最美最母亲的国度"

（余光中《当我死时》），"母亲"一词是名词，但在句中却活用为形容词，不但不觉得突兀和难解，反而给人一种凝练、贴切而又新颖的感觉。

汉语是以意义的完整为目的，依事理逻辑的流动铺排来完成内容表达的，如"枯藤老树昏鸦，小桥流水人家，古道西风瘦马"（马致远《天净沙·秋思》），九组名词、九种景物构成了传颂千古的名句，各种景物的关系以及它们各自的动态与形状跃然纸上，所依赖的不是合乎常规的语法，而是源于情与景的妙合、心和物的相通。这主要得益于中华民族善于观物取象，乐于得意忘象、以意驭形，思维的连贯和意义上的衔接依靠的是"词""句"和"辞格"的蝉联与接榫。这与以动词为中心搭起语序或句子脉络的固定框架，强调主谓的一致性的印欧语系是完全不同的。

汉语的语法也体现出一种整体性和具象性的特征，汉语的句子结构是散点透视的，它以内容的完整、意义的完整为目的，通过一个个语言板块（词组）的流动、铺排来完成内容表达的需要，讲究以"神"驭"形"。而且，汉语的精神不是西方语言那种执着于知性、理性的精神，而是充满着感受和体验的精神。汉语中的词很容易使人联想到相应的意象，汉语的表达就是在逻辑思维的指导、配合、渗透下相对独立的表象运动。

（二）汉语语法具有结构简约性

"七月在野，八月在宇，九月在户，十月蟋蟀入我床下""我选择，我喜欢"，前者省略了主语，后者作为一款运动鞋的广告词省略了宾语；"知己知彼，百战不殆"则是省略了虚词。这些是汉语注重意合、力求简约这一特征的典型例句，不像印欧语系语言具有严格的性、数、格等形态的变化。汉语省略句多为跳跃式结构，有灵活的构词方式、词类功能、词语搭配等，反映出汉语句法结构松散，成分具有较强独立性，但这种省略又在语言实践中易于为人们所接受。

这种情况既与中华民族传统思维模式有关，又是中华民族文化在句子形式和事理之间调节所致，是一种意合的程序。如"林教头风雪山神庙"运用通常的句法逻辑分析很难解释这类组合，但由于受整体综合的思维特征影响，汉语少了一些赘疣性的条件规定，词语凭意会便可以随意组合，有时同一语义成分可以占据不同的句法位置，比如"她比我写得快""她写得比我快"。

《易》曰："易简而天下之理得矣。"中华民族善于以简驭繁，这一点在汉语的语词单位上表现得很明显。由于崇简，汉语语词单位的大小和性质往往并无定规，可以有常有变、可常可变，也可以随上下文的声气、逻辑环境而加以自由运用。

比如交际语"给我打电话"，亦可说成"电话我"；副词与名词结合而成的"很中国""很男人""很青春"等，在意会组合中形成简单而意蕴丰富的语汇，凸显出汉语的张力。

三、汉语文字的民族性

文字是历史的产物，一个民族的社会文明发展到一定阶段才会产生文字。各民族的语言都以本民族的文化为背景，都是在本民族的文化土壤中滋长、成熟的。每一个民族为了适应其生存环境，均建立了一套自己的生活方式，并逐步形成了各自的生活观念。而一个民族的价值观、思维方式和生活习性是民族文化的内核，也是一个民族的独特性所在，它与该民族的文字有一定的相关性。特别是汉字这样一种古老的表意特点很强的文字，从字形到构词，都会映射出中华民族的一些个性特征，诸如善于从整体的角度来观察和体验世界，追求"天人合一"、浑然一体等，也反映出中华民族的心理状态、价值观念、生活方式、道德标准、风俗习惯和审美情趣等。

汉字是中华民族独创出来的文字，至今已有数千年的历史。仓颉被尊为"造字圣人"。《淮南子》云："仓颉作书而天雨粟，鬼夜哭。"因为有了文字，"造化不能藏其密，故天雨粟；灵怪不能遁其形，故鬼夜哭"。[①]有了汉字，才有了辉煌璀璨的诗词歌赋，才有了汪洋恣肆的书法艺术，才有了记载历代变迁的百家史册，才有了得以薪火相传数千年的中华文明。

世界上其他几种古老的文字，如苏美尔人的楔形文字、古埃及文字、玛雅文字已先后消失，只有汉字成为当今世界上仅存的表意文字。经过六千多年的积淀，即使在当今的信息科技时代依然经久不衰，散发着其独特的生机和魅力。传承至今，汉字已不再单单是一种文字了。其本身就是一座文化宝藏，它早已成为民族文化中至关重要的一部分，离开汉字，中华文化就是无源之水、无本之木。正如申小龙在《语言：人文科学统一的基础和纽带——文化语言学丛书总序》中所述的："……在一切社会现象和自然现象中，只有语言和遗传代码是人类从祖先传给后代的两种最基本的信息。"[②]在人类自身困惑的探究和理解的漫长进程中，语言占有核心地位，它构成人类最重要的文化环境。当民族在人类历史上作为一种语言、

---

① 转引自：徐迅."天雨粟""鬼夜哭"其后如何——我解"书画同源"[J].中国画画刊，2012（05）：48-50.

② 申小龙.语言：人文科学统一的基础与纽带——《文化语言学丛书》总序[J].汉语学习，1991（05）：27-28.

居住地域、经济生活、心理状态上的稳定的共同体出现时，语言就深深打上了民族的烙印，成为民族文化最典型的表征。

（一）汉字与表音文字不同，是形、音、义的统一体

拼音文字中一个字的拼写方法反映出语言中一个符号的语音面貌，按照字母的拼法就能把字音读出来。以方块构形的汉字，不同于拼音文字，具有以形表意的特点，往往能见"形"即知"义"，甚至可以说每一汉字都有一段传奇，都有一个故事，每一个汉字都蕴含丰富的文化信息，因为中国人将对外部世界的认识和自身的情感体验以及道德标准都蕴藏于文字之中。比如"日"，原来的书写形式是"☉"，其形状就像太阳；"月"原来的书写形式是"☽"，其形状像月牙；再如"休"字，从人，从木，意指人依傍大树休息，紧张劳作之余，倚靠着树木休息，是一件令人惬意的事情，故"休"又可以引申为"美好""高兴"。而"祭"字由三个部件组成："夕"是肉的象形，"ㄟ"是手的象形，"示"为祭祀用的祭台，合起来的意思就是手拿祭品在神灵面前祈祷。汉字的一笔一画都反映出我们祖先认识事物的特点及其蕴含的深刻内涵。从自然之象到文字之形，这种"以意赋形、以形写意"的造字规律，恰好体现了中华民族感性的、整体的、非理性的认知方式和思维特征。

汉字不但义存于声，而且义寄于形，创造性地利用文字的平面性，将形、音、义等大量信息集中在一个小方块中。从结构上看，汉字比一般的表音文字多了一个"形"，而"形"的获得源于汉族"盈天地之间者唯万物"的传统思维方式，认为一切运动肇始于事物，事物是一切运动的主体，由此养成了"观物取象"的直觉思维习惯。所以说中华民族对物象的态度与其说是科学的，不如说是艺术的、诗性的。比如山，甲骨文的"山"字有多个山峰，因山多是连绵起伏的；如"逐"字，像人追豕之形。汉字不仅具有突出的"观物取象"的特征，而且充分体现出造字者直觉式的思维模式，"立象"的目的是"尽意"，其"象"中包含着体悟，以其"象"引导文字使用者去感悟其中的意蕴。

同时，中华民族还善于对事物通过经验的综合进行整体把握，不经过抽象分析、逻辑推理，亦可用直观的、可感知的形态将抽象概念表现出来，诸如抽象名词、方位词、形容词等。例如"左""右"两个表示方位的字，无法以实物来取像，无法直接诉诸本质特征来描述，而是采用形象譬喻，用人的左、右两手来表示方位。这种方式所造出来的字是直观的，人们可以凭直觉感知出来。如"扑通"给人以动感，"沉甸甸"则让人感受到重量，这种构词依靠的不只是经验、体味和领

悟，还是中华民族重视整体直观、重视综合分析的思维特点的反映。

（二）汉字具有古今传承性

汉字是中华民族智慧的结晶，历经数千年从未中断。中国古代尽管经历了朝代更迭，但总体上保持了相对稳定。高耸入云的喜马拉雅山脉，阻挡了过于强大的外族入侵，保证了文化的延续性，促成了中华民族共同的文化心理；社会的相对稳定，也使包含文字在内的文化保持了稳定发展，使汉语言文字古今相通、南北相达。

几千年来，人类有几种独立发展的古老文字体系。其中最著名而且为人所通晓的是玛雅文字、巴比伦文字、古埃及象形文字以及中国汉字，它们都是源于以图画式的表意符号为主体的文字体系。但随着历史的演进，大多古老文字体系或已湮没，或为拼音文字所取代，而中华文明的源流却从未中断，中华民族已经相对固化了的具象思维特征，使汉字始终保留图画表意的特征。

语言是始终处于变化之中的，诸如使用拼音系统的文字，常因语言的变化而改变拼写方式，致使其在古今不同阶段，看起来好像是完全没关系的异质语言文字。音读的变化不但表现在个别的词汇上，有时还会改变语法的结构，使同一种语言系统的各种方言有时会因差异太大而不能交流，若非经过专业学习与训练，根本无法读懂百年前的文字。但是，汉字从文字图画到图画文字，再到甲骨文、金文、大篆、小篆、隶书、草书、行书、楷书，形体虽多有变异，音读也有了不同，结构却未变，这就使汉字打破了语音的羁绊和时空的局限，成为一种可直接"视读"的"活化石"文字。不像拼音文字，按照字母的拼写阅读，语音一变，拼写法也得跟着变。比如古代的拉丁语发展为现代的意大利语、法语、英语等语言，记录拉丁语的拉丁文也随之有了改变。如果只知道现代法语、意大利语的拼写法，想学习古典拉丁语是行不通的，必须专门学习古典拉丁语的拼写法。汉字却不一样，从古到今尽管经历了书写形式的变化，语音面貌也随着时代的变化发生了很大变化，但方块字形却保持不变；汉语尽管在不断发展，而记录它们的汉字却基本稳定，长期承载着汉语的不同变体。同一个汉字，各地读音不一，广东人用广东话读，四川人用四川话读，湖南人用湖南话读，相互之间可以听不懂，但都认识；无论是南腔还是北调，都可以通过文字进行交流。即便是看古文古书，也不必像拼音文字一样，先得学古音，而且各种方言的人都能看懂。

字母文字是基于读音的，如果语言不同，随着时间的推移，自然就会形成不同种类的文字。中国的象形文字却截然不同，能够超越语音的区别，成为不同时代、不同方言区的居民之间交流与联系的纽带。无论时代怎样变迁，汉语如何发展，记录汉语的汉字却始终坚定，在交流与传播中始终是中华民族的共同语言。

（三）汉字具有审美性

汉语是一种美的语言，汉字是一种美的文字。诚如鲁迅先生在《汉文学史纲要·自文字至文章》中所说："中国文字具有三美：意美以感心，一也；音美以感耳，二也；形美以感目，三也。"[①]作为传播语言信息的符号系统，汉字从产生之初就有了实用价值之外的艺术审美价值。汉字的造字是以象形为基础的。所谓象形就是象物之形，甲骨文中有许多象形字，如日、月、虎、鹿、犬、燕等，透过字形，我们可以感受到先民对事物的细致的观察力、高度的概括力和高超的想象力，从中可以洞悉他们的聪明才智和卓越才华。独特的认知方式使得汉字在滥觞时期就被注入了艺术的基因和审美的特性。随着时代的发展，"中国文字的发展，由摹写形象里的'文'，到孳乳寖多的'字'，象形字在量的方面减少了，代替它的是抽象的点线笔画所构成的字体。"[②]如"江""河""湖""海"四字，见其字，则仿佛目睹水流，耳闻水声。

在华夏五千年文明的发展过程中，汉字是思想交流、文化传承的载体。在发挥社会作用的同时，汉字由点和线组合而成的具有高度抽象化的特质，又使得人们在书写汉字时点画排布合理，结构疏密得当，虚实相生，笔势自然流畅，故其本身就有了造型表象的艺术特点，在点画的均衡、对称以及彼此间或明或暗中，汉字书写逐渐形成了一种可视之为"无言的诗，无形的舞；无图的画，无声的乐"[③]的造型艺术——汉字书法。"通过结构的疏密、点画的轻重和行笔的缓急，表现作者对形象的情感，抒发自己的意境，就像音乐艺术从群声里抽出纯洁的乐音来，发展这乐音间相互结合的规律。用强弱、高低、节奏、旋律等有规则的变化来表现自然界、社会的形象和自心的情感。"[④]这在世界各种文字的发展史上不能不说是一个奇迹，没有任何其他文字像汉字的书写一样，最终发展成为一种独特的艺术形式，并且源远流长。汉字不仅是中华民族的文化瑰宝，而且在世界文化艺术宝库中独放异彩。正如宗白华先生所言，中国人的这支笔，开始于一画，界破了空虚，留下了笔迹，既流出了人心之美，也流出了万象之美。

---

① 转引自：时世平.论鲁迅的汉语言文字"功""罪"观——围绕《汉文学史纲要》第一篇"自文字至文章"的考察［J］.东南学术，2021（02）：205-213.

② 何培华.中国古文字在图形创意中的运用研究［D］.广西师范大学，2010.

③ 何培华.中国古文字在图形创意中的运用研究［D］.广西师范大学，2010.

④ 何培华.中国古文字在图形创意中的运用研究［D］.广西师范大学，2010.

第三节 语文教育的人文性

德国著名哲学家尼采（Nietzsche）曾将教育分为两种：一种是生存的教育，其目的是追求知识，获取尘世幸福，赢得生存竞争；另一种是文化的教育，其目的不是满足个体生存需要和尘世幸福，而是直面永恒的生命意义。概括来讲，教育的终极目标就是立德树人，是关于人的灵魂的事业，是要让人性更完善、人格更完美，进而使人生更富有价值与意义。复旦大学前校长杨玉良曾说："一颗没有精神家园的心灵，不可能思考自己生命的意义和价值，因此也不可能对他人有真正的情感关切，对社会有真正的责任心。"物质生活的丰富和满足不是人的生命的全部，只有精神与灵魂达到一定的高度才是社会的人的最终确证。因此，帮助学生立德、助力学生成人是每一个教育工作者的职责所在。诗人叶芝说："教育不是注满一桶水，而是点燃一把火。"学校不仅是储存知识的仓库，还应是文明的摇篮；教师不仅要"授业""解惑"，不仅是"经师"，还应该要"传道"，为"人师"。教育的根本目的是对学生的精神和灵魂的陶冶。教师的责任是点燃学生探索真理和寻找生命意义的激情之火，让学生领悟什么是真理，怎样追求真理；领悟什么是生命及其价值，如何尊重和爱惜自己与他人的生命。

人文教育的目的是要让学生成为全面发展的真正的"人"，这一目的应贯穿每一门课程的教学始终。但在所有课程中最能有效地实现育人功能、最能直面永恒生命意义的莫过于语文。因为语文教育除了培养学生的语文素养和语言能力，更是一种精神教育、人文教育，重在对学生心智的开发与灵魂的启迪。学生在学习与品读文学作品的过程中，在感受文本的思想意蕴和艺术魅力乃至作者的人格魅力的同时，会自觉或不自觉地学会思考人与人、人与社会、人与国家、人与世界之间的关系，日复一日地学与思，会促使作品中的思想、情感不断地流淌到学生的心田，逐渐内化为学生的个人品质和个人的人文素养。可以说，语文教育的功能重在培养既能吟诗作赋、博古通今，又有良好的道德品质和礼仪风范的人。

一、语文教育是情感沾濡的教育

教育的最高目标是实现人的全面发展，而人的全面发展离不开情感的发展。情感是每个人人格发展的重要因素，美好的情感品质，可以促进人格的健康发展、情商和智商的全面提高。而美好情感的培养在很大程度上有赖于情感教育，因为

"情感教育是关注人的情感层面如何在教育的影响下不断产生新质，走向新的高度，也是关注作为人的生命机制之一的情绪机制，如何与生理机制、思维机制一道协调发挥作用，以达到最佳的功能状态"。[①]情感教育的目的是培养学生的社会性情感，提高学生对情绪情感的调控能力，帮助学生对自我、环境以及两者之间的关系产生积极的情感体验，而其终极目标则是培养健全人格。

每个人的情感变化都是一个长期的过程，积极美好的情感需要慢慢培养，需要在受教育的过程中去不断感受和体验，激发出内心深处的情感，从而使情感在认知和体验发生共鸣的时候得到升华，形成一种坚定的信念，进而内化为自身的品德。学者刘晓伟指出："情感教育应该是一种唤醒教育，情感教育的过程就是生命唤醒的过程，在这一过程中，可以强化个体的生命意识，挖掘个体的生命潜能，彰显个体的生命价值，从而促进个体与社会的和谐发展。"[②]语文教育，除了发挥其工具作用，培养学生的语文能力，提升学生的认知功能和发展学生的智力，还要注重学生非智力素质的发展，强化情感教育的正面熏陶作用，将多姿多彩的情感体验带给学生，让学生去感受世界上的真善美，感受作家作品中细微的情感变化，潜移默化地促成自己良好人格的形成。

语文学科的内在本质决定了它拥有丰富且宝贵的情感教育资源，无论哪个阶段的语文教材，其中的每一篇文章都是精挑细选的经典之作，每一篇作品都是作者内心情感的体现与折射。正如刘勰在《文心雕龙·知音》篇中所言："夫缀文者情动而辞发，观文者披文以入情，沿波探源，虽幽必显。"苏轼《江城子·乙卯正月二十日夜记梦》对亡妻的悼念之情，朱自清《背影》对父亲的怀念与赞美之情，柳永《八声甘州》的悲苦悱恻之情，李煜《虞美人》的悔恨哀伤之情，李商隐《无题·相见时难别亦难》中执着而坚贞的爱情，文天祥《过零丁洋》中洋溢的爱国之情等，或崇高悲壮，或清纯委婉，或淡雅优美，都是作者真情实感的真实表达。作者在构思、创作作品的过程中赋予了它们美好的丰富的情感魅力。同时，作品情感的表达也常常不是单一的，而是多种情感的交织和融合。例如辛弃疾的《破阵子》，在表达壮志难酬的悲凉时，既写出了豪迈情怀，又用现实写悲痛、愤慨。马致远的《天净沙·秋思》，不仅有"枯藤老树昏鸦""古道西风瘦马"的苍凉，也有向往"小桥流水人家"的闲适与温馨。苏轼的《水调歌头·中秋》，既有"乘

---

①　何兴国.情感教育在初中语文阅读教学中的渗透［J］.语文教学通讯·D刊（学术刊），2019（09）：67-69.

②　转引自：郭振晶.语文教学中的幸福感教育［D］.山东师范大学，2011.

风归去"的"出世"之念，又有"起舞弄清影，何似在人间"的"入世"之情；既有"人有悲欢离合，月有阴晴圆缺"的怅恨，又有"但愿人长久，千里共婵娟"的祝愿。

"感人心者，莫先乎情。"（白居易《与元九书》）良好愉悦的情绪有益于触发人的灵感，使人思维敏捷。情绪状态与人的认知和思维活跃程度密不可分，人需要丰富的情感体验和理论智慧的熏陶。正如苏霍姆林斯基所说："只有当情感的血液在知识的肌体中欢腾跳跃的时候，知识才会融入人的精神世界。"[1]语文教育的重要任务就是要引导学生去体会情感，品味情感。语文教育实践，让学生不同程度地感受人与人之间的亲情、友情、爱情，感受世界的美好和人生的乐趣，使他们的情感世界有所发展，日益丰富，懂得区分卑劣与高尚，淘汰丑的恶的情感态度，形成良好的情感品质，从而推动他们思想的发展变化，逐渐认识到自己的责任，树立正确的世界观、人生观和价值观，激发他们践行社会主义核心价值观、为国家建设事业而努力奋斗的动力。

二、语文教育是审美浸润的教育

"美是人类提高自己和超越自己的一种社会机能。有了这种机能，人就能够从野蛮走向文明，从单纯的自然存在，走向自觉的有意识的精神存在。美是人类精神文明的结晶，它能提高人的精神修养和精神境界。"[2]艺术的最终目的就是使人们更真切地懂得生活的真谛，更加热爱生活，进而丰富我们对幸福和美好生活的向往与追求。

党的十九大报告明确提出："中国特色社会主义进入新时代，我国社会主要矛盾已经转化为人民日益增长的美好生活需要和不平衡不充分的发展之间的矛盾。"随着物质生活水平的提高，人们对精神生活的要求也日益提高。而审美教育恰是一种超功利性的，以造就全人类为目的，以解放情感、开阔视野并走向自由为核心的独特的人文教育活动。首先，审美教育可以促进学生智力的发展。审美艺术活动可以激发学生的情感。学生在艺术美的刺激下，情绪受到感染，心灵受到浸润，感性和理性、主体与客体自然协同，而这种状态正是人的创造力量迸发和释放的最佳时机。审美过程能调节学生的思维方式，提高他们的全面思维能力，增

---

① 王华，鲁强.在情感共振中"悦"读[J].新课程（小学），2018（03）：16.
② 王坤."美是人类提高自己和超过自己的社会机能"——蒋孔阳美学本体论学理初探[J].汉语言文学研究，2021，12（04）：11-18.

强他们的观察能力、想象能力和创造能力，从而促进其智力水平的提高。其次，审美教育可以促进学生非智力因素的发展。审美教育是一种情感教育，通过美感活动给学生的情感以自由解放的机会，给学生以情感的享受和无限的想象，进而将其带入到一个纯洁美好的境界中，使学生在丰富多彩的自然社会艺术环境中获得支持生命和绽放生命的动力，从而培植学生高尚而丰富的情感，有效地丰富和发展学生的想象力和创造精神，促进学生身心的协调发展，使学生的外在形体和内心人格形成美的统一。最后，审美教育可以促进学生创新能力的发展。审美教育能够激活传统教育中学生闲置而未利用的非理性因素，使学生的大脑进入一种舒展和机敏的良好状态，保持旺盛的活力。总之，审美教育是培养学生以美的方式感受、认识世界，帮助学生树立高尚的审美理想、正确的审美意识和健康的审美情操，促使学生实现对自身未来真善美的展现，对人的生命存在及其发展的整体关怀。

审美是人的一种精神需要。美国心理学家马斯洛认为人都潜藏着七种不同层次的需要，即生理需要、安全需要、归属和爱的需要、尊重的需要、认知的需要、审美的需要和自我实现的需要。这些需要在不同的时期表现出来的迫切程度是不同的：一类是沿生物谱系上升方向逐渐变弱的本能或冲动，称为低级需要；一类是随生物进化而逐渐显现的潜能或需要，称为高级需要。生理需要和安全需要属于低级需要，而另外的五个层次——归属和爱的需要、尊重的需要、认知的需要、审美的需要和自我实现的需要属于高级需要。人的需要按重要性和层次性排成一定的次序，从基本需要（如食物和住房）逐步上升为复杂需要（如自我实现）。人的某一级需要得到最大限度满足后，才会追求高一级的需要，如此逐级上升，成为推动继续努力的内在动力。正如墨子所言"食必常饱然后求美"，亦如管仲所说"仓廪实而知礼节"。

一个人若缺乏审美能力，生活会十分乏味，情感会特别空虚，心胸也会异常狭窄；就不可能对事业执着追求，就无力按照美的规律去改造世界，更不会有崇高的社会理想。比如当今社会上存在的见义不能勇为、歪风邪气不予抵制、重金钱不重气节、视操守为虚无等，以及不少学生对社会生活中的美丑不能分辨、对自然风光不懂欣赏、对艺术作品蕴含的审美价值难以领悟，都可以说是缺乏审美能力和审美教育的表现。

语文教育是一种审美教育，因为语文本身富含美的因素，对学生精神的充实、情感的丰富和人格的健全等生命意义的建构优于其他学科。无论是其语言还是文字，都蕴含着形式之美和内质之美，可以培育学生的审美能力和审美理想。充满着音乐美的语言，跃动着绘画美的文字，含蓄的词句、匀称的段落、完整的篇章，既有声音之美、线条之美、色彩之美，也有辞章所蕴含的自然美、社会美等。语文的阅读和聆听是对美的感受和欣赏，而语文的运用（说话和写作）则是对美的表现和创造。语文教育能把学生带进一个美的世界，以美来涤荡学生的心灵，改变学生的精神面貌，让学生在美的享受中增加生命的厚度、记忆的深度，在美的感悟中不断成长和成熟。

语文教育是以美启真的教育活动。语文教育的目标之一就是引导学生发现美、鉴赏美和创造美。在美的语言、美的意象、美的意境中陶冶审美情趣，在自然美、社会美中寻找人生真谛。如在欣赏作品描摹的自然景观美时，不仅可以感受到大自然的鬼斧神工和无限美好，也可以感受人与自然的和谐。诸如范仲淹眼中的"碧云天、黄叶地"，李白笔下的庐山瀑布、桃花潭水，晏殊脚下的"小园香径"；以及"奔流到海不复回"的滔滔黄河，"乱石穿空、惊涛拍岸"的滚滚长江，"造化钟神秀，阴阳割昏晓。荡胸生层云，决眦入归鸟"的雄伟泰山；月色下的荷塘、"抛家傍路"的杨花、"春风吹又生"的野草、如米小的苔花；"云树绕堤沙，怒涛卷霜雪，天堑无涯""落霞与孤鹜齐飞，秋水共长天一色"的壮阔，"明月松间照，清泉石上流"的幽静等，无不涤荡心灵，摄人心魄。而在体味作品叙写的人性美、人情美，感受生活中的真诚、善良与美好的同时，内心会为之肃然起敬。如《边城》中爷爷对孙女无私的爱、翠翠对傩送纯真的爱、天保兄弟对翠翠真挚的爱以及兄弟之间纯洁的爱，凸显出人性的善良美好与心灵的澄澈纯净；《平凡的世界》中孙少安、孙少平两兄弟的自强不息，孙玉厚的勤劳朴实，贺秀莲的吃苦耐劳，田晓霞的天真烂漫、单纯、善良、勇敢等，时时传达出一种温暖的情怀，处处展现着美好的亲情、友情与爱情。一个个鲜活而真诚的人、一件件朴实且动人的事，自然可以开启一颗颗善良的心。

总之，在欣赏品读一篇散文、一首诗歌、一部小说时，不仅认知获得启迪，心灵受到净化，更让美与丑、善与恶、真与假自然可辨。同时，在语文学习的审美活动中，透过作品中人与物反观自我、审视人生，让美的事物以无声的方式传递"美"的真谛，最终能使学生成就真实的自我和有趣的灵魂。

语文教育是以美育德的教育活动。语文学科有别于其他学科，其内容包罗万象，集自然美、艺术美、社会美于一体，将人类社会和大自然多姿多彩的风貌，十分和谐地融入语言文字之中，蕴含着中华民族赖以生存发展、兴旺发达的重要精神力量。语文教育具有极其丰富的德育内容，但是它不同于思想政治课程教学，不以理论的灌输和说教为手段，而是在美的体验与感悟中，在美的诱导和陶冶下，激起情感上的共鸣，使社会的道德诉求成为美的规范，以"润物细无声"的方式渗透到道德认知中，升华道德情感，从而使社会道德规范和善恶观念潜移默化地影响学生品德的形成，塑造学生美的心灵和美的人格。诚如王国维先生所言："真正之德性，不能由道德之理论，即抽象之知识出，而唯出于人己一体之直观的知识，故德性之为物，不能以言语传者也……抽象的教训，对吾人之德性，即品性之善，无甚势力。"①艺术可以使一切极具人情、本来无生气的东西生机勃勃。语文教育可以通过寓教于情的方式，借助形象可感的手段，使学生在完全自由的状态下，既不受内在理性的束缚，也不受外在客观环境的影响，通过对美好事物的感同身受，自然激发起情感上的喜爱和价值上的认同，自觉形成一定的审美认知和审美评价，从而内化为道德情感，上升为道德意志。积极、稳定、持久的道德意志不断地被强化并指导外在行为，在"无律—他律—自律—自由"的实现途径中，自觉地将抽象的道德认知内化为自我的美好道德情感，实现真善美的统一，从而使学生在知识启迪、道德提升、人格完善的系列过程中，自觉地走向全面发展。

语文教育是以美怡情的教育活动。语文教育不是单纯的语文知识和听说读写技巧的教育，更不是一种单调枯燥的机械性的学习与训练，而是具有情感性、意境性、形象性的教育。只要能充分发掘语文教学内容中美的因素，使用适宜的教学方法，就能使学生将对美的追求与热爱和对语文的兴趣、爱好和谐地统一起来，使学生通过语文的学习获得心理上、精神上的愉悦并乐此不疲，并在美的熏陶和美的享受之中成熟与成长。语文教学内容广泛，从古及今，无论是诗歌、散文，还是小说、戏剧，都累积了数千万的名篇佳作，且都含有丰富的美育因素。作品中准确精妙的语言运用，或急促或迂缓或高亢或低回的语调，回环往复的旋律，曲折变化的意绪，波澜迭起的布设等，往往带来表达上的一唱三叹之美；有血有肉、完整丰满的人物形象塑造，情景交融、绘声绘色的意境，完整有序、主题明确的结构等又营造出无限的意境之美。语文教育从形式到内容都蕴含着丰富的艺术美。学生在美的熏陶下，情感自然被唤醒，在物的变为在我的，从而与之共鸣，性情自然得到陶冶。

语文是语言的艺术，语文教育从某种意义上讲是艺术美的教育。语文教学内容皆是优秀的篇章，从不同角度和不同层面带给学生美的享受，既能陶冶学生的情操，更能提高学生对生活、对外物的审美能力和欣赏水平。各级各类语文教材

---

① 转引自：杨清.王国维的"新学语"观与文学横向发展论［J］.现代中国文化与文学，2021（04）：97-108.

中诗歌和散文占大多数，言辞华美、感情四溢。曹操的"老骥伏枥，志在千里，烈士暮年，壮心不已"，李清照的"生当作人杰，死亦为鬼雄"，带给学生的是催人奋进的力量之美；"死生契阔，与子成说。执子之手，与子偕老""执手相看泪眼，竟无语凝噎"给予学生的是深沉又柔肠百转的爱情之美；"慈母手中线，游子身上衣"会让学生感受到最无私最温暖的亲情之美；"采菊东篱下，悠然见南山"则会让学生体会到悠然自得、超然物外之美；朱自清的《荷塘月色》传递给学生的是淡淡的安静美，史铁生的《我与地坛》则让学生体会到生命之美。这些优秀文学作品，用艺术的美吸引学生，唤起学生的审美情感，让学生在感知美的同时实现对美的人格的培养。

三、语文教育是思想渗透的教育

《左传》云："大上有立德。"育人是教育的初衷，育人的根本在于立德。语言是思想的物质外壳，语文教育不仅是培养学生的语文能力，更重要的是让学生在习得语言知识的同时，感受语言文字蕴含的思想，提高学生的人文素养，促使其精神成人。文质兼美的古今文学作品是作家文学功力和人格魅力的结晶，每一篇文章都灌注了作者的理念、情感和认知，每一个文字都充满着生命的律动和感性的灵光，不仅能给人审美的愉悦，更能给人思想的启迪。

优秀的文人总是善于将对历史、社会、人生的深沉思考，以"寄身于翰墨，见意于篇籍"（曹丕《典论·论文》）的方式寄寓于文字之中，通过游说辩驳、借古讽今、寄情山水等来传达个人的政治追求以及对社会、对人生的责任和使命。无论先秦的孔子、孟子、荀子、庄子、韩非子，还是汉魏晋的司马迁、班固、曹操、陶渊明，以及"唐宋八大家"和明清的宗臣、徐渭、方苞、姚鼐等，均长于将劝谏之词、除弊革新之意以及人生感慨、理想追求寓于各类文章之中，且在今天依然散发着耀眼的光芒。

诸如孔子"知其不可而为之"的积极进取、"己所不欲，勿施于人"的仁爱，孟子"富贵不能淫，贫贱不能移，威武不能屈"的刚强，庄子"心斋坐忘""无为而无所不为"的逍遥自在，司马迁忍辱负重、愈挫愈坚的刚毅，苏轼"宠辱不惊、履险如夷、临危若素"的乐观旷达，范仲淹"先天下之忧而忧，后天下之乐而乐"的崇高等，无不影响着学生的为人处世，引导着他们积极向上、坚毅达观。孟子之言"舜发于畎亩之中，傅说举于版筑之间，胶鬲举于鱼盐之中，管夷吾举于士，孙叔敖举于海，百里奚举于市。故天将降大任于斯人也，必先苦其心志，劳其筋骨，饿其体肤，空乏其身，行拂乱其所为，所以动心忍性，曾益其所不能"（《孟子·告子下》），以舜、傅说等先贤为例，足以让学生懂得经历苦难对培养自身品格的重要性与必然性。司马迁以"文王拘而演《周易》；仲尼厄而作《春秋》；屈原放逐，乃赋《离骚》；左丘失明，厥有《国语》；孙子膑脚，《兵法》修列……"为精神支柱，忍辱负重，发奋著书，成就不朽巨著《史记》的史实，激励着学生奋发向上。可见我国古代散文作家的品格、其作品的内涵，不仅可以让我们体味五千年中华文明积淀的中国人特有的美学境界，还能找寻到铸炼我们灵魂的烈火、滋养我们自强不息的强大精神力量。

第四节　语文教育的本质观

德国著名哲学家雅斯贝尔斯说："教育的本质是一棵树摇动另一棵树，一朵云推动另一朵云，一个灵魂召唤另一个灵魂。"[①]曾任耶鲁大学校长 20 年之久的理查德·莱文（Richard Charles Levin）则认为："真正的教育，是拥有自由的精神、公民的责任、远大的志向、批判性的独立思考、时时刻刻的自我觉知、终身学习的基础以及获得幸福的能力；真正的教育，是不传授任何知识和技能，却能令人胜任任何学科和职业，这也是判断一个人是否受过真教育的标准。"[②]这两段话，启迪着我们如何去认识教育的本质，当然也包括对语文教育本质的认识。

一、语文教育本质的典型观点

与以上对语文教育属性的分析相联系，在关于语文教育的本质的讨论中，虽然有诸多不同的认识，但概括起来，主要有以下三种。

1.语文是一种工具，故工具性是语文教育的本质属性

语文是人类最重要的交际工具，因此语文是工作、学习和生活所必需的工具。如果没有这个工具，一切社会活动，人类的一切进步，就会无从谈起。故认为语文教育就是语言训练，旨在培养学生运用语言文字的能力。这种观点重在强调语文教育的工具性价值与功能，但它忽视了语言在作为工具的同时亦蕴含着丰富的情感与思想等。

---

① 陈赟.雅斯贝尔斯"轴心时代"理论与历史意义问题[J].贵州社会科学,2022(05):4-12.
② 转引自:尹文芬.心灵唤醒:人的自由精神的开掘[D].湖南师范大学,2007.

2. 工具性和思想性是语文教育的本质属性

这种观点认为语文不仅是一种交流思想、表情达意的工具，还具有鲜明的思想性，语文教育的性质是工具性与思想性的统一。强调语文学科的思想性和语文表情达意的功能，应该说是抓住了"语文"这个工具的特性所在。但是，过于强调"思想性"，往往会导致语文教育偏重思想内容分析，倾向于思想政治教育。

3. 人文性是语文教育的基本性质

这种观点认为语文学科既具有工具性和思想性的特点，还具有知识性、文学性、审美性、文化性等特点，前者为本质属性，后者是从属性质。

二、产生本质观分歧的主要原因

对语文教育的本质之所以会产生认识上的一些分歧，其原因大致有如下几个方面。

1. 语文学科教学本身的原因

语文教学内容的丰富性、教学目标的多维性和教育功能的多重性等，容易造成对语文教育本质的理解和认识不一致。

2. 时代与社会方面的原因

不同的历史时期和不同的社会发展阶段，对语文教育的本质往往有不同的看法。如 20 世纪 90 年代中期展开的那场"语文教育大讨论"是由整个社会和语文教育界对人文精神的关注引发的，其主题是弘扬人文性，对工具论进行重新审视和批判，倡导崇高与人文关怀的价值理想。在那场大讨论中，主张工具论者与弘扬人文论者是针锋相对的。工具论者认为，十多年来语文教育改革的一个重要理论收获，就是肯定了语文学科的工具性。如果把语文教育没搞好的原因归结为强调了工具性，这就离谱了。语文教育不能丢弃了工具性，不能忽视扎扎实实的语文训练。人文论者认为，工具论的谬误在于把语文教育形式上的任务当作根本性的任务，把具有丰富人文内涵的语文教育，当作只供技术化操作的"工具"来对待。两者的认识与分歧具有特定的时代特征。

3. 有关教学与研究的思路和方法方面的原因

"语文"可以分为"语言文字""语言文学""语言文化"。不同的教师在教学和研究活动中侧重点不同甚至完全相异。如从事语言教学与研究工作的，强调其工具性；而从事文学教学与研究工作的，则强调其文学性和审美性。这种片面性和绝对化，也是造成认识分歧的原因。

三、树立科学的语文教育本质观

无论持何种观点，有怎样不同的认识，但可以肯定的是，语文教育的本质观，类似于一个控制系统的中心键，控制着语文教育这个山川交错、重峦叠嶂的复杂世界，传导着语文教育的观念与智慧、理想与追求，掌控着变革及其实践探索的节奏。语文教育的本质统摄语文教育全局，既决定着语文教育的理念，又影响着语文教育的发展，掌控着语文教育的方向，还制约着语文教育的行为。它是语文教育理论中执一驭万的关键和枢纽，因而一直受到语文教育理论界的普遍关注。在文化日益繁荣的今天，教育理念不断更新，教学模式和教学方法不断改进，因此，我们应该全面认识语文教育的本质，树立科学的语文教育本质观。

从语文课程的角度讲，语文课程是以语言为本体，学习祖国语言文字运用的工具性课程，这是语文课程的性质所在；但是对于语文课程，人文的维度应清晰可见。语文课程是母语学习的课程，汉语言有着特定的民族文化内蕴，中国传统文化有人文教育的传统，这就要求语文课程应该提升学生的文化力、思维力和审美力，促进学生学习和热爱中华优秀传统文化。

教育关系到国民素质和国家的未来和发展，教育之根本就是培养人才和促进人的成长。作为承担祖国语言和文字教育的语文教育，同一般语言、文字教育既有相同亦有不同。对于中华民族而言，汉语不仅是中华民族文化的载体，也是中华民族文化的构成。中华民族的文化精神主要是通过中华民族语言来传播和发展的，中华民族语言浸透着中华民族文化的精髓。语文教育作为中华民族的母语教育（母语即我们的汉语言），从根本上说，就是民族精神的外在显现，民族精神是汉语言的内在灵魂，二者血肉同构，相协并举。母语和传统文化是一个国家和民族的灵魂。母语教育是整个国民教育的基础，语文素质是文化科学素质中最重要、最基础的部分。它除了是交际的工具，同时也是中华民族民众智育、德育、美育的综合体现，是一种民族精神的源流，其中蕴含着浓厚的人文精神和时代特征。语文教育担负着传承、弘扬、发展祖国文化，发扬民族精神的任务，丰富着中华民族的文化底蕴，并为不断创造新的文化建立新的根基。语言文字学习和运用的过程，是传承民族文化的过程，同时也是走近历史、聆听先人智慧声音的过程，从中可以触碰到灵性飞扬的民族文化精魂，触摸到气势磅礴的民族文化血脉，体验到跌宕开合的民族情感，感应到奔腾不息的民族精神。汉语积淀的不仅仅是民族文化知识和民族生活经验，更多的是一种民族的精神、民族的灵气、民族的气派和民族的品性。

　　因此，语文教育是人类生存和发展的坚实支撑，更是人类崇高精神和先进文化活动的必要条件。语文教育不只是语文知识教育，还承担了个人发展和民族文化传承及发展的艰巨任务，更是人性教育和民族文化教育。在当代社会，面对错综复杂的大环境，语文教育作为中华民族的母语教育，就是要让学生在语文天地里感受到大千世界的广阔、丰富与饱满，使每个学生都能自如自觉地找寻属于自己的位置；在引导学生获取语文知识，拥有语文能力的同时，使他们真正领悟到中华文化的博大精深、意蕴无穷，从而使他们更加热爱自己的母语，发现人类的高尚精神和行动，真正享受到精神的自由与畅快，从而不断提升他们的人文素养，培养他们的文化自信和民族自信，为他们的未来发展奠定坚实的精神基础，进而可以从容应对来自外界的任何挑战。

　　语文教育在人的发展中不仅起基础性作用，更可以说对人的全面发展起着决定性作用。语文教育以它独特的魅力滋润着学生的心田，呵护着学生的健康成长和全面发展。一个人只有受过语文教育潜移默化的影响，才能拥有完美人格，才能实现个人的全面的可持续发展。一个民族只有正确接受过语文教育的熏陶感染，才能创造灿烂辉煌的民族文化，才能真正实现国家和民族的伟大复兴。

第二章
语文核心素养

第一节　语文核心素养的内涵

一、语文核心素养的解读

（一）"语文素养"的含义

语文素养是一种以语文能力为核心的综合素养，语文素养的要素包括语文知识、语言积累、语文能力、语文学习方法和习惯，以及思维能力、人文素养等。语文素养，同时又是指学生在语文方面表现出的"比较稳定的、最基本的、适应时代发展要求的学识、能力、技艺和情感态度价值观"[①]，具有工具性和人文性统一的丰富内涵，是高校语文核心素养的一个核心概念。

语文素养概念的提出，使语文教学在弘扬科学理性精神，注重语言的准确、简明、实用，与防止把人工具化，注重创新思维的培养、人文精神的熏陶、完美人格的塑造这两者的矛盾张力中寻求一种平衡，这是对历次语文教学大纲的历史性超越。

一般认为，"语文素养"的内容从低级到高级、从简单到复杂可以分为六个层次：

第一，必要的语文知识。离开知识的能力是不可设想的，轻易否认语文知识对语文学习的指导和促进作用，容易使语文教学走入非理性主义的误区。

第二，丰富的语言积累。语文学习的主要内容是一篇篇具体的范文，这就决定了语文教学必须让学生拥有一定量的感性语言材料，在量的积累基础上产生质的飞跃。掌握 3500 个左右常用字和汉语常用书面词汇，背诵一定量的语段和优秀的诗文，阅读一定量的课外书籍，这是形成语文素养的基础。

第三，熟练的语言技能。熟练的技能到了一定程度就成为一种能力。语文教学必须在大量的语言实践过程中，培养学生查字典、朗读、默读、说话、听话、作文、写字等基本技能；让学生学会运用多种阅读方法和常见的语言表达方式，掌握常用的思维方式，善于把自己独特的思维用规范的语言进行加工和表达，初步具备收集和处理信息的能力；能根据不同语言材料和不同交际场合适当地使用

---

① 杨青.阅读教学中培养学生语文素养的途径与方法［J］.贵州教育，2020（05）：40-41.

语言技能，最终形成良好的语感。

第四，良好的学习习惯。语文教学必须牢记叶圣陶先生的名言"教是为了不需要教"。教学中要让学生掌握最基本的语文学习方法，培养其学习语文的兴趣，养成学习语文的自信心和良好习惯。如，勤查工具书的习惯，认真听讲的习惯，书写整洁的习惯。

第五，深厚的文化素养。语文教学要让学生受到高尚情操和趣味的熏陶，提高学生的文化品位和审美情趣，养成实事求是、崇尚真理的科学态度；欣赏汉字的形象美，培植热爱祖国语言文字的情感；领略中华文化的博大精深，吸收民族的文化智慧；尊重多元文化，吸收人类优秀文化营养。

第六，高雅的言谈举止。语文教学要注重培养学生儒雅的气质和文明的举止，这是语文素养的综合表现。与人交往态度要大方，谈吐要文雅，能根据不同场合选择合适的措辞，谦辞、敬称使用得当。同时，还要敢于提出自己的想法，也要耐心倾听他人意见，尊重他人的观点。也要勇于承认自己的不足，欣赏他人的优点和长处，学会文明地和他人沟通和交际。

（二）语文核心素养的演变历程

核心素养，与素养不同。在内涵上都是谈素养，可是加上"核心"，就保留了最重要的东西。语文学科的核心素养是什么？过去人们做过很多总结，在知识教学时代，提出过"字、词、句、语、修、逻、文"的说法，把语文知识素养用这七个维度的内容进行了概括。之后，大家普遍接受行为要点的概括，表现为：听说读写思。听说读写是四种能力，后来觉得思考也是语文学科不可或缺的，就补上"思"这个重要行为。这些是能力要点的核心。后来，语文学科除了包括知识、能力之外，还把文学审美、文化价值、思想价值诸多素养等纳入其中。

但是，值得我们注意的是，在核心层次，谈知识核心、能力核心都没有问题，进一步延展到文学、文化，以及人文的时候，很容易收不住口。过去语文学科教学越界的时候很多，上成政治课有之，上成历史课有之。现在文章的内涵扩展了，新闻、说明文、科技文，各类应用文进来了，于是一些课堂开始讲医学、宇宙学、科学知识等。还有老师，在语文课，与学生大谈人生观、价值观，似乎在上哲学课。

我们知道，在"双基"时代，教学者，较多停留在语言层次上，较少关注文章的人文性。这样的教学死气沉沉。其实，语文的美感，除了应用语言的准确和优美之外，更在文章内蕴之美。课程标准中语文素养的内涵是非常丰富的。它绝不是一种纯粹的语言技能，而是一种综合的文明素养，是个体融入社会、自我发展不可或缺的基本修养。

（三）语文核心素养的内涵

1.语言建构与运用

语言建构与运用是指学生在丰富的语言实践中，通过主动积累、梳理和整合，逐步掌握汉语言文字特点及其运用规律，形成个体的言语活动经验，在具体的语言情境中正确有效地运用汉语言文字进行交流沟通。

语言建构与运用是语文核心素养的重要组成部分，也是语文素养整体结构的基础层面。学生语言运用能力的形成、思维品质与审美品质的发展、文化的传承与理解，都是以语言的建构与运用为基础，并在学生个体言语活动经验的建构过程中得以实现的。学生语言建构与运用的水平是其语文素养的重要表征之一。学生应该能积累较为丰富的语言材料和言语活动经验，具有良好的语感；能在已经积累的语言材料间建立起有机的联系，能将自己获得的语言材料整合成为有结构的系统；能理解并掌握汉语言文字运用的基本规律，能凭借语感和语言运用规律有效地完成交际活动；能依据具体的语言情境有效地运用口头和书面语言与不同的对象交流沟通，能将具体的语言作品置于特定的交际情境和历史文化情境中理解、分析和评价；能通过梳理和整合，将自己获得的言语活动经验逐渐转化为富有个性的具体的语文学习方法和策略，并能在语言实践中自觉地运用。

2.思维发展与提升

思维发展与提升是指学生在语文学习过程中获得的思维能力的发展和思维品质的提升。语言的发展与思维的发展相互依存，相辅相成。因此，思维发展与提升也是学生语文核心素养的重要组成部分，是学生语文素养形成和发展的重要表征之一。学生应该能获得对语言和文学形象的直觉体验；能在阅读与鉴赏、表达与交流、梳理与探究活动中运用联想和想象能力，丰富自己对现实生活和文学形象的感受与理解，丰富自己的经验与语言表达；能够辨识、分析、比较、归纳和概括基本的语言现象和文学形象，并能有依据、有条理地表达自己的观点和发现；能运用基本的语言规律和逻辑规则分析、判别语言，有效地运用口头语言和书面语言与人交流沟通，准确、清晰、生动、有逻辑性地表达自己的认识；能运用批判性思维审视言语作品，探究和发现语言现象和文学现象，形成自己对语言和文学的认识；能自觉分析和反思自己的言语活动经验，提高语言运用的能力和思维的深刻性、灵活性、敏捷性、批判性、独创性。

3. 审美鉴赏与创造

审美鉴赏与创造是指学生在语文活动中体验、欣赏、评价、表现和创造美的能力及品质。

语文活动是人形成审美体验、发展审美能力的重要途径。在语文学习中，学生是通过阅读鉴赏优秀作品、品味语言艺术来体验丰富情感、激发审美想象、感受思想魅力、领悟人生哲理，并逐渐学会运用口头和书面语言表现美和创造美，形成自觉的审美意识和审美能力，养成高雅的审美情趣和高尚的品位。因此，审美鉴赏与创造是学生语文核心素养的重要组成部分，也是其语文素养形成和发展的重要表征之一。学生应该能感受汉语汉字独特的美，表现出热爱祖国语言文字的感情；能感受和体验语言文字作品所表现出的形象美和情感美，能欣赏、鉴别和评价不同时代、不同风格的语言和文学作品，分析其思想情感和语言特点，具有正确的价值观、高雅的审美情趣和高尚的审美品位；能运用语言文字表达自己的审美体验，表现自己对美好事物的情感、态度和观念，表现和创造自己心中的美好形象，具有创新意识。

4. 文化传承与理解

文化传承与理解是指学生在语文学习中，能继承中华优秀传统文化，理解、借鉴不同民族和地区文化的能力；以及在语文学习过程中表现出来的文化视野、文化自觉的意识和文化自信的态度。

语言文字是文化的载体，又是文化的重要组成部分。学习语言文字的过程，也是文化获得的过程。通过语言文字的学习，实现文化的传承与理解是语文核心素养的重要组成部分，也是学生语文素养形成和发展的重要表征之一。学生应该能借助语言文字，体会中华文化的博大精深、源远流长，继承中华优秀传统文化，理解并认同中华文化，形成热爱中华文化的感情，提高道德修养，增强文化自信；能借助语言文字的学习，初步理解、包容和借鉴不同民族、不同区域、不同国家的文化，尊重多样文化，吸收人类文化的精华；能关注并积极参与当代文化传播与交流，在运用汉语言文字的过程中，提高自己的文化自觉，初步形成对个人与国家、个人与社会、个人与自然关系的思考和认识，树立积极向上的人生理想，增强为民族振兴而努力的使命感和社会责任感。

语文核心素养如何培养？简而言之，就是要教会学生在阅读和写作过程中进行思考，展开思维，使之能顺利优质地完成阅读和写作任务，从而实现审美，吸纳文化。建构有效的阅读训练课程和写作训练课程，才能真正提高学生的语文核心素养。

二、研究落实语文核心素养的注意点

"什么是语文核心素养"与"如何培养语文核心素养",不仅仅是来自语文学科内部,更是强调未来教育发展,它是落实素质教育目标时,客观上要逾越的一道屏障。教育虽然不是万能的,然而影响着人们的未来学习与发展。作为教育工作者需要明白:教育的本原是什么?课程是什么?在课程实施中,可以做些什么,最需要做些什么……因此,提出了学生发展的核心素养。

语文学科,作为课程体系的一部分,其责任就是:要为教育规划课程需要完成的总体目标而承担一部分任务。基于学生未来发展,以及其学力基础,要规划语文学科的教学目的,这构成学科核心素养。在独立学科研究中,我们还需要融入学科意识,即自然需要以独有性让语文素养区别于其他课程。语文核心素养的研究,需要双核的基础:以促进学生发展为基础,以语文学科塑造人的独立品格与所需能力为基础。研究语文学科素养的培养,需要注意以下几方面。

(一)需要解开"互联网+"带给语文教学的困惑

现代先进文化、技术给当下的语文学习带来了巨大的冲击。现代先进文化、技术,如电影、电视剧、漫画等形象文化产品,这些产品的文化形式十分形象、生动,富有感染力,看起来有趣、省力,大多数学生对这些时髦的玩意儿趋之若鹜,在上面耗费了大量的时间和精力,而且乐此不疲。这些形象文化对开阔学生视野,认识人生也有一些作用,但缺少互动,学生只是被动地接受,缺少对人的第二信号系统的训练,久而久之,形成了对文学作品兴趣缺乏的问题,学生的写作能力自然要差。

因此,互联网颠覆不了教育,但是它已经改变了教师们的教学方式。比如,电子白板,课件教学,学习行为的"自助餐",随后"慕课""翻转课堂""线上课堂""移动学习""微课""创客活动"等接踵而至。"无处不在的学习""没有教室的学校""一生一课表"等一线实践的出现,极大地改变了传统教育的运行规则。此外,"互联网+"时代,很多时候学生就是我们的老师,我们有问题搞不明白,学生几分钟就能搞清楚。"互联网+"时代的教学更加包容,兴趣课堂更加突出,每个人都能找到自己的爱好。教师和学生的界限逐渐模糊。

虽然"互联网+传统集市=淘宝""互联网+传统百货卖场=京东""互联网+传统红娘=相亲网站""互联网+传统银行=支付宝""互联网+传统交通=滴滴打车""互联网+传统新闻=新媒体""互联网+通信=即时通信",但是"互联网＋信息知识≠教育"，互联网促进教育的发展，但是颠覆不了教育。

（二）需要大胆设想"互联网＋"带给语文教学的改变

10 年后、15 年后、20 年后，我们将站在怎样一个课堂里？以什么样的方式教学？真有点"只有想不到，没有做不到"的意味。譬如：

或许课堂形态已经被打破，学校任你挑、教师由你选——慕课盛行，在线教育成为"互联网＋教育"的重要形态之一。一张网、一个移动终端，几十万学生"学校任你挑、教师由你选"。

教育更智慧，私人定制成常态——有多少人是因为偏科跟名校擦肩而过的？课堂上，教师给所有学生讲的都是一样的。"互联网＋"时代，每个人的课都不同。

或许课堂游戏化，玩着玩着游戏便就把课给上好了——学生完全置身于一个游戏场景，不同的知识点融入游戏，闯关、协作、互动……不亦乐乎！

数据化管理，教师与数据产生化学反应——还要人工改卷子？还要人工算分数？"互联网＋"时代是这样的——不仅这些活儿全部智能化，学生的特点、弱点会被大数据快速细致地分析出来。

那么，"互联网＋"时代，教师究竟要"＋"点什么？时代的急速变化需要教师能力与思想的尽快提升，同时"＋"点包容：以开放的心态、积极的心态迎接"互联网＋教育"时代。

（三）需要永远坚守传统语文教学的"传道"

传统教育，虽然有其明显的弊端，譬如，教师只是知识的传播者、代言人，在学生眼中，教师们被贴上了"数学""语文""英语"的标签；师生之间的所有交往都发生在"知识"的传送带上……但是它也具有不容否定的地方，譬如"微风潜入夜""润物细无声"的传道熏陶，教师日常行为的耳濡目染，等等。

因此，笔者认为，教育生态场上的"情操陶冶，心心相印，依依不舍，深深陶醉"等是无法被简单的"技术"取代。虽然，眼下"微课""慕课""翻转课堂""名师课堂""名师网络课堂""专递课堂"等教学形式纷纷出现……但是语文素养的提升，其实还是离不开真切的、面对面的、手把手的语文教育。尤其是优秀的经典名著，学生自主学习、网络学习往往只能学得一点皮毛，而不能够深刻地吸收其精神养分。因此，需要警惕的是，在现代社会，不识字的文盲少见了，可是因为缺乏经典文章垫底，少了精神根基的人很多，由此让一部分人成为识字的文盲，成为文化盲、思想盲。西方哲学家说过，人类未来的发展需要到古老的东方去寻找智慧。因此，参悟文化、传承经典是语文教学的使命。

（四）需要知晓落实语文核心素养的常规途径

1.落实知识，拓宽视野，塑造健康人格

其一，落实知识。历代的文学大师，无不满腹经纶，具有很好的知识功底。离开知识的能力是不可设想的，轻易否认语文知识对语文素养落实的作用，容易使语文教学走进非理性主义的误区。教学需要有一定的汉字音形义的知识、基本的语法和修辞知识、常用的段落和篇章结构知识、基本阅读和写作方法知识等。

其二，拓宽视野。文学作品所展示的画面，几乎遍及人类生活的所有领域，它的内容无不与社会生活息息相关。

其三，塑造健康人格。优秀文学作品表现出来的高尚的理想，坚强的意志，高度的社会责任感，真善美的心灵，无不对学生产生着潜移默化的影响。文学对人性的塑造和对社会风尚的影响是不言而喻的。对学生的思想素质、道德素质和心理素质的提高，对塑造健康的人格都有重要作用。

2.发展思维，提高能力，厚积文化底蕴

其一，发展思维。思维是智力的火花，思维是黑暗中的灯，是迷失时的指南针。人类的一切活动都离不开思维，思维是智力的核心。一个没有思维的学生，不会是智慧的学生。

其二，学会审美。一个人的语文素养的高低，关键在于个人对语文主动积淀的厚实程度。当语文素养积淀达到一定程度时，就会在人身上形成一种富有个性的文化底蕴。如果抛弃传统的行之有效的教学方法，过分强调理解，轻视识记背诵也不行。我们要引导学生广泛阅读，识记背诵，提高学生的文学素养和文化素质，增强学生的文化底蕴。

其三，重视提高文学欣赏水平。文学欣赏是一种审美认知活动。教师要引导学生通过理解、欣赏，得到赏心悦目的、怡情养性的审美享受和思想认识。掌握并遵循这一规律，引导学生去发现美、认识美、创造美，从而提高学生的审美能力。

三、语文教师应该具有什么样的素质修养

语文是中国最古老的教育课程，从周代起就有语文，它的悠久与丰富让我们陶醉。走进语文世界，我们不得不惊叹汉语的情趣与美妙，不得不认为"作为中

国人不领略汉语风采是最大的遗憾与悲哀"。①同时，语文又是一门时代性很强的学科，它既要面对现代社会的语文生活，又要面对现代生活中最活跃的、成长中的现代青少年。它的课程内容还有待众多投身语文教育的有志之士开发、建设。

语文教师是令人羡慕的职业，它有着一份书卷气，甚至颇有一些诗意；但是，语文教师需要具备较高的素质修养。语文教师的修养，不少专家、学者有过解读与界定。

（一）须具备汉语言文学的专业素养

罗丹说过，生活中不是没有美，而是缺少发现美的眼睛。语文是一座百花盛开的园地，处处有美，万紫千红，美不胜收。语文教材无论是内容还是形式都充满了美的因素，汇聚了自然美、社会美和艺术美。

语文教师只有具备了较高的专业素养，才能以敏锐的审美感知力，在美的花园中领略到美，并带领学生进入美的圣地，去感知千姿百态的美，使师生都体验到审美的愉悦。因此，作为一名语文教师，必须不断地提高专业素养，跟上本专业的学术发展。语文教师尤其要树立继续教育、终身教育的观念，要努力使自己术业专精。许多教师的落伍，就是因为其在任教以后树立了教参就是一切的观念，放弃了专业上的进取精神，没有跟上互联网时代的步伐。

教师的权威不是外部赋予的，而是靠教师自身的深厚学养自然而然形成的。将来，不学无术的教师是无法在讲台前立足的。此外，在教学实践中，语文教师应是一个热爱阅读和积极写作的人。"读者"和"作者"的素质，是语文老师所应具备的素质中最具普遍性、基础性和延展性的素质。一名语文教师，能经常地与学生交换阅读和写作的心得，向学生推荐自己喜欢的作品，坦诚地和学生交流感受，给学生读自己写的作品，倾听学生的意见。相反，在"互联网＋教育"时代，如果还是单靠教学参考书和教学辅导杂志来备课，已是捉襟见肘了，如果不抽出时间多方位提升自己，就很难适应新课改对开展综合课程教学的要求，很容易被学生否认，被时代淘汰。

（二）须具备汉语言文学的教学素养

教学不只是一种技术，更是一种艺术。一名优秀的语文教师，必须对语文教育和语文课程有着较为透彻的理解和领悟，对语文作品有着较高的审美鉴赏力。

---

① 杨青.阅读教学中培养学生语文素养的途径与方法［J］.贵州教育，2020（05）：40-41.

只有这样，才能从"真正的语文"入手，以丰富的想象力和较强的审美感知力，引导学生领略课文艺术形式的美或生活内容的美；才能具有准确的评判力，从而弘扬真善美，批判假丑恶。当然，还需要懂得汉语言文学的教学规律，深知学生的学习心理，善于创造性地组织合作互动教学活动。此外，语文教育虽是言语智慧的教育，但更是情感的教育，情感也是一种教学素养，语文教育需要动之以情，晓之以理。

当下，"微课""慕课""翻转课堂""名师课堂""名师网络课堂""专递课堂"等教学形式纷纷出现。对教师来说，这是一个需要重新学习的课题。特别是"顺应种种教学形态的能力""适应学生个性的指导能力""从实践中学会教学的能力"，理应受到格外关注。技术理性迅猛发展的今天，语文教师更需要疏浚语文情感教育的源流，用真情之水浇灌学生的心田。

值得注意的是，学生语文素养的提高，主要靠的不是简单的行为纠正，而是靠认知上的感染熏陶、潜移默化和揣摩体悟。我们语文教师的审美鉴赏力与语文教学质量、教学效果关系密切。教师所做的最重要的工作是"导悟"，即引导、诱导（因势利导、因材施教），学生自己领悟言语的规律和要求，从而形成良好的语感、文体感和言语行为调控能力。由此看来，优秀的语文教师应该是熟谙教学规律的、循循善诱的"导师"。我们要不断学习和修炼，提高语文教师自身的学养，才能按美的规律搞好创造性的教学设计，突出教学的高激励功能、高效率功能和美育功能；才能将学生真正地带入语文课程领域。

（三）须具备汉语言文学的科研素养

孔子说："学而不思则罔，思而不学则殆。"学和思是紧密相连的，教与研是紧密相连的。语文教师首先是语文教学的实践者，同时应该是语文教育科学的研究者。科研，是语文教师修养发展的最高境界，是语文教师学者化的必由之路。

长期以来，我国语文界经验主义与实用主义之风盛行，对语文与语文教育理论的学习和研究不够重视，语文教师普遍缺乏理论学习和探索的兴趣与自觉，多数教师靠的就是一本教参和有限的教学经验进行教学，自给自足，闭目塞听，不但对新的专业理论和教育理论所知甚少，有的甚至发展到排斥理论、排斥教改的地步。落实核心素养的今天，语文老师需提高自身的科研素养，包括对语文规律的研究，对语文诗意美的传承，对语文"爱的坚守"等。

（四）须有汉语言文学的大视野意识

所谓"大视野"是指前沿的学术思想和厚实的文化底蕴。文化是创新的源泉。语文教师只有不断汲取人类文化的优秀成果，不断更新教育理念，优化教学方法，才能站在学术研究的大舞台上。为此，语文教师必须做到以下几点。

其一，足够的阅读量。语文老师站在学生面前，就是一部生动、丰富、深刻的教科书。语文教师，既要立足于语文学科本体，又要打破学科本位。除了精通本专业的理论知识外，还要求博、杂，具备完善的知识结构。当然，最重要的是要始终关注教育科学研究的最新进展。在互联网时代，学生可以是教师，教师也应该做学生。教师有问题搞不明白，也可以向学生请教。弟子不必不如师，师不必贤于弟子。道者为师，能者为师，贤者为师，会学习者为师。但是，教师始终应该是一本渊博的书，一本与时俱进、丰富多彩的书。

其二，有深邃的哲学头脑，解决教育中的现实问题。"大视野教师"不会把每天的教育生活当作无意义的日子度过，会利用空闲时间经常问自己"我是谁""我在哪里""我的教育将走向哪里""我的学生将被我带到哪里"。在不断追问的过程中认识自己，认识儿童，认识教育，解决作为人的存在的根本问题。语文教师也可以从写教育手记或教学日记开始，一名教师，随手记下自己对教育论著研读的心得，每天写下对自己或他人教学得失的反思，经常揣摩其中的规律或道理，从感觉和经验逐步上升到理论，甚至形成哲理。日积月累，假以时日，就会有深邃的哲学头脑，就会成为一位优秀的语文教育家。

其三，在合作中积淀的底蕴。合作意味着思想的碰撞、激荡、完善、升华，意味着自己和他人共同的进步。语文教师要善于和同伴合作，和学生合作，和家长合作。会合作是当今社会公民的必备素质，要培养会合作的学生，就必须有善于合作的教师。语文教师只有站在大语文的文化大背景下，才能为学生全面而具个性的发展提供最丰富最适合的课程资源，才能成就"大语文教师"。

其四，具有重新定义教学的水平。互联网新技术的出现，意味着无限的升级，很多原来的东西需要重新构建。此时，语文教师需要有"大视野"：未来的学校是什么样子？未来十年、二十年、三十年，甚至更长时间的教和学是什么样子？是变得更好玩还是更累？教师和校长又将起着什么样的作用？这都是需要思考的问题。此外，碎片化学习与整体学习以及学习与游戏的界限还会如此分明吗？学习旧知识、探索新问题之间的界限还会如此清晰吗？学习的空间，如教室、工作室、实体空间、虚拟空间、班组的学习空间、集体的学习空间等都将会发生变化。诸如此类，各种变化扑面而来，这是难以想象的。这些都需要语文老师有教育教学大视野观。

总而言之，语文教师应该具有汉语言文学的专业素养、教学素养、科研素养，以及大视野观。语文教师要成为学科课程资源的开发者、学科教学行为的研究者、学科情境智慧的创生者、学科知识体系的探索者。只有这样，语文教师才能正视互联网对教学方式的影响，与时俱进、顺势而为。

第二节　语文核心素养的结构系统

探讨了发展语文核心素养的原因，那语文核心素养到底是什么呢？回答这一问题就要深入语文核心素养本身，研究语文核心素养的构成。语文核心素养是一个系统，它由哪些要素构成，各要素之间又存在着怎样的关系呢？本节首先分析了语文核心素养的内涵，其次阐释了语文核心素养的构建思路，进而探索语文核心素养的构成要素，揭示语文核心素养的结构关系，最后分析语文核心素养结构系统的特征，试图完整而清晰地描绘语文核心素养。

一、语文核心素养的内涵分析

理解语文核心素养的深刻内涵，是理解语文核心素养首要的一步，那么语文核心素养有何深刻内涵呢，下面将从三个方面来讨论。

（一）语文核心素养体现语文学科的性质

语文核心素养应是语文学科中最具学科本质的，最能体现语文学科价值的关键素养，是语文学科固有的，不应是其他学科的学习能够替代的。语文学科有其自身的性质，以语文核心素养为目标的语文教育必须符合这一本质特点，否则会偏离其正确的轨道，丧失语文学科独有的育人功能。所以语文核心素养应体现语文学科的性质，否则就不能称其为真正的语文核心素养。那么语文学科的性质是什么呢？

语文学科的性质一直是语文教育界研究和争论的焦点，关乎语文学科的主体地位和现实践履，影响着语文教育全局。语文学科性质的准确定位，是正确提出语文教育目标、提高语文学科教学质量的前提，是找到语文学科真正发展之路的重要保证。纵观语文学科性质漫长的研究和探讨历史，有以下几种认识：工具性、人文性、工具性和人文性的统一、言语性、语言性。

工具性不是语文学科的性质。第一，工具性的实质是应需，是被动被迫的用来应付生活所需，显然不是语文学科的真谛。第二，工具性不是语文学科独有的属性，我们享有的物质文明和精神文明都是人类探索、发现、研究世界的硕果，这种硕果是人类文明发展的表现，也是人类文明不断进步和快速飞跃的客观依据，都具有工具性。工具性不能成为任何文化范畴或类别的特有的属性，尽管在"工具性"之前再冠以"最重要"和"交际"作出外延限制，这种说法依然不能成立。第三，这种说法是越过语文学科的"语言"核心而过渡到哲学的层面去定义的，它忽略了"语言"这一本质立足点，而用从这个核心发散出去的一种广泛而哲理的属性来定义，必然是反裘负薪的纰缪。

人文性不是语文学科的性质。第一，人文性的实质是以人为本，拆开来看是"人"与"文化"，人的文化，文化中的人，范围之广，难以界定，显然不能反映语文学科的本质。第二，人文性不是语文学科独有的属性。人类的一切文化成果都带有人文性，无论是纸媒的、口传的、实体的，还是地域化的、民族化的文化行为和文化现象，都是人类的文化积淀，都具有人文性。难道语文的人文性比历史、政治等人文课程更突出？显然无法衡量。第三，虽说"文以载道""文以明道"或者是"文道合一"，但都不能代表"文就是道"。如果语文成了精神，语文代表思想，语文意味文化，那语文的语言知识、四种技能就颠倒为它的外壳。语文学科是有着道德品质、人文思想等方面的教育功能，但那是语言教育本身所蕴含的，它不是语文学科所独有的。

2011 年的《全日制义务教育语文课程标准》在"课程性质"中指出："工具性与人文性的统一，是语文课程的基本特点。"这种表述及行文规范，虽然明白地指出了"工具性与人文性的统一，是语文课程性质的基本特点"，但是在"课程性质"这一小节，未能够对语文课程性质做出清晰的定义和解释，因此，导致很多人都凭空地使用语文课程性质的特点来取代语文课程的性质。"特点""性质"是截然不同的概念，一表一里不可并谈。"性质"是一种事物区别于另一事物的根本属性，而"特点"则是由事物本质所决定的，在特定方面的不同表现。"工具性与人文性的统一"不能称之为性质，并且也不是语文学科独有的特点，是从哲学二元论的角度进行了折中，局限于课程性质的外围，并没有从语文课程的内核领域给予确定。

对课程性质的科学化认识本该是一元而固定的，这样能使课程理论和实践沿着已知明确化的方向前进。以上关于语文课程性质的探讨只是简单地停留在描述和归纳的层面，缺乏对理论核心范畴的钻研，相比之下，"言语性"与"语言性"才更能体现语文学科的本质。

现代语言学之父索绪尔将语言分解为语言和言语两个概念，个人说话的行为和结果是言语，包括言语活动和言语作品；从言语中概括出来被社会所公认的词语和规则的总和是语言，语言的结构要素是语音、词汇和语法。二者是一般与个别的关系，语言是对言语的抽象概括，言语则是语言的具体体现。对言语和语言与语文学科性质的关系有以下几点认识。

其一，言语是个人说话的行为和结果，包括言语活动和言语作品，从这个概念上来说语文学科所用的教材，的确是言语作品的范畴，但是学生学习言语作品的目的是学习其中所蕴含的具有共性的语言的内容。即使不通过语文学科的学习，每个人也都具有个性的言语，便体现不出语文学科的培养目标了。其二，"从本质属性和内在构成来看，语言由语音、词汇、语法构成，它是一种静态的知识体系。"[①]而言语是动态的、个性的、无限的，具有生成性的，即使语文学科的学习贯穿整个基础教育阶段也学不尽，言语既然是语言学家提出来的概念，那么观察和研究言语自然是语言学家要做的事情，基础教育阶段的学生学习的主要是间接经验。其三，广义的语言是包括了语言系、言语活动、言语作品的，由此观之，语文学科教学内容不是言语能代表的。其四，言语一说能否经得起历史的检验，纵观文化发展史，语言才是人类与生俱来的文化概念，它既是承载精神的抽象符号，又是作为文化载体的实体。凡此种种，虽然言语性相较于工具性、人文性是更接近语文学科本质的属性，但事实是"言语性"不能越过语言，而成为语文学科的本质属性。

语文学科的独立设科意味着，语文学科有自己作为一门学科的根本的、固定的、不以人的意志为转移的内容。作为一个重要科目，它的地位并非某人或某个权力机构所赋予的。语文学科存在最基本的、稳固不变的东西，那就是语言，当然这里的语言是指我们的母语。语文教育就是以语言为根本的学科教学，语文课程的本质属性就是语言性。语言性作为核心，可以涵盖语文学科教学的所有目标。语文学习的实质是实实在在的东西，那么为什么不能从内容的角度去探寻语文学科的性质呢？语言是语文学科的核心依托，因为语言，语文才论及工具性，因为语言，语文才论及人文性，语文课程的一切附属特点都是由语言的本质属性所衍生出的其他特点。

---

① 上官云峰.谈教师的语言修养［J］.科技创新导报，2011（07）：232.

语文学科就是培养学生语言素养的一门学科，不用什么高大上的辞藻来修饰，无论把语文说得多么重要，都不如语文就是语文重要，因为这才是语文学科的特质，是其他学科替代不了的。这一认识，剥离了包裹在语文课程外围的层层光环，并且从认识论或方法论的角度讲，它不再是外围、哲学层面对语文学科性质的高度概括，而是直接揭示语文学科的本质。所以语文核心素养突出体现"语言性"，这才是符合语文学科的本质要求。

（二）语文核心素养是三个维度的综合表现

语文核心素养应是语文知识、语文技能、语文态度三个维度的综合表现，既不能忽视语文知识、语文技能的作用，又不能忽视语文态度的重要作用。语文核心素养是以语文知识和语文技能为基础的，更重要的是融入了情感、态度、价值观。这一超越语文知识和语文技能的内涵，能够很好地纠正过去忽略情感态度价值观的语文教育的缺失。

为了形成能够适应终身学习和社会发展需要的具有语文学科特点的必备品格与关键能力，缺少了必备的语文知识做基础是不可能实现的。但在我们的语文教学中，语文知识越来越被忽视。如语法教学在中学语文教学中严重缺失，导致学生在高中阶段理解文言句式存在一定的困难，这正是忽视语法造成的后果，语文知识的作用不在于学会语文知识本身，它影响着我们对文学作品的解读。2022年版的《义务教育语文课程标准》相较于2021年版的《义务教育语文课程标准（实验稿）》，在第三部分"实施建议"中，多出了关于语法修辞知识的实施建议这一部分，在"学段目标与内容"中涉及语音、文字、词汇、语法、修辞、文体、文学等多元的课程内容。并指出"指导和点拨的目的是帮助学生更好地识字、写字、阅读与表达，形成一定的语言应用能力和良好的语感，而不在于对知识系统的记忆。"语文知识是语文课程最直接的制约因素，没有语文知识做基础的语文核心素养是不稳定、不完整的。语文核心素养引领的语文课程改革，应该继续保持语文知识教学的适度回归。

语文知识的运用形成语文技能，语文技能是通过在学生个体身上反复实践形成的较为稳固的语文活动方式。一般认为语文技能表现在听、说、读、写四个方面，后来又加入了思。技能中往往积淀了一定的语文知识、蕴含了一定的语文思维。有人把语文技能分为语文动作技能和语文心智技能，语文动作技能指外部动作方式的语文技能，如能书写规范工整的汉字；语文心智技能指兴趣、联想等内部心理活动方式的语文技能。按照语文课程标准的模块划分，有识字、写字、阅读、写作、口语交际、实践运用等技能。还有更简洁的划分，信息输入即阅读技能、信息输出即表达技能。教师要做的不仅仅是让学生掌握语文知识，还要让学生消化吸收并能运用语文知识，提高必备的语文技能，语文技能熟练到一定程度形成语文能力，这一过程语文知识得到内化、语文能力得以养成，而语文能力是语文核心素养的终极追求之一。

情感、态度、价值观是语文核心素养中非常重要的一个维度。教育的功能不只是传授间接经验，也包括对学生情感、态度、价值观的培养。知识和技能武装出来的不一定是人，有可能是机器，只有获得情感、态度、价值观的熏陶洗礼才能成为和谐发展的人。看一个人的语文核心素养，首先会看他对语文的热爱程度，他有没有学习语文的兴趣，有了兴趣与爱，他才能全神贯注地融入语文学习中去，并感受到语文学习的快乐。价值观通俗来说是判断是非的标准，语文学习过程中，传递着几千年的传统美德、几代人的理想追求和美好品质。文以载道，道就是价值观，语文核心素养的养成要有价值观作为支撑。情感、态度、价值观这一维度，我们常常简称其为态度维度。态度是个体对特定对象所持的稳定的心理倾向，蕴含着个体主观评价及由此产生的个体行为倾向性。端正学习语文态度是形成良好品格的重要元素，能推动语文核心素养的发展和提升，是语文核心素养形成和发展的原动力。

综上所述，语文核心素养是语文知识、语文技能、语文态度三个维度的综合表现，是各要素共同作用的结果。

（三）品格和能力是语文核心素养的形成形态

形成适应终身学习和社会发展需要的具有语文学科特点的必备品格与关键能力，是语文核心素养形成的体现。语文核心素养通过语文知识、语文技能、语文态度三个维度的整合，最终内化为解决实际问题所需要的必备品格与关键能力。在特定的语文学习过程中获取语文知识和语文技能并运用适当的方法内化为能力，把情感、态度、价值观内化为品格，能力和品格的形成标志着语文核心素养的养成。

语文知识是语文教学活动的起点，语文教学活动不能离开语文知识，当然语文核心素养的形成也离不开语文知识。教学过程的顺利展开，人的成长发展，知识都是必不可少的。但是我们的教学不能仅仅止于知识，人的全面发展更不能仅仅限于掌握知识，教学的根本目的以及人的发展的深刻内涵是素养的养成。所以，我们的语文教学是通过知识的学习来提升语文核心素养的，掌握知识不是最终的目的，品格和能力即素养的形成才是语文教育的最终目的。

语文知识是语文核心素养的载体，它是如何内化成品格和能力的呢？语文知识不能直接转化成为语文核心素养，对知识的复制、记忆、理解、掌握都不能形成素养。通过语文活动，在此过程中对语文知识进行加工，进而消化吸收，并运用语文学习方法，对语文知识和语文技能进行内化、升华形成能力。情感、态度、价值观体现语文学科的知、情、意、行，作用于学生的精神世界，内化为学生的品格。情感、态度、价值观和语文知识、语文活动一起，形成语文核心素养。

语文核心素养是语文知识、语文技能、语文态度的整合，是各维度的要素综合作用的结果。内化、积淀、养成都需要一个过程，语文核心素养既指向最终的状态，又指向形成过程，我们关注学生的语文核心素养就要关注整个过程。教育的对象是人，关注人的成长发展过程。以语文核心素养为目标的语文教育关注学生的品格和能力的修习涵养，充分体现了学生的主体地位。

总的来说，语文核心素养是语文学科本质的体现，是语文知识、语文技能、语文态度三个维度的综合表现，最终内化为学生必备的语文品格和关键的语文能力。

二、语文核心素养的构建思路

语文核心素养是一个系统，如何构建语文核心素养，是语文核心素养研究的基础性任务。下面将阐述语文核心素养的整体构建思路，让语文核心素养的结构系统有理可循，有据可依。

（一）语文核心素养的确定依据

基于现代社会发展的需求、语文学科的独特贡献以及各学段语文课程标准，借鉴当前国内外核心素养的研究成果，以上作为语文核心素养的确定依据，有益于突出语文学科特色，探求语文学科本质。

1. 现代社会发展对于语文核心素养的需求

语文核心素养是时代发展的产物，它的建构只有立足于社会发展需求，才能从根本上满足和顺应现代社会发展对语文课程的价值诉求。现代社会需求与学科教学的中介是人才培养的要求，社会需要什么样的人才，学科教学就培养什么样的人才。现代社会发展所需的人才所要具备的核心素养中，哪些是语文学科育人价值的体现，哪些就指向语文核心素养。

2016 年 9 月北京师范大学历时三年的研究成果"中国学生发展核心素养总体

框架"公布，包括三个层次共六大核心素养，文化基础层次包括人文底蕴和科学精神；自主发展层次包括学会学习和健康生活；社会参与层次包括责任担当和实践创新。语文学科的育人价值主要体现在文化基础层次中的人文底蕴素养，增强人文积淀、培养人文情怀、激发审美情趣等。语文核心素养要具有一定的人文价值和人文关怀。

2012年9月联合国教科文组织的标准工作组修订了核心素养草案，征询了至少57个国家近500位代表的意见，初步确定了核心素养指标体系的7个学习领域，即身体健康、社会情绪、文化艺术、文字沟通、学习方式与认知、数字与数学、科学与技术。作为母语教育的语文学科主要作用于"文字沟通"这一素养，即"能在社会生活世界中运用第一语言进行交流，包括听、说、读、写，并能听懂或读懂各种媒体的语言"。①语文学科主要培养学生说与听、词汇、写作、阅读的能力，是通过语言学习来发生作用的，培养人的语言文字沟通能力。

2. 现有的语文核心素养研究成果

随着核心素养研究热潮的掀起，不少学者对语文核心素养的框架提出了各自的看法。如语文核心素养的二维框架：语言能力和人文修养。其中人文修养包含三个维度，一是情感、态度、价值观；二是审美情趣；三是文化底蕴。对语文核心素养的三维框架有四种看法，第一种是语感、语文学习方法和语文学习习惯；第二种是思维力、阅读力和表现力；第三种是学习素养、交往素养、人格素养；第四种是从核心知识、核心能力、核心态度三个维度来概括语文核心素养的。语文核心素养的四维框架：一是必要的语文知识；二是较强的识字写字、阅读与表达（包括口语与书面语）能力；三是语文学习的正确方法和良好习惯；四是独立思考能力与丰富的想象力。最具代表性的莫过于正在研制中的《普通高中语文课程标准》，其讨论稿提出了语文核心素养的四个维度，包括语言建构与运用、思维发展与提升、审美鉴赏与创造、文化传承与理解。学者们又在这四个维度的基础上进行研究，比如有的学者认为语文核心素养在四维框架的基础上应该加上品德修养，即语文核心素养包括语言运用、思维发展、审美情趣、文化传承以及品德修养等。

以上研究成果界定的语文核心素养框架虽有所不同，但都为笔者的语文核心素养框架研究提供了很好的参照。语文核心素养在各个框架中都有重要的位置，包括语感、识字写字能力、阅读表达能力、沟通交流的能力，等等。此外还有审

---

① 上官云峰.谈教师的语言修养［J］.科技创新导报，2011（07）：232.

美、文化、思维以及语文学习方法、习惯等要素。语文学习方法与习惯是隐含在任何一个要素之中的，没有正确的语文学习方法与习惯不会形成语文核心素养，反过来语文核心素养的形成也就必定具有了正确的语文学习方法与习惯，所以没有必要作为要素列入语文核心素养的框架中。

目前来看认可度最高的便是语文核心素养的四维表述，即语言建构与运用、思维发展与提升、审美鉴赏与创造、文化传承与理解。这四个维度的指标——语言、思维、审美、文化，几乎涵盖了语文教育所有的内容，有很大的借鉴价值，但也正是这种近乎求全的描述，却难以体现语文核心素养的精神要义。首先四个指标概括全面，但核心不够突出；其次四个指标的表述存在一些问题，例如"审美鉴赏与创造"，鉴赏本身就包含在审美范畴内；再次各个指标之间的关系是孤立的还是联系的，也需要进一步说明；最后在实际操作层面，思维、审美、文化这三个要素是如何养成的，落脚点在哪里。只有理清了这些问题，才能防止语文核心素养成为纯粹的"口号操作""文字游戏"。提出了口号，就要有深入的研究和清楚的解读，才能避免给人以文字游戏之感。

所以语文核心素养的结构系统要真正体现"核心"二字，要求各个指标之间的关系清晰、每个指标的表述明确，才能够为一线语文教师的教学提供"抓手"。

3.语文学科在基础教育课程体系中的贡献

前面我们分析过，语文学科的本质属性是语言，语文学科是学习语言的学科。在林崇德先生主编的《21世纪学生发展核心素养研究》一书中，对我国现行35门课程标准（义务教育阶段19门，高中教育阶段16门）进行内容分析，整理并界定出了35种核心素养指标，并把这35种核心素养在义务教育阶段和高中教育阶段各学科课程标准中的提及频率进行了统计。量化的统计结果对于我们考察语文学科在基础教育课程体系中的贡献提供了很大的帮助。

无论是在义务教育语文课标，还是高中教育语文课标中，亦或是高校语文，"语言素养"都是提及频率最高的素养，排除俄语、日语、英语等三门外语学科，我们把这里的语言界定为母语，所以在培养"语言素养"方面，无论是义务教育阶段、高中教育阶段还是高校教育阶段，语文学科的位置是无可取代的。当然，"学习素养"在各个课程标准中提及的频率都很高，足见具备"学习素养"是各个学科共同追求的。其他的一些指标，例如"艺术与审美能力"这一指标，语文课标中提及频率较高，但远远不及音乐、美术、艺术三大学科。在"多元文化"这一指标中，音乐、美术、艺术三大学科同样表现突出。在"人文素养"这一指标中，历史、美术、艺术、音乐、思想品德与语文一道，共同培养这一素养。在"创新与创造力"这一指标上，高中技术学科提及频率最高，地理、化学、生物、物理、数学等学科，以及美术、音乐、艺术等学科与语文学科一样都有所涉猎。

无论是从语文学科自身辩证思考，还是从统计结果中观察比较，语言素养都是语文学科的核心素养。而学习素养、思维素养、审美素养、文化素养，为一些学科所共同追求。不可否认语文学科在这些素养的培养方面同样做出了贡献，但都是通过语言学习而产生的育人价值，归根结底还是语言。语文核心素养不是所有相关素养的整合，提炼出的语文核心素养要素可能会涉及各相关学科的内容，但自有语文学科的侧重，在内涵和外延上具有独立性。

（二）语文核心素养的构建途径

语文核心素养的构建途径有多种，下面重点介绍其中两种。

其一，基于语文教育学理论从语文核心素养三个维度的表现，选取居于核心地位的要素，从而构建体系。根据《义务教育语文课程标准》和《普通高中语文课程标准（实验）》提到的关于知识、技能、态度三个维度的要素，对这些构成要素加以研究、细分、归类，总结出语文核心知识、语文核心技能、语文核心态度，进而归结出可以培养哪些必备品格和关键能力。

其二，基于语文学科本身和重要的教育文件，从语文教学任务中选取应当重点培养的主题内容，进而构建语文核心素养体系。如果将"语言"作为重要的主题内容，那么它在语文核心素养中对应的就是"语言建构与运用"。这种建构方式突破了知识、技能、态度的系统划分，探究的结果为语文教学中核心的主题要素。

语文核心素养的构建可以有很多方式，以不同方式探寻出的语文核心素养必有很大的重叠。笔者将主要沿着第二条途径构建语文核心素养的体系，力图突出语文学科自身的育人功能，指向语文课程目标的核心内容，进而指出语文教学的重点所在。

（三）语文核心素养的表述方式

语文核心素养指标的命名与各指标内涵的界定是构建语文核心素养要面临的基本问题。语文核心素养的提炼要立足于学科本质及其育人价值，要素的命名不能不考虑语文课程内容。各个学科都有各自的核心素养，此学科之所以不同于彼学科，主要取决于课程内容的差异，否则很难避免雷同和泛泛而谈。比如"思维发展与提升""审美鉴赏与创造""文化传承与理解"放在语文学科来考虑就知道指的是什么，置于基础教育课程体系中去考虑，就难以分辨出是语文学科的核心素养还是其他学科的核心素养了。

在比较不同的国际组织、国家或地区的核心素养框架之后，结合语文学科自身的特点，在指标的命名方式上，笔者将采用功能型与专题型综合的命名方式，即素养既建立在某种主题之上，又建立在某种功能之上，例如选取"语言"这一专题，再加上对其功能的表述"运用"，就形成了"语言运用"这样的表述。在对各个指标的内涵进行阐述时，对指标所期待的行为结果进行描述。以学生为主体，较为明确地将语文核心素养的目标以行为的方式表达出来。

以上所述为笔者构建语文核心素养的思路，找到语文核心素养确定的依据，沿着既定的途径，采用合适的表述方式，进而构建语文核心素养体系。

三、语文核心素养的构成要素

明确语文核心素养内涵之后，按照前文所述的语文核心素养的构建思路，重点依据语文课程基本理论和重要的教育文件，试着回答"基础教育阶段语文教育要培养的人究竟要具备哪些语文核心素养"这一问题。需要注意的是，笔者在这一部分没有对语文核心素养进行学段划分，而是从整体上来分析学生在接受语文教育后要形成的语文核心素养。

（一）语文核心素养构成要素的甄别

语文学科的根本是语言，语文教育是以语言发展为基础的教育，其他任何价值都是从语言这片土壤上培植出来的，语言是核心、是焦点。把这一焦点放大，甄别与语言相关的要素，准确把握语文教育中学生应该具备的素养。

1."思维"不是语文核心素养的构成要素

语言与思维存在密切的关系，语言是思维的载体，是其物质外壳，人类的抽象思维都是在语言的基础上进行的。语文教学主要是语言教学，在这一过程中，不可能不培养学生的思维能力。

学生由对母语的感性认识上升到理性认识这一过程中，随着听、说、读、写水平的提高，思维品质也在不断地提升。在语法规则训练中，学生的抽象思维得以发展；在辨析语言运用中的矛盾现象时，学生的辩证思维得以发展；在文学作品的品读中，学生的联想和想象得以发展。在语文学习过程中，学生的分析、比较、归纳能力都有所发展，思维的灵敏性、深刻性等品质也有所提升。

但以上这些都是建立在语言载体之上的，是通过语言学习而获得的，不能脱离语言而存在。思维的培养已经蕴含在语言的发展之中了，我们为什么要剥离语言这层物质外壳呢，没有了这层物质外壳的思维还是语文学科所追求的吗？

并且，虽然学生在语文学习过程中思维力有所发展与提升，但我们并没有将此作为目的来培养。即使我们想要去培养学生的思维力，我们又以什么为抓手呢？把阅读教学上成思维训练课，还是把写作教学上成思维训练课呢？显然都不合适。

基础教育阶段的课程都在作用于学生思维的发展，比如数学学科，对学生的数学抽象、逻辑推理、直观想象都有较高的要求。物理学科发展学生的科学思维，生物学科发展学生的理性思维，信息技术发展学生的计算思维等，而我们的语文学科对思维的贡献却很难界定。我们的语文学科不能再"大包大揽"了，借此核心素养提倡之机，我们要卸掉自身的包袱，语文能做好语文自己就已经达成自己的使命了。

2."审美"与"文化"应列入语文核心素养

在语文学习的过程中，学生通过阅读优秀的文学作品，品味其语言艺术，能够感受到语言美、形象美、情感美，学生应该具备一定的欣赏文学作品的能力。在这一过程中也蕴含着丰富的情感，学生能体会到祖国语言文字独特的美，激发学生对语言文字的热爱之情。鉴赏和评价文学作品，形成自己的审美体验，既能促进语言运用能力的形成，又是具有良好的语言运用能力的表现。所以，语文教育应该使学生具备这一素养。但"审美"内涵丰富，对这一指标要界定到语文学科领域，才能突出语文学科的育人价值。

语言承载文化，"索绪尔以来的现代语言学，往往过分强调了语言是任意的音义符号系统而忽视了语言是文化的载体这一面"。①从语言至文化，运用语言来洞察人类文化的过去和现在，从文化至语言，通过人类文化来掌握人类语言特性。通过语言文字来熟悉和把握民族传统文化是最方便有效的，所以让学生了解、继承和弘扬民族文化是语文教育的任务之一。但"文化"包罗万象，对这一指标要加以限定，对这一素养指标达到的水平也要进行具体的阐述，不然我们的语文还会面临"泛语文""非语文"的审问。

（二）语文核心素养构成要素的表述

1.语言运用

语文核心素养关照的主体是学生，所以应该揭示学生学习语言的规律。学生语言能力的培养不是一蹴而就的，而是一个渐进的过程。最初是通过积累而形

---

① 叶蓓蕾.索绪尔语言学思想与博社恩语言学理论的比对 [D].南京师范大学，2017.

成了语感，即在丰富的语言材料和言语活动经验的基础上，学生凭借直觉感悟和归纳在应用中形成了良好的语感，所谓语感是指"包括语音感、语义感、语法感，在心理上表现为一种感受、直觉、心智技能、审美能力，在本质上为一种能力"。[①] 在此基础之上，通过理性分析和演绎形成规律性认知也就是语言运用的规律，我们称之为语理，包括语法、逻辑、修辞等内容。掌握语理不是目的，而是帮助学生建构自己的语言系统的必要条件。学生可以在特定的语境中凭借语感和语理进行交流，这种交流可以通过口头语言的形式也可以通过书面语言的形式来达成。最后将自己获得的言语活动经验和策略，在实践中灵活运用，具备语言运用能力，解决现实中存在的问题。

这一素养表述成"语言建构与运用"，指向过程是可以的，表述成"语言运用"指向最终结果也无可厚非。其内涵是指学生在语言实践中，积累语言材料和言语活动经验，掌握祖国语言文字的特点及规律，丰富语言个性，在具体的语境中有效地运用祖国语言文字进行交流与沟通。总之，这一素养凸显了语文学科的本质、根本任务也是独当之任。

2. 文学审美

在语文学习中，学生通过阅读，鉴赏优秀的文学作品，品味其语言的艺术，进而激发审美想象，感受思想魅力，同时获得丰富的情感体验，学着用语言去表现美，形成审美意识和审美能力，养成高雅的审美情趣，是语文核心素养形成和发展的重要表现。

那么这一语文核心素养指标该如何表述呢？"审美鉴赏与创造"这种表述是否合适呢？首先"审美"一词使用范围过于广泛，且主要用于美术学科、音乐学科、艺术学科等，我们语文学科的"审美"和以上学科的"审美"最主要的区别是主体不同，语文学科进行的是文学作品审美能力的培养，是一种"文学审美"。再者"审美"本身就包含"鉴赏"之意，后面再加一个"鉴赏"，语义重复。至于"创造"，接受语文教育过后，我们是否要求每个学生都具有审美创造的能力呢？这不是必须的，不是每一个学生都要达到"审美创造"的水平，即使在大学阶段接受汉语言文学专业的教育，也不能保证每个学生能够形成这一素养。即使对学生有较高的要求，那我们的教学能保证达到这一要求吗？"创造"可不可教还是个问题。学生能够鉴赏语言的美、学会用语言去评价文学作品的美，是必须的，至于能否去创造文学作品的美，那就因人而异了。

---

① 王培光.语义感与语法感的关系［J］.中国语文，2004（02）：129-134.

笔者把这一语文核心素养指标表述为"文学审美"，其内涵可以阐述为学生在语文活动中，鉴赏、评价、表现文学作品的美的能力及品质。这一素养指标，是语文核心素养的重要表征之一。

3. 文化理解

语言文字既承载人类文化，又是人类文化的组成部分，在语言文字的学习过程中，可以受到优秀文化的熏陶感染。学生在语文学习过程中，借助语言文字，能够了解博大精深、源远流长的中华文化，积累一定的文化常识。继承优秀的中华文化，提高自身修养；理解中华文化，增强文化自信；参与文化传播和交流时，提高文化自觉和文化意识。有一定的文化积淀，也能够促进学生对祖国语言文字的学习、理解和热爱。此外语文学习过程中也会涉及许多来自其他地域的优秀文学作品，学生也要对这些作品背后所蕴含的优秀文化，持以包容和尊重的态度，吸收借鉴人类文化的精华。

基础教育阶段的学生在学习语言文字的过程中，能够积累一定的文化常识，理解并认同语言文字背后的中华文化，是语文核心素养的又一重要表征。笔者把这一指标表述为"文化理解"，其内涵是指学生在语文学习中，积淀、继承、理解优秀语言文化的能力及品质。

通过对语文核心素养构成要素的甄别及表述，我们形成了语文核心素养框架，如下表 2-1 所示。

表2-1　语文核心素养框架

素养指标	内涵阐释
语言运用	学生在语言实践中，积累语言材料和言语活动经验，掌握祖国语言文字的特点及规律，丰富语言个性，在具体的语境中有效地运用祖国语言文字进行交流与沟通
文学审美	学生在语文活动中，鉴赏、评价、表现文学作品的美的能力及品质
文化理解	学生在语文学习中，积淀、继承、理解优秀语言文化的能力及品质

四、语文核心素养的结构关系

语文核心素养作为一个系统，其构成要素之间不是孤立存在的，而是存在着一定的关系。这一节主要探讨语文核心素养各个构成要素之间相互影响、相互制约的关系。

（一）语文核心素养的"一体"

"一体"是指"语言运用"，"语言运用"是语文核心素养的主体，也是整个语文核心素养结构系统的基础。"文学审美"和"文化理解"都是以学生的语言运用能力为基础，并在"语言运用"的形成过程中得以实现的。

语言是"文学审美"的客体，审美的对象正是言语作品。语言艺术的鉴赏、文学作品的评价、审美经验的表现都离不开语言。语言运用能力的形成和发展也促进了"文学审美"的发展，提高了"文学审美"的水平。

语言是"文化理解"的载体，学生是通过语言文字来了解民族文化的，在语言文字的学习过程中形成文化的积淀，也是通过语言文字来表达对民族文化的理解和认同的。学生语言运用能力的发展能够促进"文化理解"的形成和发展。

（二）语文核心素养的"两翼"

两翼是指"文学审美"和"文化理解"，这是建立在"语言运用"素养的基础之上的，同时也促进了"语言运用"这一素养的发展和提升。

"文学审美"这一素养，通过鉴赏、评价、表现文学作品的美，提升学生的语言表现力和语言感受力，能够激发学生对语言艺术的热爱，在语言实践中积累好的语言材料，建构语言审美经验，运用优美的语言文字进行沟通与交流，促进"语言运用"的形成和发展。

"文化理解"这一素养，通过积淀、继承、理解优秀的中华文化，能够增进学生对语言文字的理解，丰富语言文字学习的情趣，能够激发学生对语言文字的热爱，在语言实践中，丰厚的文化积淀，可以改善学生的语言面貌，使学生在沟通与交流中更加自如。

"文学审美"与"文化理解"两者之间也是相互促进的关系，学生审美水平的提高，能够增进对优秀文化的理解和认同；学生有一定的文化积淀，也能够丰富审美体验；二者相互促进，和谐发展。

总之，"语言运用"与"文学审美""文化理解"是语文核心素养的"一体"和"两翼"，三个要素相辅相成，共同发展。

五、语文核心素养的特征分析

厘定了语文核心素养的构成要素，明晰了语文核心素养的结构关系，就对语文核心素养的结构系统有了整体上的认识，再对语文核心素养结构系统的特征进行分析，就能够对语文核心素养有更深入的把握。语文核心素养是语文学科教育赋予人的发展的价值体现，是学生终身发展所需核心素养的重要组成部分，它具有怎样的特征呢？

（一）语文核心素养是学生的共同素养

语文核心素养具有基础性，它是所有学生应具有的共同素养，是每个学生个体接受相应阶段的语文教育后都应达成的。

学生接受语文教育后，在"语言运用"方面，通过丰富的语言实践，积累了大量的语言材料和言语活动经验，掌握了语言的特点及其规律，使自己的语言个性得以形成，并且能够在具体的语境中有效地运用语言进行交流与沟通。在"文学审美"方面，学生在一系列语文活动中，学会鉴赏语言、评价文学作品，并且能够运用语言来表现文学作品的美，能够具备相应的能力及品质。在"文化理解"方面，通过语文学习和积累，能够积淀、继承一定的语言文字方面的文化，并且具备一定的理解中华优秀的语言文字文化的能力及品质。

（二）语文核心素养可以进行阶段划分

语文核心素养具有连续性，这体现在两个方面。一方面，从人的角度来说，语文核心素养是每个人都要具备的素养，但每个人又处在不断发展的过程中，语文核心素养也要随之不断完善发展。另一方面，从语文学科角度来说，语文核心素养不是与生俱来的，它是在语文学习过程中慢慢形成的，从牙牙学语到遣词造句到阅读写作，语文能力一步一步发展，在原有的基础上逐渐提升，形成稳定的语文品格和语文能力。

所以语文核心素养的培养要进行阶段划分，根据人身心发展的阶段性特点，每个阶段认知发展的特点不同，每个教育阶段设置的语文学习内容不同，语文核心素养培养的侧重也就有所不同。在不同的教育阶段，小学、初中、高中、大学，语文核心素养的表现是不同的，小学阶段，培养重点在"语言运用"方面，在于会认、会读、会写语言文字，积累一定的语言材料和语言经验。初中阶段，学生"语言运用"这一素养取得较大发展，并可以具备初步的文学作品鉴赏的能力。高中阶段，学生"语言运用"这一素养渐趋成熟，"文学审美"这一素养得到较快提升，具备一定的语言文化积淀，并且对中华文化形成自己的理解。大学阶段，文学素养进一步提升，在具备一定的理解基础上，从更深层次理解并发扬中华优秀传统文化。

任何一个教育阶段的结束都不会是语文核心素养的结束，下一个教育阶段，语文核心素养的表现将更加丰富。语文核心素养要做好阶段划分，抓住关键期，有重点地培养。

（三）语文核心素养在教学中必须细化

语文核心素养作为语文教育目标，终究要在语文教育中得以实现。语文核心素养的三个构成要素，"语言运用""文学审美"和"文化理解"要想得以针对性地培养，在语文教学中就必须细化。最直接的是细化为语文态度、语文知识和语文技能三个层次。

"语言运用"作为语文核心素养的基础，总的来说，在语文知识层面，主要是指对语言符号、语言规则及经典的言语作品等这些语言知识和语言材料，进行理解、记忆、储备。在语文技能层面，主要是指对语言规则、语言技能的掌握能力，运用听说读写四种表情达意方式的能力。在语文态度层面，主要是指理解和运用语言所衍生的，对语言运用的惯性和自觉，对语言现象的兴趣和敬重，对语言意义的感受和理解。

"文学审美"，在语文知识层面，主要是指言语作品鉴赏的相关知识，包括不同文学体裁的文体知识、文体风格、语言特色、语言艺术等；在语文技能层面，主要是指语言鉴赏技巧的掌握能力和语言美的表达能力；在语文态度层面，主要是指对语言文学之美的发现、感悟和表现的热情。

"文化理解"，在语文知识层面，主要是指一定的语言文字方面的文化常识；在语文技能层面，主要是指理解和传承中华民族语言文字文化的能力；在语文态度层面主要是指对中华优秀文化的认同和理解。

对语文核心素养的三个构成要素，必须进行细化，才能进行有针对性的培养，避免这一目标悬置。

综上所述，语文核心素养结构系统具有三个方面的特征，它是学生的共同素养，可以进行阶段划分，并且应在教学中细化。

本节我们分析了语文核心素养的内涵，语文核心素养要体现语文学科的性质，是知识、技能、态度三个维度的综合表现，其最终形态是语文能力与品格。阐述了语文核心素养的构建思路，包括其确定依据、构建途径和表述方式。在此基础之上，甄别语文核心素养的构成要素，即语言运用、文学审美和文化鉴赏。其中语言运用是主体，文学审美和文化鉴赏是两翼，各个要素之间是相互促进、相辅相成的，构成了语文核心素养的结构系统。完成了对语文核心素养的描述，就应该思考如何将语文核心素养从一套理论框架落实到语文课程领域中去的问题了，只有解决好这一问题，才能让语文核心素养"落地"。

第三节　语文核心素养的现实导向

理清了语文核心素养的结构系统，对语文教育目标有了一定的认识。那么语文核心素养通过哪些渠道得以实现，它究竟有何现实意义，怎样与语文课程紧密结合，这些问题就显得尤为重要了。探讨语文核心素养的现实导向，就要从课程标准、教材编订、课堂教学及评价方式等几个角度来谈。

一、基于语文核心素养的课程标准

"课程标准是确定学校教育一定学段的课程水准、课程结构与课程模式的纲领性文件。国家课程标准是教材编写、教学、评估和考试命题的依据，是国家管理和评价课程的基础。"①课程标准的研制有助于落实语文核心素养教育，深化语文课程改革。课程标准的制定是语文核心素养得以落实的第一步，也是最为关键的一步，有了它，以语文核心素养为目标的语文教育就有了方向。

（一）语文核心素养要融入课程标准中

前面我们解决了将学生核心素养转化为语文学科核心素养的问题，语文核心素养是一个桥梁，还要将其转化为内容标准，才能便于后续的教材编订、课堂教学和评价改革。

我国现有的语文课程标准是属于内容标准的，编排的体例遵循了语文学科体系的逻辑。现行语文课程标准包括四个部分，一是前言，指出课程性质、基本理念以及设计思路；二是课程目标与内容，描述教学所要达到的目标，规定学生应掌握的知识和技能；三是实施建议，是为保证受教育者的学习质量提供的教育经验。四是附录，提供了一些背诵篇目、语法修辞、知识要点、字表等内容。

在语文课程标准中贯彻语文核心素养的要求，首先，除了要在课程基本理念和总目标中体现语文核心素养外，具体化的教学目标一定要体现语文核心素养。语文学科需要根据每个学段语文核心素养的内容规定与目标要求，结合学生身心

---

① 黄克孝.论教学手段在职教课程标准中的地位［J］.职教通讯，1997（01）：20-21.

的特点，明确该学段实现语文核心素养的客观目标。最为重要的一点，内容标准是学生核心素养形成的保证，要从语文核心素养出发去审视、判断目前的内容标准是否与语文核心素养匹配，对不匹配的进行删改调整，重新确定并组织语文学科的内容标准，以确保内容标准能够聚焦语文核心素养。在教学建议部分，要依据语文核心素养培养目标，结合语文学科内容提出有针对性的教学建议，只有教学建议清晰明确，才能为语文教学的实施提供有效的参考依据，才能将语文核心素养落实到语文教学中。

（二）语文课程标准的编排方式要适切

梳理好内容标准后，要结合具体内容和实际情况，选择适合语文学科的课程标准的编排方式。

课程标准的编排方式有纵向编排和横向编排两种方式。纵向编排要将语文核心素养细化到每个学段，每个学段都要设置学习要求。横向编排就是根据语文核心素养的指标，描述出其不同水平的表征，或描述其成就标准。纵向编排方式对学科内容组织的逻辑性要求是较高的，语文学科的教学内容具有连续性的特征，例如不同学段对写作的要求是不一样的，可以连续聚焦，这样在选择编排方式时灵活性较强，可以选择纵向编排的方式也可以选择横向编排的方式。可以在现有语文课程内容设置的基础上，结合实际情况选择编排方式，基于语文核心素养，制定不同级别的量化指标，还可以结合案例，为一线教师提供参考。

（三）语文学业质量标准的制定要科学

本轮课程改革，特别是普通高中课程标准的修订有两个突出特色，一个是前面说过的将学生发展核心素养融入新的课程标准中，另一个就是将学业质量标准融入新的课程标准，而且学业质量标准的制定是基于学生核心素养构建的，所以语文学科的课程标准要配有科学的语文学业质量标准。

"质量标准，即描述经历一段时间的教育之后学生在知识技能、继续受教育的基本准备以及适应未来社会等方面的能力上需要达到的基本水平。"[①]学业质量标准是语文核心素养在学业上的具体体现，将语文核心素养所提出的品格与能力与语文课程所提供的知识内容相结合，既可以指导语文教师的课堂教学，还可以指

---

① 辛涛，姜宇，王烨辉.基于学生核心素养的课程体系建构[J].基础教育论坛，2016(09)：34-37.

导语文教育评价的改革。它是语文核心素养落实到语文学科，融入语文课程标准，用以指导考试评价的桥梁。

现行的语文课程标准主要对学什么、学多少描述得很详细，但对学到什么程度的要求并不具体，很难进行量化、分级。在课程标准中设置与课程内容标准相对应的学业质量标准，首先要有具体的能力表现标准，才能将学习内容的要求和质量要求有机结合在一起。对于学生接受相应学段的语文教育后能达成什么样的学习结果，要有大量的实证研究，这样才能制定学业质量标准，反过来还能评定每一项内容标准是否合理，有助于提升内容标准设置的科学性，进而检验语文核心素养的合理性。而这正是我们目前的研究所缺乏的，需要组建专业的测评团队，提升测评的科学性，加大研究力度来补足。

语文学科要基于语文核心素养进行教育改革，首先要将语文核心素养融入课程标准中去，并据此编订教材，改进课堂教学，指导考试评价，渗透到各个环节中去，进而让上层的理论能够落地有声，真正实现其育人价值。

二、基于语文核心素养的教材编订

语文教材是语文课程标准的进一步具体化，在普通高中语文课程标准修订的同时，语文新教材也应跟进，将语文核心素养落实到教材编订中去。

（一）教材对培养语文核心素养的作用

语文教育目标出现了新的变化，必然要求语文教材随之而变，提出培养学生的语文核心素养的要求。那么教材要怎样为培养学生的语文核心素养服务呢？

就教材的功能来说，目前有三种观点。第一是知识观，即教材是以呈现知识作为主体的，教材是连接教师的教与学生的学的工具；第二是智慧观，即教材是教学所使用的材料，所承载的知识和技能是达成教育目标的一种途径或手段。第三是超越知识观，即学生使用教材，不仅要吸收知识本身，更重要的是形成相应的本领和态度。语文核心素养要求学生形成必备品格与关键能力，显然第三种功能更符合语文核心素养的本质。语文教材的编者要深入研究语文核心素养和教材编写的关系，选取适当种类和难度的语文知识，厘定所需要的语文技能，设定情境将知识和技能的教学蕴含在其中，形成相应的能力和态度，来促进语文核心素养的达成。语文教材不仅仅是语文教学的工具，更是培养语文核心素养的载体。

就教材的价值来看，发展学生语文核心素养的教材具有个人价值和社会价值。

因为语文核心素养本身就是个人价值和社会价值的统一，语文核心素养能够促使个体健全发展，从而更好地适应未来社会，与各个学科核心素养共同作用，能够促进社会的良好运行。所以以语文核心素养为教育目标的语文教材，也应该是个人价值与社会价值的统一。对于语文学科而言，语文教材要具有社会价值。随着社会经济、科技、文化、价值观的发展，语文教材作为内容的载体，要及时更新体现社会价值的内容。如"语言运用"这一素养，在网络时代的大背景下，新媒体行业快速发展，学生语言的积累、建构、运用都有了许多新的途径，这些与时俱进的内容都可以在语文教材中得以甄选、更新，促进语文核心素养的达成。对于学生而言，编订语文教材的目的就是促进学生的发展，"语言运用""文学审美""文化理解"都是学生发展必须掌握的能力，语文教材必然要选择合适的内容来促成由素养到课程内容的转变。

语文教材充分承载语文课程内容，是一线语文教师实现课程理念和教学设计的主要依据，所以在语文课程目标理念发生变化时，语文教材也需要相应地做出调整来适应这一变化，从而推动语文课程改革的发展。

（二）语文核心素养对编写模式的要求

在语文核心素养转化为语文教材时，语文核心素养的阶段性要求语文教材具有上下连贯性，这也正是一直存在于语文教材编写上的问题。

虽然教材编写由从前的"一纲一本""一标一本"变为"一标多本"，语文教材的多样性得以推进，但语文教材主要还是采取了文选系统的编写模式，这一点一直没有多大改善。文选系统的教材编写模式，不太符合学生语文核心素养形成和发展的规律。第一，每一单元课文的知识、技能、态度不够凸显，每一册的内容也难以形成体系，更遑论各个学段之间的教学内容的纵向勾连了。针对"语言运用"这一素养来说，每个单元缺乏明确的培养目标，每一册也无从制订完整的培养计划，更没有系统的培养内容。第二，教材内容本身就具有很大的不确定性，同一篇文章所处的位置具有随意性。第三，在这种模式下文体循环出现，使得语文教学内容重复出现，例如初中教师讲散文的文体特点，高中教师还要拿出来讲，这也是导致语文教学"少慢差费"的原因之一。

语文教材的这种编写模式严重影响了语文教学的质量和效率，不利于语文能力和品格的养成，不利于语文核心素养培养的连贯化、整体化。要实现各个学段一脉相承的整合设计，基于语文核心素养进行教材改革，必须要解决这一问题。

三、基于语文核心素养的课堂教学

语文核心素养的提出，对于教育教学实践者来说是一次严峻的考验。基于语文核心素养的课堂教学要如何呈现，成为困扰不少一线教师的问题。要实现语文核心素养在课堂教学中的落实，需要教学活动的参与者，包括教师与学生，在理念和方法上为语文核心素养而变。

（一）教师要更新语文教学观

语文教师是语文教学活动的直接参与者，站在了语文教育改革的一线，语文教师基于语文核心素养的教学观的形成，对语文核心素养的发展起着举足轻重的作用。

首先语文教师要对语文核心素养有一个正确的认识，能够认同理解核心素养的理念，这样才能更好地实践。语文教师对语文核心素养的认识可能存在三种误区，都要予以警惕。第一，看到"素养"一词，就将语文核心素养泛化，认为无论做什么事都可以冠上"发展语文核心素养"的帽子，为语文核心素养狂贴标签。第二，对语文核心素养认识出现错位，认为自己原来持有的某种片面的认识或采取的固定的教学方式就是发展语文核心素养，所以在教学理念和行为上没有任何改变。第三，框定语文核心素养的教学模式，这是一线教师最容易出现的问题，提出一个理念，就固化成模式。如新课标提倡的合作探究，导致学生上课成群结组，给些时间就讨论，提个问题就探究，不去关照这个问题是否值得探究，学生们的探究有没有效果，对学习结果有没有成效，应该如何予以指导和改进，而单单追求这一形式。前两种误区是不变，第三种误区是盲目变。

语文核心素养的培养要针对不同的教学目标和任务采取不同的教学方法，例如"语言运用"中，学生理解语言运用的规律，就需要以教师教授为主，而培养语言交流能力，就需要学生在语文活动中去练习。"文学审美"中，培养学生对文学作品的鉴赏能力，可以让学生小组讨论交流，尽情表达自己的看法，教师进行点拨。"文化理解"中，提高学生语言文化的积淀，教师可以运用多媒体，调动多种感官，予以熏陶滋养，组织形式丰富的语文活动等等。教无定法，语文核心素养的培养没有固定的模式，要随着具体目标和任务的变化采用适宜的教学方法，时刻体现对学生语文核心素养的培育和关照，来促成学生语文核心素养量的积累和质的飞跃。

（二）学生要更新语文学习观

基于语文核心素养的学生的学习，不再仅仅局限于掌握教师传授的知识，训练教师指导的技能，接受教师传递的情感，而要重视知识、技能、态度的内化，转化为终身发展必备的语文能力和品格，生成语文核心素养。这就要求学生树立语文核心素养本位的学习观，那么这种学习观具有什么样的特征呢？

对于学生的学习而言，语文核心素养整合了适应未来社会需要以及个人发展必备的与语文相关的能力与品格，能够在解决实际问题，面对具体情境时发挥作用。语文核心素养本位的学习观就是要指向这种能力与品格的发展，综合运用知识、技能、态度等资源，通过在实践中运用，进而养成恒久的稳定的个体素养。

基于语文核心素养的学习应该面向实际生活中的语文问题，而学生要在学习过程中拥有解决语文问题的意识。语文学习不应该是封闭的，而应该开放化，设定生活中的特定场景，这个场景存在于学习、工作和生活等情景中，比如"世界园艺博览会开幕了，里面有你家乡的展馆，呈现了家乡的特色，试做一段解说，向前来参观的朋友做介绍"。由提出问题到解决问题，中间包含了学生发现问题、思考问题、探究问题的过程，着眼于学生的生活经验，布置他们感兴趣的任务，能够激发学生主动参与语文学习的意识。解决问题时调用语文知识、技能和态度，针对问题进行知识的建构和迁移，使学生涵育持久性的、稳定的语文能力和品格。教师在这种学习观中的角色任务是构建适宜的问题情境、促成学生合作、指导学生探究，帮助学生形成语文核心素养本位的正确学习观。

课堂成为发展语文核心素养的主阵地，让语文核心素养在课堂中得以贯彻落实是发展语文核心素养的关键。这就需要教师的教与学生的学共同配合，为语文核心素养而教，为语文核心素养而学，为语文核心素养而变。

四、基于语文核心素养的评价机制

语文核心素养的培养，要以有效的评价机制作为保障，才能使其落实到语文学习过程中，对语文教育起到真正的指导作用。

（一）语文核心素养是可测量的

学生在接受一定阶段的语文教育后，其核心素养的水平会存在一定的差异。语文核心素养应该具有一个可以量化的指标，定量测量的结果最终可以作为语文教育成果定性的依据。将语文核心素养划分层级，对"语文运用""文学审美""文化理解"进行量化设计，制成学业质量标准，可作为语文核心素养评价的依据。语文核心素养若是一个不可量化的性质描述，仅仅是一个"高大上"的理念，悬置于语文课程之上，游离于评价机制之外，那么语文核心素养的提出将无任何意义。所以语文核心素养的评价也要以量化测量为主体，科学的量化指标是语文核心素养达成的保障。

（二）多元化立体式的评价方式

为了实现素质教育的培养宗旨，考试制度多次改革，即使这样，高考的指挥棒效应依然没有消退。既然如此，我们何不利用这根指挥棒为语文核心素养服务呢？应试教育和素质教育本就不是一个问题的对立面，之所以人们批判应试教育，是因为这种评价方式侧重于知识、技能的掌握和熟练程度，而且一纸试卷论短长，评价结果不一定真实展现学生的实际水平。评价的方式能够引导学习的方向，指向学生语文核心素养的评价必然能够引导语文核心素养的培养。

"要想实现对学生的全面培养，基于学科核心素养的评价就必须从内容到形式实现转变，通过多元化、多形式的评价模式，切实改进评价机制，通过情景式、活动性等多样化的形式，实现对学生的学科综合评价。"①语文核心素养的评价除了量化测量之外，还要采取多元化的过程性评价方式，涉及语文活动各个方面的立体式评价方式。对于一些不容易测量的表现性目标，例如"文化理解"这一素养通过几道题很难测出真实情况，那么可以对学生进行某一文化现象的态度调查问卷，来了解学生对于这一文化的态度；还可以通过学生在语文活动中的表现，来了解学生对于这一文化的理解。只有这样从多个维度对学生的语文核心素养进行描述，才能将评价与语文课程改革协调起来，共同推动语文核心素养的发展。评价是学习的工具，发展学生的语文核心素养，就必须制定行之有效的评价机制，只有语文核心素养对学生的语文学习成果产生实质影响，才能引起语文教育相关人士的重视。

本节主要探讨了语文核心素养在语文课程领域的落实，从课程标准出发，语文核心素养要融入语文课程标准，课程标准编写要有适当方式，还要针对语文核心素养来制定语文学业质量标准。至于教材方面，语文教材对发展学生语文核心素养起着重要的作用，语文核心素养也对语文教材的编订模式提出了要求。落实课堂教学，发展学生语文核心素养的课堂包含两点基本要求，即教师有新的语文

---

① 李晓东.理解学科核心素养的三个关键［J］.今日教育，2016（3）：3.

教学观，学生有新的语文学习观。最后是针对语文核心素养的评价机制，除了要对语文核心素养进行量化测量以外，还要采取多元化立体式的评价方式予以辅助。只有语文核心素养在语文课程的各个方面都得到落实，语文核心素养才能够"落地"。

第三章
高校语文教学的基本原则

第一节 高校语文教育相关理论

目前，我国高校语文课程的教学，以传统的三大学习理论（行为主义、认知主义、建构主义）的指导为主，这三种学习理论对于事实性知识、原理性知识和过程性知识以及促进个人意义建构的发展性知识的教学依然发挥着极为重要的作用。随着网络信息技术的快速发展，学习环境以及教学方式发生了相应的改变，使得传统的三大学习理论面临着新的发展，而数字化时代的关联主义学习理论对于网络时代的教学有着更强的解释力，对于提升学生的学习兴趣，促进学生知识网络的形成发挥着极为有效的作用。同时，关联主义学习理论的知识观、学习观以及实践观，对于互联网时代的高校语文课程的有效教学有着重要影响。

一、行为主义学习理论

行为主义学习理论认为，学习是一种"刺激—反应"的联结过程，个体的学习行为受特定条件的刺激而产生，关注可观察和可改变的行为，强调环境以及经验的作用。同时，行为主义还强调"强化"在刺激与反应的联结中的重要作用，注重对学生有效行为的强化，帮助学生消除不合适的行为。其次，以班杜拉为代表的行为主义学习理论家强调观察学习在教学中的重要性，他们认为学习者可以通过观察的方式去习得新的行为。但是，行为主义学习理论忽视了人的意识，把人的学习行为简单地概括为机械的操作性条件反射。同时，他们还把人类的学习行为等同于动物的行为，认为两者的差别不大，只在复杂性方面存在差异。长期以来，行为主义学习理论对我国的高校语文课程教学产生了重要影响，该理论在高校语文课程教学中注重"刺激源"的营造，通过对学习者的学习内容进行刺激，以此来改善学习者的学习行为，并做出反应。同时，对于事实性知识的教学，如作者简介、字词句的读音、文章主旨等内容，往往通过"强化"等手段，让学生反复记忆，促进对该知识的理解记忆。可见，在这一教学过程中，更多是以教师的教学为主，重视教师的知识传授，"重教轻学"的现象比较突出。同时行为主义学习理论下的高校语文教学与初高中语文教学中的注重语文知识的掌握基本相似，这在一定程度上忽略了高校语文重视人文精神培养的教学目标，使得学习者在学习语文知识时变成了被动的学习接受者，逐渐丧失学习的主动性和积极性，从而影响着高校语文课程有效教学的开展。

二、认知主义学习理论

认知主义学习理论认为，学习是一种内部发展的过程，是在同化和顺应的作用下，导致生理和心理产生变化的过程，旨在推进学习者在认知结构的发展过程中实现自身认知的发展。同时，认知主义认为学习的实质是学生在原有的知识结构的基础上，通过新旧知识之间的联系，建立新的关系，形成新认知结构的过程。在这一过程中，学习者通过主动学习、主动探索的形式，促进自身认知结构的发展。认知主义指导下的高校语文课程教学，作为信息发布者的教学者以及信息加工者的学习者，共同推动着个体认知能力的发展。教学中，注重语文基本概念和过程性知识的传授，通过让学生对所学内容进行陈述的形式，以此来了解学生的心理表征，探讨学生是否形成了全面而又准确的认知。例如在《诗经·无衣》的教学中，教师通过复习《诗经》的文学常识以及引导学生回忆所学《诗经》篇目的方式，来调动学生的原有认知结构，同时引出"赋、比、兴"的表现手法，让学生基于以上三种表现手法对《无衣》进行鉴赏分析，把握全诗的感情基调以及思想感情。通过以上方式，能在一定程度上促进学生新旧知识之间的联系，以追问的方式，激发学习者的人文情感，促进陈述性知识向程序性知识的转变。可见，认知主义理论对于高等院校原理性和过程性知识的教学，具有一定的推动作用。但是，认知主义学习理论将学生的认知发展等同于学校的教育，使高校语文课程的教学有失偏颇。学生人文素养的认知发展，不能局限于学校教育，应当在现有的知识环境下，采取多样化的教学形式，推动学生的认知发展，提高高校语文课程教学的有效性。

三、建构主义学习理论

建构主义学习理论认为，知识不是通过教师的简单传授而获得的，是学习者在特定的学习环境中，在他人的帮助下，借助相应的学习资源，通过主动建构的形式而获得的。在这一过程中，学生作为知识意义的主动建构者，对于提高学习的有效性具有极其重要的作用。同时，建构主义学习理论还强调教师在教学过程中要以学生为主体，充分利用现有的教学资源，采取多样化的教学手段，协助学生主动构建知识，提高学生的学习兴趣。例如在《西游记》（节选）的教学中，以人物性格的探究为主线，将学生分成若干小组，以小组协作的形式探究文本中反映人物性格的句子，同时借助相应的学习资源，帮助学习者更为全面地归纳出人物的性格特征，并加以展示汇报，在这一过程中，其他小组可进行点评和补充。

可见，小组协作学习的开展，在一定程度上体现了学习者的主体地位，有助于学习者语文知识的构建以及高校语文课程教学效率的提高。另外，有研究指出，建构主义指导下的高校语文课程教学，通过情境型教学模式、人文熏陶型教学模式、探究型教学模式以及合作型教学模式，能体现教与学的双主体地位，推动高校语文人文性与工具性的有机融合。可见，建构主义学习理论对于高校语文课程中的促进个人意义建构的知识的教学发挥着极为有效的推动作用。然而，从目前高校语文课程的授课情况来看，教学中教师虽有强调学生的主体地位，注重课堂情境的创设，但由于高校学生的学习积极性不高、原有语文基础水平较差以及学时课时的限制，使得高校语文课程的教学呈现出低效或无效的教学状态。

四、关联主义学习理论

（一）基本概念

关联主义又称"连接主义""联通主义"，是一种数字时代的学习理论。学者乔治·西蒙斯（George Siemens）在《关联主义：数字时代的一种学习理论》一文中首次提出该理论，用来阐述网络信息时代知识和学习的连接与互动。西蒙斯通过对混沌、网络、复杂性以及自组织等理论原则进行整合，系统阐述了关联主义学习理论的主要内容，概述为以下八条原则：

（1）学习是将不同的节点和信息连接在一起的过程；

（2）知识散布于网络之中；

（3）学习可能发生在非人的工具中；

（4）学生持续学习能力的培养比掌握当前的知识更重要；

（5）学生持续能力的发展，须培养学生的信息连接能力；

（6）找出不同领域、想法和概念的相互关联的能力很重要；

（7）学习活动的目的是知识的流通；

（8）学习过程中决策的重要性。

以上八项内容既反映了关联主义学习理论的核心内容，同时也对关联主义学习理论的知识观与学习观进行了系统阐述。可以看出，关联主义学习理论注重不同知识节点之间的连接互动，认为知识散布于网络之中，人们通过与不同的信息节点建立连接，以此获得信息并促进知识的互动与传播。另外，西蒙斯认为，信息技术已经对我们的学习、生活以及交流方式进行了重组，学习理论应当要去反映目前的社会环境，而传统的三大学习理论均创建于信息技术不发达的时期。西蒙斯在揭示了传统的三大学习理论不足的基础上，提出了学习就是网络形成的过程。同时，关联主义学习理论的另一位代表人物唐斯（Stephen Downes）在关联主义理论的发展过程中也做出了巨大的贡献，他认为知识分散在网络连接之中，学习者通过对网络中的知识节点加以连通，便能获得相应的知识，其理论成果均收录于《关联主义与连接线知识》一书中，该书对关联主义学习理论的连接性知识的研究意义重大。

（二）主要观点

关联主义学习理论与传统的三大学习理论相比，最大的特点是强调知识节点之间的关联性，注重不同信息之间的交流与互动，以此来形成有效的连接。从关联主义的八条原则可以看出，关联主义学习理论的主要观点包括了关联主义知识观、学习观以及实践观等方面。

1.关联主义知识观

关联主义认为，知识不是静止不变的，而是流动循环的，西蒙斯在其著作中把知识形象概括为"知识是河流，不是水库"。可见，知识处于一种动态循环的状态，不是一成不变的。同时，西蒙斯还阐述了"知识流"的理念，把知识视为管道中的石油，注重知识的流通与循环，同时还强调知识要保持时代性和精确性。

关联主义认为知识散布于整个网络之中，强调学习者在知识网络中的连接与互动。同时，关联主义还将知识分为四种类型，即知道关于什么、知道去做什么、知道在什么地方以及知道成为什么，认为"知道在什么地方"与"知道谁"比"知道什么"与"知道怎样"更重要，强调知识存在的位置的重要性。

而对于高校语文课程来说，语文知识的流动循环也是至关重要的。新旧知识的连接互动，加速了文化知识的流通循环，使得传统的文化知识被赋予了新的时代特征，有助于推动文化知识的更新发展。同时，基于关联主义知识的四种类型，可将高校语文的知识延伸为：知道高校语文的相关概念、知道如何去运用语文知识、知道从哪里获得语文知识、知道谁会提供语文知识的帮助、知道自己何时需要语文知识等。

2.关联主义学习观

关联主义认为，学习是一个知识网络形成的过程，学习者在这一过程中可以通过积极主动地连通来建立个人的学习网络。其中，关联主义学习理论中有两个最基本的概念：节点和连接。节点可以是人、思想、感觉、书籍、网站、图书馆、组织、数据库或者其他形式的信息资源，形式多样。而连接指的是不同节点之间的联系，即通道。在整个网络环境中，不同节点的有效连接，对于学习者来说至关重要。关联主义还强调，学习者在建立连接时，要有效利用非人的工具设施来进行网络构建，学习中不能仅局限于教师和书本来获取知识，学习者可以利用各类学习工具，加大与不同信息节点的沟通与交流，以此来促进个人学习系统的发展。

关联主义学习理论认为，学习者的学习有两种形式，第一种是建立在学习者人体内部的学习活动，是一种内在的网络形成形式。另外一种是发生在人体外部的学习活动，即通过与不同节点的连接，以此来促进自身学习网络形成的过程。在这一过程中，学习者知道从"哪里"以及"怎么"得到知识，这在一定程度上有利于提高学习者的学习效率。同时，关联主义学习观还强调决策在学习过程中发挥着极为重要的作用。数字化时代，网络信息技术加快了知识的流通速度，大量的信息充斥于整个信息网络，当学习者面对如此多的知识信息时，难免会面临选择难题。因此，学习者在学习过程中必须要具备良好的决策能力，当遇到新的知识节点时，要能有效地对其加以分析、判断、关联和选择，以此来提高知识的利用率。

对于高校语文课程来说，学习者学习语文知识的过程就是建立完整的语文知识网络的过程。在这一过程中，学习者要充分利用语文知识的相关节点，积极与其建立连接，开阔自身的知识视野。同时，有效利用各种非人的工具，如搜索引擎、数据库、论坛等，拓展自身获取知识的渠道，知道从"哪里"获得语文知识，提高语文知识的利用率。另外，当学习者面对大量的语文知识时，要提高自身的判别能力，选择有价值的、有意义的知识节点，而不是全盘接受，提高自身的决策能力，吸收有意义、有内涵的文化知识。

3. 关联主义实践观

西蒙斯在其著作《网络时代的知识和学习——走向连通》中，将实践称为"实施"，他认为在社会生活中，我们的主要目的不是知识，而是行动。同时，他还强调在实践过程中，我们要加强自身模式的识别能力，主动聚焦我们的洞察力，努力学习怎样成为人。

另外，在教学中，关联主义实践观强调教师要充分尊重学生的主体地位，注重师生间的交流与沟通，有效发挥师生间的交互关系，以此来提升学生学习的积极性以及教师教学的有效性。同时，关联主义学习理论强调教师在教学中要不断更新自身的教育教学理念，改革传统的教学设计，组织开展协作学习等教学方式，在数字化时代有效利用多媒体信息技术、网络信息资源以及一系列高质量的信息节点，以此来推动现有教学方式的改革，提高学生的信息搜索能力以及知识管理能力。同时，教学中还要注重开放性教学环境的创设，以此来推动学生连接能力的发展，发挥学生的主观能动性。

可见，高校语文课程的教学，应当适时转变教学方式和教育教学理念，在网络信息技术的支持下，加强不同节点之间的连接与互动，以此来推动课堂教学的有效开展，提高学生学习高校语文的积极性。

第二节　高校语文教学原则的实质

一、遵循语文教学的基本原理

语文教学在当下已经成为教育体系当中最为重要的环节之一，而高校语文教学的基本原理体现在以下几个方面。

一是"发面"原理。所谓的发面在传统的北方所使用的是"面肥"，这种物品也就是上次发面所剩下的活酵母，能够有效地在一定时间之后使面发起来，这种道理对于语文的学习来说也是适用的。在语文学习的过程当中人们往往经历了多个时期，无论是幼年期、儿童期还是少年期，都主要表现为以下特点：理解能力较弱，但记忆力相较于成年时期更好，这种情况所带来的影响也就是在前期对知识的积累十分重要。学习语文时，需要能够在年龄较小的时期打好基础，这样才能够成为"面肥"，帮助后期开展更加深入的学习。无论是学习文言文还是现代文，又或者是古诗词等，语文的基础都会对学习的成果带来十分深远的影响。在高校语文学习的过程当中，语文的基础对于学生来说十分重要。

二是"序言"原理。在语文教学中，许多中国的教育改革者一直在努力寻找语文教育应该如何逐步"序言"，教学在传统的思想当中应该一步一步来，但是在实际的教学实践过程中，这种教学方式也并不是完全正确的。这一思想深深扎根于人们心中，根深蒂固，人们习惯了它，甚至不敢去想它。事实上，这是教学理论上的一个误区。学习并不总是从简单到复杂，从容易到困难，从浅到深，一步一步。一步一步不是一个普遍真理，语文学习也是一样的。例如，今天的语文教科书的编辑认为文言文很难，因此很多文言文选文被白话文取代。在各个阶段的教材当中文言文部分被删减得更少了，小学教材仅有三十余首古诗，初中教材古文有三十余篇，高中教材当中大约有五十余篇文言文，高校语文相对要多一点。

事实上，古典文学的学习需要背诵，年龄越小越好，这一顺序应该颠倒过来，从难到易。小学教材，低年级主要是识字、单词识别和句子教学，而高年级主要是段落、文章教学。这是编辑的主观臆断。当孩子们学习母语时，他们在五岁或六岁的时候就学会了基本的语法规则。因此，没有必要从句子开始，比如学习外语，先从段落，再到文章。古代蒙古语教育中的一种集中式识字是编成"文本"来进行的，词不留字，字不留句，句不离段落，节不离文。只有这样，语文教学才能快速进行。

三是"不求甚解"原理。在语文学习过程中，学生对于语文各种知识的疑问并不一定非要寻求到"标准答案"，原因有很多。首先语文自身就是一门充满感性和个性的学科，正如对一个角色可以有多种解读一样，对于语文学生也可以采用多种理解方式去学习，语文的学习离不开的往往是一些主观色彩，语文学习不能够全部都有标准答案。"不求甚解"这个词对于其他科目的学习来说是错误的，但是对于语文来说也正是语文学习的原理之一，语文的美感以及感性来源于自身的学科特点以及它的文学内涵。语文"不求甚解"还体现在学习的方式上，很多学生在语文学习时遇到了一些问题，就一心去寻求解决的办法。但是语文学习是有深度的，在某个阶段可能并不适合去解决这一问题，这也就需要学生能够先积累"量"，再去实现"质"，只有这样才能够真正从量变达到质变，帮助其探索语文真正的奥妙。对于文章来说，每一个阅读的人都会进行自己的加工和再创造，这也正是创新思维在高校语文当中的一种体现，创新的思考方式、创新的探索方向都会为语文的学习铺设更多的道路。

四是书面语发展原理，这也是高校语文的原理之一。语文教育对于学生来说无外乎培养听、说、读、写这四个方面的能力，这也导致很多家长和教师都产生了对于语文学习原理的误解，他们认为学习语文，读写所代表的就是书面表达，听说代表的就是口语，这种错误的认知会影响到学生在学习时所探索的具体方向。学生在学习过程当中错误的学习目的也造成了不良的学习后果，听和说，还包含了口语交际，但是使用的语言并不局限于口语当中，而读和写是书面交际，但是也并不会被书面语所限制。对于很多学生来说这种误区从小学延续到了大学，需要认识到的是，书面语言的发展具有悠久的历史，并且伴随着时代的变化产生了自身的创新以及变化。口语的各种规则也需要通过有序系统的学习来掌握，而不是仅仅靠生活的经验积累。

五是先用后理原理。通常在其他学科的学习过程当中，人们都先了解理论知识，再去进行习题写作、试验或者是研究，但是语文学习的过程与这些学科之间具有一定的区别，语文的应用体现在生活的方方面面，不可否认的是语文是每一个人最熟悉的学科，也是和每一个人联系最为紧密的学科，在这种环境下，语文课程当中涉及很多语言以及文学方面的理论，例如修辞、写作手法以及语言特点等，这些理论都能够被归纳为系统的理论知识，但是对于很多人来说明白并且能够应用这些理论知识是具有一定难度的。我国的传统语文教学，并不像现代的语文教学，例如在传统的语文教学当中教学生写对子，这种教学其实暗藏着对语法、词语以及修辞、逻辑等多个方面的学习，固然传统的教学内容不适用于现代社会，但是仍旧可以运用创新的思维展开应用，利用这样先用后理的手段，能够在一定程度上帮助学生获得不一样的语文学习体验和语文学习成果。

六是八股文原理。八股文作为封建社会一种选评官员的考试文体，不适用于现代社会，但是八股文也具有一些可取之处。八股文当中写作的内容以及体裁从本质上来讲算是一种古老的议论文，议论文是当代语文教育从初中开始就必不可少的一个内容，所以八股文尚且具有一定的可取之处，但是必须要能够准确利用创新思维取其精华，去其糟粕。学生的语文学习多半是从模仿开始的，而利用一个合理有效的格式去帮助学生学会模仿则能够有效推进其学习的进程。将八股文当中模式化和规范化的思想适当应用在当前的语文教学当中，能够在很大程度上帮助学生在具有自我创造的能力之前，获得一定程度的知识积累。任何一个人从出生到成长的过程中都不能够忽视"模仿"的作用，当然模仿并不能够构成学习的全部内容，适当、合理并且带有创新思维的模仿能够帮助高校语文教育开展得更加顺利。

就我国目前实行的教育政策来说，能够朝向"多本多纲"的方向发展才能够真正展现出语文教育的创新思维的作用，才能够真正体现出语文教育对于大学教育整体结构的重要地位和作用。高校语文教育过程是一个长期的、潜移默化的过程，更是需要教师、学生以及教育机构共同开展变革的过程，在探索并且遵循原理的基础之上，才能够真正地体现出创新对于教学、对于研究的意义。

二、把握语文教学的基本规律

高校语文教学离不开对语文教学基本规律的把握，而语文教学基本规律主要表现为以下几点。

第一，多读多写。所谓语文学习，实质上也是针对语文能力提升的一种手段，而语文能力的提升又离不开读和写。针对语文开展读和写的训练，并不是简单低效的读写，而是建立在明确目标方向之上的读写。多读多写能够有效提升语文能力，在语文教育当中已经历经多年并且积累了宝贵的经验。在当代的语文教学过程当中，读写仍旧是语文教学的主要途径，语文教学利用读写来培养学生的能力也是对现代教学论当中语文实践观点的一种践行。语文课程标准当中针对语文教学也有规定，在语文课程当中，语文的阅读和习作构成了语文教育最主要的实践渠道。大量的阅读和习作能够帮助学生增强自身读写的能力，也是语文学习的基础。在九年义务教育阶段当中，教育部对学生的课外阅读量进行了规定，保证在义务教育阶段学生能够达到 400 万字的阅读量，这是从数量上对阅读进行的规定，在大学期间虽然没有类似于义务教育阶段的语文课外阅读量的规定，但是对于学生来说，也需要阅读大量的文章，以开阔视野。无论哪个阶段，阅读都能够成为提升自身素养的有效手段。而写对于学生来说也不仅仅被限定在写作以及默写当中，写作应该是学生应当具备的能力，无论是古代还是近代，优秀的文章、作品都能够代表一个人的文学素养，当代培养文学素养的途径包含体验、调查、访问等，学生学习语文以及教师开展语文教学的过程都离不开对"写"的重视，用文字来表达才能够真正体现语文在文学方面的特点。

第二，训与练合理结合。训练对于语文学习来说并不简简单单是习题以及作业，而是需要教师和学生能够从训、练两个方面来进行。首先是训的角度，这一方面教师能够发挥出十分重要的指导作用。学生学习的过程从根本上来讲离不开教师的传授和知识的渗透，教师开展教学也就是对学生的"训"。而练则面向的是学生，学生无论是自主的练，还是为了能够完成教师布置任务的练，都是高校语文学习过程当中必不可少的。在训和练的过程当中还需要体现出创新思维的作用，创新的方式有效帮助学生和教师在一个充满生机的环境中开展学习活动，高校语文的教学也不会由于学科的沉闷而导致课堂和学习过程无趣。高校语文在开展训练时，从教师的角度来说可以有效地融合创新的思维，不断提升自身"训"的方式和能力，吸收一些教育领域的先进经验，并且结合当下学生的喜好以及特点开展"训"，而学生在"练"的过程当中也可以对已有的方式进行创新，寓"学"于乐，在一个新颖的环境下开展练习，巩固已有的基础，探索未知的语文知识世界。著名的教育学家叶圣陶曾经说过，训练不是烦琐的讲解，这也是对传统死板讲解教学方式的否定。训和练合理结合，才能够更加发挥出教师与学生两个主体的主观能动性，达到 1+1>2 的效果。

第三，循循善诱。循循善诱并不是一个近代的词汇，而是出自《论语》。孔子作为我国历史上著名的教育家，对弟子的教育往往在当代也具有一定的参考价值，"循循然善诱人"，这是对孔子教学方式的概括。在对一些弟子开展教育的过程中，孔子十分重视启发式教学这一手段，启发式的教学对于充满好奇心的学生来说能够在满足其当下求知欲的前提下，帮助其产生对其他内容的求知欲，这样才能够保证其对知识永远具有一颗探索的心。孔子在教授学生知识时，十分重视对"循循善诱"的应用，这种古代就产生的教学方式并没有因为时代的变革而失去其价值，反而在当代的高校语文教学中也能够发挥出有效的作用。高校语文教学离不开教师对学生的指导和引导。当学习者了解到自身对于知识的探索仅仅取得了一定的成果，而已得到的成果在整体的知识学术海洋当中仅占到了很小一部分时，就会激发起对于未知领域的好奇心和探索心，从而树立起对于学习的求知欲。

三、汲取语文教学的实践经验

语文教学的发展历程从一定程度上来说也正是语文教学经验不断累积的过程，语文教学通过实践总结出各种教育的方法和理念，在语文教学的历史中，每一位教师通过教学工作积累一些新的经验，这些经验的积累也成了日后语文教学的重要参考。语文教学实践的经验包含方方面面，例如教师需要帮助学生产生对语文这门课程的喜爱，这对语文教学来说十分重要，只有学生从心里喜欢上这门课，才能够在日后的教学当中取得事半功倍的效果。学生在学习时，需求是什么，喜欢什么以及厌恶什么，这些问题都影响到语文教学的具体开展。而在实践当中语文教师经历了不同教学理念和教学方法的应用，就能够真正了解到学生喜欢风趣的、有内涵的课堂，厌恶的是古板老套的课堂。学生对知识的探索心和好奇心也受到教师教学能力和教学方法的影响，所以教师必须要认真总结前人经验，并且提升自身能力。昨日的教学实践可以成为今日的教学经验，教师总结经验提升自我的同时，也可以从庞杂的教学经历中筛选出重要的内容，而不是盲目地照搬。教师在语文教学过程当中利用创新的思维进行经验的筛选和积累，同时学生也可以有效积累自身在学习过程中所学到的各种知识，从中探索出一条适合自身发展、适合自身学习的道路。

语文教学的实践经验积累是语文教学原则的内容，同时也能够帮助教师坚持语文教学的原则。高校语文教学不同于小学、中学的语文教育，教师所面临的教学内容以及学生的情况都有较大的差异，并且大学阶段的语文教育往往也会受到整体学习环境的影响，没有了应试教育的强硬要求，学生对于语文产生了松懈、忽视这都是十分常见的现象。在以往的高校语文教学当中教师所积累的经验也会因为时代的变化而产生一些不适用性，只有跟上时代的步伐，利用创新的思维、创新的手段，才能够保证语文教学朝向更好更高质量的方向不断进步。

第三节 高校语文教学的基本原则

一、工具性与人文性统一的原则

高校语文教学中一个十分重要的原则就是保证工具性和人文性的统一。高校语文脱离不开语文本身的特质，语文作为生活和工作中不可忽视的交际工具，对于文化的构成来说十分重要。在教育部针对语文教育所规定的课程标准当中关于语文教育性质的认识强化了"工具性和人文性统一"的原则，语文课程不可忽视的是培养学生在现实当中对于语文的应用，但是同时也并不会抛弃语文所具有的人文性。目前我国所进行的教育都不能够离开人文性。人文教育指的是针对受教育者开展一系列能够帮助其开展人性境界提升以及理想人格塑造的教育，人性的教育必然需要培养人文精神。人文精神来源于欧洲文艺复兴时期，对于人的本性的强调融入艺术当中，艺术不再仅仅是冷冰冰的文字、符号，而是充满了人性温暖和人文光辉。教育不是对器件的塑造，而是对人的培养，工具性和人文性的结合才是真正的教育原则，并且在高校语文教育当中应当得到良好的体现。

在很长一段时间内，学术界对语文学科的人文性和工具性都展开了深刻的探讨和争论，不同的学者对语文学科的性质探讨具有不同的观点。工具论者认为语文作为一门学科，实质上是一种培养思维和传递信息的工具；而人文论者则认为语文教育对于学生和教师来讲，都是站在人的角度去进行教育，教育离不开人性的特点和培养人的目的。人文论者对语文学科的认知就是将人文性当成了语文学科的本质属性。这两种论调在一定程度上都具有片面性，有失偏颇，实质上的语文教学应当在人文性和工具性的和谐交融当中进行，不能忽视二者当中的任意一点，同时也不能够过分偏向于哪一方。在《语文课程标准》中，对语文课程的定位就是通过方法论着手，提出了工具性以及人文性统一才是语文课程的基本特点。无论是哪一阶段的语文教育，这两个方向都能够帮助学生有效提升自身的能力和认知范围。丁培中先生曾经说过，语文是进行思想交流的工具，使用的过程当中也必须要赋予其一定的思想、情感以及想法。

高校语文所面对的学生具有较强的文学基础，同时由于年龄的特点，不同于小学生、中学生，大学生能够更加容易理解语文这个科目中人文性与工具性统一的特点。在很多课堂的内容中，文章或是诗词所表现的工具性和人文性侧重点是不同的，有的课本偏向于工具性，那么在这样的教学当中就可以侧重传授学生关于听、说、读、写方面的知识；而一些文章充满着文艺气息，例如一些优美的散文，这就需要教师侧重于向学生教授人文方面的知识，帮助学生沉浸在一个充满美感的氛围之内，感受语言和文学带来的美的享受。但是从整体的语文教学规划上来看，工具性和人文性在大体上应保证一种平衡，这样才能够不失偏颇，从全方位为培养学生的创新意识和提升语文能力提供保障。

二、阅读与写作并重的原则

阅读与写作并重的原则在很久以前就被教育学家所重视，只有保证写作和阅读能够在一个合理平衡的范围之内，才能够开展有效的教学活动。著名的教育学家叶圣陶先生就针对语文教学提出过以下的观点：语文教学在以前只有读和写两个部分，但是实际上读往往不受重视。从中不难看出写在语文教育的历史中是受到重视的部分，但是这并不能够表明"读"是语文教育当中可以忽视的部分。读和写哪一部分是更重要的，这是语文教学始终存在的问题，真正能够全面提升学生能力的方法必然是阅读和写作并重，将二者共同作为语文教育不可或缺的部分。语文教育过程当中对于学生来讲最主要的目的是能够全方位提升自我，而只有能够保证阅读和写作并重，才真正是"全方位"的体现，阅读和写作相辅相成，共同构成语文学习框架。

阅读和写作并不是完全交融的，它们相互独立又相互影响。阅读可以为写作提供服务，一定的语文阅读能力是写作的基础，如果缺乏阅读，那么写作就会变成闭门造车，封闭的环境和封闭的思维无法进行优秀的写作实践。叶圣陶先生的观点当中，教师对学生的阅读指导能够有效提升学生的阅读能力，并且能够为学生其他方面的语文学习打好基础。阅读能够有效打开学生的视野，在一个更加广阔的环境下进行知识的吸收。写作如果成了阅读的最终目的，那么也就会导致阅读的目的不再纯粹。阅读本身是一个开放的过程，阅读经典的作品就如同和具有智慧的长者对话沟通，阅读的内容、品位和方式都可以在教师有效的指导之下取得良好的成果。阅读还能够有效帮助学生开拓创新思维空间，使得创新思维不受到狭窄知识面的限制。

写作教学的重要意义之一体现在养成学生经验积累和技术磨炼的习惯上。如果缺乏写作的练习，那么学生就会无法将已经拥有的知识进行组织和归纳，脑海当中的知识点处于一个较为朦胧的状态，同时无法将学到的知识转化为自己的。学生为了走出这种朦胧的状态，就不得不多练笔，作文练笔必须要有效表达自己的真实情感，对字词和句子，乃至文章的整体构架都需要有一个宏观的布局。教师帮助学生开展写作练习也需要从兴趣的角度进行激发，无论是何种写作内容，学生必须要有兴趣才能够真正写出心中所想。在我国的语文教育当中，应试教育体系下的命题作文常常被称为学生创造力和创新思维的阻碍，但是即使在命题作文的背景之下，学生如果可以将自己阅读的内容和人生的阅历转化为文字，也能够不违背语文教学的初衷和目的。写作教学和写作都离不开生活的熏染，生活是艺术的来源，在生活当中学习的知识、经历的事物都会成为写作的素材来源。作文也可以称为生活的一部分，阅读并不是写作的唯一来源，阅读和写作之间的关系相互独立却又具有关联，写作的内容也可能会促使学生去阅读一些资料和书籍，正确处理这两者的关系，能帮助学生在创新的思维环境下学习语文。

三、文道统一的原则

大学阶段对很多学科来讲，是一种探索深度的升华，同理在语文的学习和应用当中，也不再局限于义务教育阶段以及高中阶段的学习层次，而是向更深的层次逐渐发展。文道统一指的是文章内部的思想和它的语言表达形式完美一致，这是语文的基本技能，需要教师和学生在开展语文学习教育的过程当中兼顾语文训练和思想方面的教育。在我国古代历史中，常常把一篇文章、一首诗词的内涵思想称为"道"，道没有固定的内容，在不同的情况下，在不同的文章内部也具有不同的含义，文章所采用的表达形式被称为"文"。现代的语文教育当中，"文"和"道"指的是基本的技能以及思想这两个重要方面，文道统一的原则也是保证语文教育质量的基本原则之一。很多教师在教学的过程当中体会到了工具性、人文性平衡的重要性，但是对于语文言语性的属性有一定的忽视。

早在古代，教育家和学者对于语文的教学就认识到了需要文道统一。文以明道，文以载道，这些都是语文教学流传下来的思想。而在近现代的语文教育中，教育专家们也逐渐认识到了文道统一对于构建语文教学合理框架的重要性。语文课程作为一门教育规划当中必有的学科，其真正的意义十分丰富，其中培养学生热爱国家的思想也是十分重要的一点，这一点在《义务教育语文课程标准》中被明确提出，那么到了大学阶段这一点可以被忽视吗？答案当然是否定的，无论在何时何地，培养学生正确、积极的思想情感都是教育必须拥有的目标。如果将语文的学习仅仅停留在工具性上，那么教育将会变得冰冷无情，感性的光芒将无法散发。品德和思想的教育能够体现在教师的教学设计和教学计划当中，例如在当代的高校语文教育当中，很多近现代文学表现出了深刻又强烈的封建主义批判色彩，鲁迅在小说《狂人日记》中对封建主义"吃人"的本质就做出了深刻的揭露。文学作品表达出的情感可以跨越时间和空间的界限传递到读者的心中，这也正是文道统一的一种体现。"道"的传承利用文字作为载体，在历史中不断延续，并且通过教育传递到学生的心中，这正是文道统一的意义所在。即使不能够身处一个时代，但是通过文学作品也能够了解到一个时代的特点，深刻了解到一个时代的悲欢喜乐。

四、文史哲整合的原则

文学、史学、哲学这三个概念本身既具有一定的独立性，同时又在文学的范畴中相互交融，高校语文教育的原则之一，就是能够将这三者进行整合。文学是一种语言艺术形式，也是语文最为人熟知的一面，哲学则是对世界进行原理层面把握的一门学术，史学又被称为历史学，是对人类社会发展变迁的过程以及其中的规律进行揭示和阐述。这三门学科从表面上来看各不相干，但是却在本质上有一定的关联，而且在高校语文教育当中，也坚持着文史哲整合的原则。文史哲的结合在很多的文学作品中都有十分明显的表现，例如《巨人的陨落》这本书讲述了第一次世界大战前后，英德俄美等国家不同家族的主人公命运在历史洪流当中所发生的变化。每一个人物的命运和成长都和这个时代紧紧结合在了一起，世界的变化、时代的发展都体现在了文字当中，这部作品对人生和世界的描述，从哲学的角度来看也具有十分深刻的意义。文史哲的整合在这部作品中被表现得淋漓尽致，也让人了解到文史哲这三个要素是如何在同一部作品中出现的，这是这部作品成功的原因之一。文史哲统一的文本在古今中外经典作品中并不少见。文史哲整合的原则在语文教育中，从小学、中学乃至大学都保持着其重要的影响，只有将这三者有效结合才能够真正体会到历史中不同文学作品的深刻价值。

在我国的文学发展史中，文言文承载了众多的文学、史学、哲学内容，这些都是古人保留智慧的一种形式。而我国白话文诞生仅仅有一个世纪的历史，虽然在近现代发展迅速，却依旧没有文言文发展的时间长，在文言文的作品中往往蕴含着丰富的史实和人生哲理。例如在《诗经》中，对我国当时的社会现象有了正面且真实的描写，这是文学作品在史学方面的价值，而赋比兴等多种表现手法是中国诗歌在文学方面具有的重要价值，《诗经》饱含着人生和自然界的哲学理念。在《诗经·王风·黍离》中，就有"知我者，谓我心忧，不知我者，谓我何求"这样的人生哲学。文史哲的整合是语言文学发展历经多年而拥有的特性，同时也应当成为语文教学应重视的原则。语文教学从文学、史学和哲学三个方向入手，不仅可以加深对教材内容的解读深度，更能够帮助学生培养创新的思维和乐于探索的习惯。

第四节　高校语文教学原则的实践

一、明确高校语文教学的指导思想

高校语文的教学需要有整体观，并且整体观的把握对于教学的成果影响十分深远。高校语文作为一门公共必修课具有较为重要的地位。高校语文以培养学生的人文精神、品德素养以及艺术修养等为目标，为了能够促进高校语文更好更快的发展，首要的就是树立起正确的整体观念。高校语文的教学内容往往是选择具有艺术价值的文学作品，无论是古代文学还是现代文学都能够帮助学生提升自身的语文学习能力，教师在开展语文教学之前必须对语文教材的内容有一个整体的认知。教材所提倡的是理性精神，同时不可以忽视人文的关怀，人的主体地位是教育不可忽视的，古今中外的文学教育都离不开对人的价值的肯定。在高校语文教学实践中教学理念和方法的掌握也要从整体的角度出发，有效体现出对教学内容的合理解读。高校语文教育对文本的解读需要从整体的角度，立足于文本，还需要结合时代的背景以及其中所蕴含的哲学内涵进行解读，这也正是对文史哲整合原则的一种有效的应用。教师在教学时也要体现出自身的学术品位，教师要既专注于语文教学的本体，又有一定的知识存储，而不是仅仅局限于文本。高校语文教学还可以通过创设链接的方式，打造一个课内外相结合的整体课堂，帮助学生在课内和课外都进行良好的整合接入。高校语文课程的开设目的是提升大学生的人文素质，而从整体宏观的角度开展的教育能够使学生接受的教育更加全面，并且有助于学生有一个广阔的空间进行思维的创新与发展。

高校语文对学生和教师的能力培养都有助益，能力观也正是语文教育过程不可或缺的一部分。高校语文教学能够有效帮助学生建立起高质量的审美观，对文字的审美能够体现出一个人的内涵和素养，审美的养成也离不开学习的渗透。高校语文在对教学对象开展知识基础渗透以及审美判断的渗透的过程，能让学生感受到多种多样的美，无论是自然的名山大川还是人文的情感精神，这些美都可以通过语文的学习渗透给学生。语文也能够帮助学生培养创新的思维和能力，学生对已知的内容进行质疑，对未知的知识产生求知欲，这都离不开语文对于创新思维的培养。同时，高校语文还帮助学生锻炼观察的能力，观察文字及其隐藏的内涵，这些都是语文教学独特的魅力。

二、突出高校语文的教学特点

高校语文教学的特点表现为多个方面，其中因材施教是其中一个重要的部分。因材施教的目的是能够寻求到最适合学生的教育方式和教育理念，找出不同学生之间的差距，同时也能够提升教学的效果。高校语文的教学特点在因材施教这一方面需要从对学生特点的把握以及教学方式的选择两个方面入手。首先是对学生特点的把握，大部分学校将学生分为文理两个主要专业方向，针对文科专业的学生可以为其选择《大学应用语文》等教材，选择有深度的教学内容；而针对语文基础较为薄弱的工科、理科学生来说，选择深度较低的教材，也能够有效达到教学目的。教育对象的自身特点是不可被忽视的，教学方式的选择也需要结合时代背景以及学生的需求来进行改变。21 世纪，语文的教学可以和时代进行融合，结合各种信息技术和创新手段，而不是像传统的教学方式一样被局限于黑板、纸质教材。

不同阶段语文教学的特点是有变化的，例如九年义务教育阶段，基础知识的巩固是这一阶段教学最明显的特点之一，而到了大学阶段，学生年龄和社会阅历逐渐增长，对高校语文教育的需求也逐渐向更加广阔的方向发展，语文教学更是向创新的方向和多重的维度不断前进，高校语文教学的特点离不开这一阶段教学的内容和教学的目标。

三、创造学习语文的有利条件

创设各种语文教学的有利条件，是为了能够更加有效地发挥语文教学的作用，提升学生学习语文的质量，同时也是践行语文教学各种理念的一种有效手段。

首先，需要打造一个宽松和谐的教育环境，严肃的教学环境虽然会带来良好的课堂纪律，但是势必也会由于氛围的压抑导致教学的效果不理想。语文学习在一个宽松和谐的环境之下，学生对于语文的课堂不再产生畏惧、厌恶，这也是一切教学理念实施的前提条件。很多学生不喜欢课堂，就是因为在课堂之上，很多个性受到了压抑，同时又因为需要保持课堂纪律以及教师严肃的态度，产生畏惧感，个人思想无法扩展，创新的思维被抑制。高校语文教育，教师在课堂上的权威地位以及教师对于期末成绩的把控都成了拉开师生距离的原因。教师需要认识到的是，严肃的环境不仅不能够促进语文学习，还会对学生的天性和思维产生抑制。

其次，要让学生勇敢发出质疑，只有质疑才能够带来思维的碰撞，创新的思维因为质疑而获得活力，课堂也会由于质疑的存在而变得民主、自由。质疑的声音是创造性思维的一种表现，教师应当从多个角度保护学生的这种思维，同时也鼓励学生通过质疑来表达自身的看法。

最后，探索性地思考问题。在语文课堂上教师抛出问题引发学生思考，但是这种提问的方式如果仅仅采用传统的方式不能取得好的效果。探索性的思考才能够让学生发挥自身的主观能动作用，将外界赋予的知识转化为自身的能力。在学习一些课外的文章时，给予学生足够的空间，让其能够开展个性的探索，打造一个良好的学习环境和学习氛围，让学生能够真正从文学的宏观角度来进行语文的学习。教材并不是语文教学的全部内容，更不是文学的全部内容，有很多有价值的作品没有被收录到语文教学的内容当中，应开阔文学视野，了解到语文学习的深度和广度。语文的学习是对一门学科的探索，这种探索没有止境，也没有死板的约束，个性的发挥带来的是对语文真谛的探求。

四、培养会学语文的智慧品质

语文中的"智慧精神"代表的是知识、文化以及精神、人格的融合，语文智慧精神对于很多语文课堂来说是欠缺的，缺乏语文"智慧精神"的教学无法全面培养学生的语文素养。语文教学无论在什么阶段都不能够摒弃对学生语文智慧的提升，而这种智慧品质的提升手段主要有以下几种。

首先，培养纯正积极的语文趣味。在教师的指导和自身的探索之下，学生不断提升自身对语文的审美品位，这也可以说是为学习语文指出了光明的方向。在一门学科的学习当中，正确的方向能够让学生避免走很多无用的弯路，也能够有效提升学习的质量。例如八股文的废弃，这是时代淘汰的结果，也是对于学习方向的一种判断。八股文之所以被时代所淘汰，正是因为其僵化的思维方式限制了人的思维活性，让学生只能在一个框架之内发展，无法冲破牢笼，所以八股文不能够适应时代变化。这种淘汰对于现代的学生来说也是一种启示，只有适合当下、适合自身的教学方法、学习手段才能够成为学习的推动力。同时学习的目的性也要单纯并且高尚，学习并不是为了满足自身的私念，也不是获取财富的垫脚石，这种错误的观念在教育当中应当由教师纠正。语文学习时，教师对学生的思想教育是不可或缺的，错误的学习理念不仅不能够培养出对社会有用的人才，反而会培养出不适应社会的人。

其次，能够掌握基础语文知识，使得自身拥有基础知识和能力所带来的语文智慧。在我国传统的教育当中，语文教育的习惯培养具有一定的科学道理，"好记性不如烂笔头"，这不仅仅是强调勤学多练，更是针对读书学习习惯重要性的一种阐释。在学习时拥有良好的习惯，例如定期阅读优秀的文章和文学作品，摘抄优秀的文学素材和诗句等，这些都是具有代表性的优良习惯。互联网时代，真正的阅读已经越来越难得，读书是一种人类跨越时间限制和先人交流的活动，静下心来读一本书，练几篇字，都是对语文基础的有效巩固。

最后，将语文和生活相结合，在生活中，一个人所听到的、表达的和思考的内容都离不开语文，将生活作为语文的应用场所，同时也作为语文的学习来源，这样才能够真正体现出语文学习的智慧品质。语文和生活无法割裂，二者相互交融，共同延续在历史的长河当中。

五、探索创新教学的有效方法

教学的方法对教学的质量会产生直接的影响，学生和教师都应该成为创新教学的推动者，其中教师所起到的作用是最为重要的。探索创新教学，首要的做法就是能够针对高校语文课堂教学的模式进行一定程度的改变。教师通过抛出问题的形式来使学生展开小组范围的讨论，例如教师在讲授一篇关于爱国情怀的文章时，可以向学生提出以下几个问题：作者的爱国态度如何？做法如何？而当代青年的爱国态度和做法又是怎样的呢？

教师进行语文教学时，将创新教学的意识体现在具体的教学活动当中，转变传统思想，为学生带来新的学习体验，这就是创新教学的有效方法的具体体现。高校语文教学工作中的创新意识是一个教师自身知识结构的体现，也是教学理念的体现。教师要不断吸收先进的思想和经验，并应用到教学当中。高校语文教师首先要拥有扎实的文学研究能力和基础，同时又具有明确的教学目标。21 世纪的教育不同于传统的语文教学，创新理念要从教师到学生全面地渗透。创新课堂教学模式对教师提出的要求越来越严格，教师应不断提升自身的素质，力求可以使用正确、合理的引导方式帮助学生学习语文。

高校语文的创新教育模式，还体现在教学评价机制的改变与重建方面，传统的教学评价机制虽然有一定可取之处，但更多的是以卷面分数为参考标准，忽视学生的思维能力和素质培养。这种评价机制不仅无法针对学生展开有效评价，还有可能降低学生学习的积极性，导致学生失去对语文学习的兴趣和探索心。教师创新评价的机制，首要考虑的是卷面和学生的思维能力两个方面，创新的思维对于学生来说是难能可贵的，也是高校语文教学的重要目标之一。

　　创新高校语文教学考核评价的方式，应摒弃单一的笔试，增加面试、日常作业等多种方式，这样能够从一个更加立体和客观的角度评判学生在某个阶段内语文学习的成果，同时也保证了语文学习质量检测的公平性和公开性。高校语文教学方式的创新是时代发展的必然，同时也是学生对更高质量教育的一种需求。系统性的考核方式，创新的教育理念，高效的教学手段，无一不是在当下的社会环境中有效提升教学质量，促进人才培养的有效手段。更加重要的是，学生创新思维与高校语文的联系也会因此更加密切融洽，学生得到综合培养、全面提升，能在不同的环境下体现自身的价值。

第四章
高校语文教学现状分析

第一节　高校语文发展历程

一、高校语文课程概念

高校语文课程可简单理解为：语文教育的高级阶段。为了更加清楚地理解高校语文课程这一概念，我们首先要对"语文"这一耳熟能详却又说不清道不明的概念进行一个初步了解。

早在新中国成立之初，"语文"一词就被当作课程的名称来使用。1949年华北人民政府在选用中小学语文课本之时，就选定了"语文"作为课程名称。当时是受到了叶圣陶先生的影响。据记载，叶圣陶先生在其所著的《答滕万林》中曾提道："彼时同人之意，为口头为'语'，书面为'文'，文本于语，不可偏指，故合言之。"语文作为课程名称被官方固定下来是在全国统一语文课本问世时确定的。课本开篇的"编辑大意"指出："说出来的是语言，写出来的是文章，文章根据语言。'语'和'文'是分不开的。"[1]语文通常被人们理解为"语言文字"和"语言文学"，它不但是人们交流、学习、工作的基础工具，而且还是人们提高品行素质的重要工具。语文教育的目的不仅在于培养学习者的语文素养，还在于提高学习者的人文素质。

在高等教育阶段，语文教育就是指高校语文课程。徐中玉先生曾指出，"高校语文课，是普通高校中面向文（汉语言文学专业除外）、理、工、农、医、财经、政法、外语、艺术、教育等各类专业学生开设的一门文化素质教育课程。"[2]由此我们可以从三个方面来界定高校语文课程：高校语文课程是面向高校中非汉语言文学专业学生开设的；高校语文课程是提高学生文化水平的课程；高校语文课程是提高学生素质的课程。

二、高校语文课程发展历程

高校语文这门课程的发展经历了一个漫长而艰辛的过程。对于这一过程的划

---

[1]　转引自：张鸿苓.语文能力及其培养 [J].语文学习，1981（07）：13-15.

[2]　何二元，付帅.教育部亦与时俱进——大学语文非常道之六[J].语文教学通讯：学术（D），2012（6）：1.

分，研究者们主要提出了两种观点：一种是将高校语文课程的发展分为新中国成立前的起步发展阶段和中国成立后的艰难发展阶段；另一种是将高校语文课程的发展从初步设立到现在分为初始阶段、发展阶段、中断阶段、恢复阶段、衰落阶段和复兴阶段。虽然划分的方法不同，但是我们可以肯定的是：真正意义上的高校语文课程是从近代开始设立的；在高校语文课程的发展历程中 1952 年和 1978 年是两个最为关键的年份。

　　笔者认为，语文教育在我国古代高等教育中就已经存在，只不过那时候的语文并没有单独设科，而是和其他经、史、哲等学科融合在一起。西周时期的高等教育以"六艺"为主要教学内容，而"六艺"中的礼、乐、书三项就和语文教育有着密不可分的联系。到了汉代的太学，教学内容以儒家经典中的五经为主。自此以后一直到明清时期的高等教育，儒家经典当仁不让成为学校教学的主要内容。高校语文课程的发展历程主要分为以下六个阶段。

（一）起步阶段

　　伴随着第一次鸦片战争的炮声，中国开始步入近代社会。相应地，教育也随之进入了一个大变革时代。当时一批思想较先进的知识分子开始逐渐认识到了中国与西方国家之间存在着的巨大差距。为了改变这一现状，他们决定向西方学习，并且发出"师夷长技以制夷"的口号，向西方学习的进程从此展开。龚自珍、魏源等思想较先进的知识分子趁着这股新思潮，开始兴办洋务教育。从此，我国近代教育开始起步。当时还兴办了不少新式学堂，其中主要以外国语学堂、技术学堂和军事学堂为主。这些学堂都带有近代大学的性质，只是基本不开设高校语文课。

　　1898 年维新派发起的"戊戌变法"，因维新派自身存在的软弱性，最终被当时拥有强大势力的顽固派所镇压，不得不以失败而告终。许多变法措施都随着变法的失败而被废除，京师大学堂则被保留了下来。1902 年的"壬寅学制"和 1904 年的"癸卯学制"规定京师大学堂下设经科和文科等，其中包括的中国文学和经学大义等课程就带有高校语文课程的性质。1913 年 1 月颁布的《大学规程》中提到文科要分设为四门学科，分别为哲学、文学、历史学、地理学，其中的文学一科就是现代高校语文课程的前身。

　　在新文化运动和五四运动的推动下，我国近代大学教学逐渐改用白话文。到 1922 年为止，全国教材编写基本上都采用白话文，高校中的文学课也开始使用白话文编写的教材。

（二）确立阶段

在经历了多次变更和确认后，高校语文课终于在 1942 年成为全国大学一年级的必修课之一，那时还不叫"高校语文"，而叫"大一国文"。同年，"大一国文"又被规定为所有高等院校必须开设的一门公共基础课。当时对这门课程提出的教学目标主要有以下几个方面：能养成阅读古今中外书籍的能力；能做出通顺并且合文法的文章；能欣赏我国古今文学代表作品；能养成热爱国家、热爱民族和热爱全人类的高尚观念。

"大一国文"开设之初，并没有统一的教材，而是由授课教师自行编写。直到 1947 年，由黎锦熙、朱自清等人编写的《大学国文选》才正式面世，大一国文课才有了第一本正式的教材。在师资安排上，基本由知识渊博、经验丰富的权威人士任教，如当时清华大学的"大一国文"课程就是由朱自清、吕叔湘等著名学者教授的。

（三）中断阶段

1952 年我国在苏联教育模式的影响下进行了院系调整。当时的教育部将各类高校中的文科与工科、理科拆散开来，随之便出现了一大批的单科性院校。这种不明智的做法导致我国原有的一些著名的综合性大学被随意地拆散。除此之外，高校语文这门课程也在当时社会大背景下被迫销声匿迹。最终的结果只能是，肩负大学生人文素质培养重任的基础文化课程被无情地中断了二十余年。

（四）恢复阶段

1977 年，我国"文化大革命"期间被中断的高考制度重新恢复。然而，由于受到"文化大革命"的冲击，我国的教育教学工作受到了非常严重的影响，学生文化水平和各方面素质也明显下降。再加上各类院校重理轻文的现象非常严重，学生的语文能力和素养都处于较低水平。为了改善这一状况，1978 年，当时的一些有识之士开始发出重新开设高校语文课程的号召。其中以匡亚明和苏步青两位先生为主。同年，南京大学率先在非中文专业中开设了高校语文课程，此举在当时起到了模范带头的作用。在之后的几年里，各高校都纷纷重新开设高校语文课程。当时高校语文课程的教学目标主要有以下几个：提高大学生汉语水平和运用能力；继承我国优秀传统文化精髓；提高精神文明建设；在改革开放的背景下，让我国优秀的传统文化走向世界。

1980 年 10 月，全国大学语文研究会成立。1981 年，徐中玉先生主编的《大学语文》教材出版。1983 年，《大学语文〈自学读本〉》面世。到了 1984 年，高校语文课被划定为自学考试的必修课程。这个时期的高校语文课程受到了前所未有的关注，并且有着一个良好的发展前景。

（五）衰落阶段

令人惋惜的是，高校语文课程的良好发展势态并没有延续多久。由于对高校语文课程自身发展规律认识的不足和缺乏科学理论的指导，一些高校把语文当成了"补课"，当成了"高四语文"。除此之外，教学内容主要以古文为主，忽视了现代文的选取；教学方法上仍然采用中小学式的"满堂灌"，古板而单调，根本不适合高校语文课程。这些问题的存在都预示着高校语文课程在发展中潜藏着危机。

果不其然，由于受到市场经济兴起后社会转型的影响，人们的实用主义观念逐渐增强，这也直接影响到了高校的学科建设工作。各高校开始重视实用学科的建设，开始排挤高校语文这门看似没有任何实用价值的课程。高校语文课的课时逐渐被减少甚至直接被取消。

（六）复兴阶段

进入 20 世纪 90 年代，我国开始认识到过去单一结构的培养模式已经不能适应知识经济时代对通才的迫切需求。高校语文课程作为人文学科的主要组成部分重新获得了重视。

到 20 世纪 90 年代中期，高校语文被国家教委认定为素质教育课程。2017 年 5 月，中共中央办公厅发布了《国家"十三五"时期文化发展改革规划纲要》，其中提道：高校要积极创造条件，面向全体大学生升设语文课。2021 年新冠肺炎疫情期间，湖北大学文学院石锓教授，为了推动大学语文课程建设，借全国两会之机，提交了《关于加强高校"大学语文"课程建设的建议》的提案。提案中强调了高校语文课程的重要性，认为高校语文课程应该注重对学生口语表达能力的培养和训练，增强大学生的人际交往能力，从而提高大学生的就业率。除此之外，全国大学语文研究会第十一届第一次会员代表大会暨第十八届学术研讨会于 2022 年 3 月 26 日召开。由此可见，高校语文课程一定会在社会各界的努力推动下取得长足发展。

高校语文课程的发展是漫长且艰辛的。不过令人庆幸的是：虽然高校语文课程的发展举步维艰，但是却依然坚持到了今天。这同样也告诉我们高校语文课程的存在是有必要的，也是有价值的。

第二节　高校语文教材分析

一、高校语文教学大纲

教学大纲是根据教学计划，以纲要的形式编定的有关学科教学内容的指导性文件，它是根据某一学科课程在教学计划中的地位、作用，以及课程性质、目的和任务而规定的课程内容、体系、范围和教学要求的基本纲要，是实施教育思想和教学计划的基本保证，是进行多种媒体教学、教材建设和教学质量评估的重要依据，也是指导学生学习，制定考核说明和评分标准的指导性文件。高校语文教学大纲的结构一般由以下几个部分组成。

（1）说明部分。简要说明高校语文开设的意义、课程性质、教学目标、任务和指导思想，提出教材体系的特点、基本要求，以及必要的教学原则等。

（2）文本部分。这是高校语文教学大纲的中心部分或基本部分。它对该学科讲授的基本内容作出规定，显示出教材的深度和广度，还要提出课时计划、实践要求以及其他有关内容。

（3）其他部分。包括教材选用建议、教师参考用书、考核方式以及学生课外拓展活动形式等。教学大纲是编写教科书和教师进行教学的主要依据。因此，教科书的编者和教师必须全面彻底地领会教学大纲的内容、体系和精神实质。按照大纲编写教材和进行教学。教师只有熟悉自己所教学科的教学大纲，并认真贯彻执行，才能使自己的教学工作达到国家所要求的标准，达到高水平的教学质量。

根据教育部高教司《高校语文教学大纲》的要求，高校语文作为高等院校非中文专业的一门必修课（公共基础课），在教学活动中，应该达到以下目的。

（1）人文素质方面：以文章审美为载体，提高大学生的人文素质修养。引导学生学会做人，学会思考，提升思想境界。

（2）语文能力方面：注意工具性与人文性的统一，兼顾高校语文的基础性特点，熔工具性与人文性于一炉，使学生在交际沟通中所必需的人文素养得到切实提高的同时，引导大学生在听说读写书等语文技能方面获得应有的进步和加强，达到相应的水准。培养学生的阅读能力、日常书面表达能力与口头表达能力。培养语文基础扎实、知识面宽、语言能力强并能适应社会主义现代化建设需要的全面发展的人才。

（3）审美教育方面：通过教学活动使学生的审美能力得到培养（美育）。立国之本在于教育，但由于现阶段高校语文教材种类较为丰富，并且不同版本的教材内容、结构、教学重点等方面存在一定的差异，部分高校语文教学使用的教材难以满足其教学需求，导致教学工作缺乏针对性。为了推动高校语文教育工作进一步发展，需要构建出既具有特色，又能够满足学生需求的教材，例如：教师在对教材内容进行整理时，可以先对各种高校语文教材进行比较，了解其课程编写特色，并选择具有哲理、简单的文本融入教学中，使高校语文教材既能够反映出时代特点，又具有传统文化特色，进一步提高教学有效性，促进教学工作进一步发展，激发学生的学习兴趣。另外，在应用这一内容进行教学活动时，教师可以先带领学生整理其中的必读文本，并向学生透露文本内容与教学环节，引起学生的学习兴趣，使学生逐渐养成良好的阅读习惯。由于语文学科具有较强的实践性，在进行语文教学时需要提高学生的语言运用能力，在制定语文教学大纲时，需要为学生创建语言练习环境，为学生提供听、说、读、写方面的练习时间与具体要求，并加强教学内容与生活实际的联系，引导学生将文本内容延伸到户外，发挥出高校语文教学的意义。例如：为了进一步提高学生的参与兴趣，教师可组织开展朗读大赛、书法比赛、演讲比赛等活动，使学生能够展示其语文综合能力，并提高学生的语文学习兴趣，推动教学工作的进一步开展。

高校语文教学中，为了提高教学有效性，促进学生综合能力进一步发展，需要教师在应用合适的教学大纲进行教学的同时，对学生加强引导，培养学生良好的语文学习习惯。但由于学生在长期语文学习中较为被动，并且部分学生没有养成阅读积累的习惯，导致学生学习能力不高，为了改善这一现状，需要教师优化教学方式，例如：在教学时，教师可以应用多媒体教学设备为学生讲解文本内涵；在学习小说类课程时，教师可以带领学生进行情景模仿活动，提高学生的学习兴趣，推动教学工作进一步开展。另外，在进行高校语文教学时，需要对学生进行学习指导，并引导学生进行阅读分析，提高学生的分析能力、理解能力、语言运用能力等，进一步提高教学有效性。大学阶段的语文教学内容较多，但部分高校对这一课程重视程度不高，安排的课时较少，甚至课时之间间隔时间较长，学生在学习时难以将课程内容连接起来，降低了教学的有效性，需要优化课程结构，增加语文课时，教师对课程内容进行整理设计，提高高校语文教学的有效性，使教学工作能够发挥出其职能与意义。

高等院校的学科教学目标是以课程为核心，能力为本位，并且按照教学改革工作的发展需求进行设计，提高教学工作开展的有效性。在这一过程中，教师需要对教材内容进行优化设计，丰富语文课程教学内容、教学手段等，达到提高学生语文实践能力的目的。另外，在对教学大纲进行设计时，为了满足学生的学习需求，需要在设计之前对学生的综合能力、理解能力等进行分析，并按照学校课时设计、语文教学目标等进行教学设计，提高教学有效性，推动教学工作进一步开展，对学生的实践能力进行培养，达到提高教学效率的目的。学生在进行语文学习时，为了提高学生的学习积极性，教师需要将学习内容与生活实际联系起来，对学生加强引导，使其能够树立正确的人生观，为学生之后的学习、生活奠定良好的基础，并发挥出高校语文的教育职能。

由于不同教材的编写特点、编写模式存在差异，通过以上几个方面对教学大纲进行分析时，能够了解到教学内容的主要编写意义是为了培养学生的人文精神、语文素养与审美能力，从而使各高校语文教学大纲的制订日臻完善。虽然不同版本的高校语文教材编写理念存在差异，但语文教学大纲能够体现出教学意义，并能够为之后的教材编写工作提供依据。

二、几种主要教材的特点

目前，各高等院校所选用的语文教材并没有统一的标准，完全是根据自身办学特色和人才培养规格的需要编写大纲、确定教材的，这样一来，便形成了自由无序的状态，不同版本语文教材竞相出现，各具特色。其中也不乏有影响力的高校语文教材，例如：贾庆成、董媛主编的《大学语文》（高等教育出版社 2009 年版），该教材遵循"突出职业要求、重视文学教育、强化应用能力、有利于模块教学"的指导思想，全书按文学体裁分类，分为诗歌、小说、散文、戏剧四个单元，是一本理论水准与操作技能俱全的实用型教材；温儒敏、朱寿桐、王宁、欧阳光合编的《高等语文》（温儒敏任主编，2012 年出版），该教材由北京大学、南京大学、武汉大学、北京师范大学、清华大学、西北师范大学和中山大学等国内重点院校的众多权威教授编写，全书贯穿创新理念与改革思路，旨在推进高校语文教育改革，结束当下高校语文教材混乱无序的状态。徐中玉、齐森华主编的《大学语文》（第 10 版，华东师范大学出版社 2013 年出版），该书既不以文学史知识为线索，也不以写作知识为重心，而以经过反复筛选的古今短小动人的精美文章为主，力求用选文的典范性来达到提高文化素质的目的，以选文的丰富性取得思想启迪、道德熏陶、文学修养、审美陶冶、写作借鉴等多方面的综合效应；陈洪主编的《大学语文》（高等教育出版社 2022 年出版）提出"好文章"的编选理念，其内容选择了有代表性的各个时期、各种类型、各种文体的经典或优秀的汉语文本，旨在提升大学生语文能力和人文修养，这在高校语文教学内容的发展历史上具有划时代的意义；还有王步高主编的《大学语文》（南京大学出版社 2021 年出版）、杨四平主编的《大学语文》（人民教育出版社 2007 年出版）等。这些教材均能从当代大学生文化基础巩固与专业发展的角度寻找平衡点，目标是提高大学生（汉）语言文学修养，提高审美能力，促进思想观念的发展，因而教材中充分体现出专业性、科学性、前瞻性、实用性与可读性。在进行编写时，按照素质教育的基本精神、课程要求进行编写，体现出内容多、课时少、突出教学重点的特点。在教学改革不断推进的背景下，要求高校语文教学以文本解读为主，将传统文化、现代文化进行融合。

三、高校语文教材的结构与功能

从高校语文教材的内部组织结构来看，基本由以下几大要素构成。一是文选要素。所选范文内容广泛，题材多样，古今中外无所不及，涉及哲学、政治、经济、文化、文学、美学、历史、地理、军事等社会科学和自然科学多方面内容，主要是为教学提供语文资源，是学生语文能力训练的凭借与范文。二是知识要素。高校语文知识范围是在中小学语文知识基础上的巩固与提升，虽无明确的界定，但字、词、句、篇、语（法）、修（辞）、逻（辑）、文等各类知识分散在各个单元或文章之中，其中语言知识、文学知识、文化知识和方法论知识的凸显更为明显，其作用在于扩大学生视野，培养语文能力，指导阅读与写作。三是提示要素。高校语文教材编写中有"前言""导语""说明""提示"等，目的在于揭示教材编写的意图，帮助学生明确教材的重点，了解教材主要内容与结构，激发学生的学习激情和兴趣，提高学生自主学习的自觉性。四是实践要素。语文教育的实践内容集中在听、说、读、写能力方面，教材将其训练内容按照循序渐进的原则分解为各种训练重点有序编排。另外，为培养学生发现问题和解决问题的能力，实践项目中还增加了结合现实生活和跨学科的综合性实践，一般是以课题的形式提出，并提供相关资料与方法，组织学生讨论、研究，并自主解决问题，然后相互交流，形成成果，培养探索精神。

高校语文教材是学生学习的蓝本，教师教学的主要依据，也是师生共同开展语文活动必不可少的工具。高校语文教材的功能主要体现在以下几个方面。一是丰富语言功能。学生的语言习得主要靠阅读与实践，而阅读是语言积累的主渠道。高校语文选文中有大量优秀经典作品，其思想精锐，含义丰富，文辞优美，都是经过千锤百炼的语言瑰宝，充满无限生命活力。二是提高能力功能。语文教学过程中通过教材传递文化、培养能力、养成习惯、涵养思想和陶冶情操，从而得到听、说、读、写能力的提升，这依赖于语文教材提供的丰富多彩的课文内容，借助教师因材施教的有效引导，取决于学生主体能动作用的发挥。总之，教材提供的客观对象与师生主体意识的相互作用是语文能力获得的必备条件。三是拓展知识功能。语文教材的丰富性体现在所选文章的多题材、多主题、多学科，涵盖了社会科学和自然科学多方面的知识，从某种角度说，高校语文教材堪称社会学科中的"百科全书"，而且内容的丰富性综合性、语言的形象性生动性，都会对学生形成强大的感染力与震撼力。四是涵养德智功能。语文教材都是语言作品，而且这些古今中外的经典作品观察精锐，分析精辟，想象奇特，联想丰富，表达精确。学生通过认真阅读，感同身受，智力能得到启迪，品德会受到涵养。因为教学能促进人的智慧与生命的发展，具有丰富文化与民族精神的语文教材，对学生的思想品德、情感意志、个性心理的发展都会起到潜移默化的熏陶感染作用。同时经典语言的文学作品是作家聪明智慧和创新思维的体现，是开启学生智慧大门的一把钥匙。

第三节　高校语文教学现状

一、高校语文教学模式

随着现代科技的快速进步与教学改革的不断深入，无论中小学还是高等院校，教学模式不断翻新，层出不穷，各显神通。由于高校语文课程在教学中属于人文素质类课程，对培养学生综合素养有一定的影响，但部分高校对这一内容的重视程度不高，将教学重点放在专业课程中，导致语文课时不够，例如：部分院校虽然将语文设为必修课程，但仅设置了 36 课时，而为英语课程设置了 200 课时，课时比重严重失衡，使得学生对中华文化的重视程度不断降低，严重影响教学质量、教学效率。另外，语文教材具有一定的完整性，36 课时难以完成全部教学任务，学生难以形成语文综合能力。大学生虽然具有一定的语文基础，但由于大学使用统一教材进行教学，不同专业的学生的学习需求不同，统一的教学内容难以满足学生个性化的学习需求，客观上限制了学生多样化发展以及独立精神的树立，难以促进学生创新能力的培养。因此，改革教学方法，创新教学模式几乎成为高校语文教师共同的呼声，因而他们也在不断探索更加适应新时期人才全面培养的高校语文教学模式。

　　有的教师在进行语文教学时，为了能够使学生养成自主学习的习惯，在教学时应用先进科技与文本内容结合的教学模式，教师在备课时先按照教学进度设计教学形式，构建网络学习平台，将教学课件上传到平台上，学生能够在课前、课后根据自身学习情况选择学习内容。这种做法有助于提高学生的语文综合能力。教师能够通过教师视角了解学生的实际学习情况，通过视频点击量了解学生学习中存在的问题，学生也能够随时随地学习语文课程。在授课时，教师能够将这部分教学内容作为重点，带领学生重点学习，并帮助学生分析学习中存在的问题，发挥网络设备的优势，推动学生进一步提高语文综合能力。

　　有的教师在开展语文教学工作时，针对部分学生学习积极性不高的现状，实施互助教学模式，引导学生自主学习，拓宽知识面，并按照学生的兴趣爱好设计教学形式，加强听、说、读、写训练。例如：部分高校为了达到教学改革的需求，采用高校之间相互合作的方式共同探讨有效的教学模式，取长补短，促进语文教育工作进一步发展。随着教学改革工作的不断推进，教师对教学的重视程度进一步提高，更新了教学理念，并按照以学生为主体的理念开展教学活动，针对学生的学习现状、学习需求进行教学，充分发挥出教师的主导性与学生的主体性作用，进一步提高了学生的综合能力。

　　有的教师实施绿色语文教学行动，把语文教学与生活实际紧密结合起来，充分体现了语文实用性特征。语文课程与生活实际息息相关，在教学的过程中，为了提高学生的理解程度，教师带领学生体验生活，通过读书会、演讲比赛、文学社团、创作笔会、调查采访、才艺展示等形式把教学内容与实践训练有机结合，引导学生寻找生活中存在的文学现象，避免由于教学内容过于理论化而降低学生的学习兴趣，达到提高教学质量的目的。为了解学生的真实语文学习情况，教师在一个阶段教学工作结束之后，应进行必要的语文综合能力考核工作，为之后的教学内容设计提供可靠依据，加强教学的针对性与时效性。

　　有的教师在教学中，以学生为中心，开展民主教学，老师当导演，学生是主角。授课之前，先设计好话题，组织学生开展深入讨论，鼓励学生充分发表自己的不同意见，不怕说错，敢讲真话，不怕出丑，敢于亮相。教师参与讨论，师生之间积极辩论，畅所欲言，形成一种民主和谐的学习氛围。

　　由于目前我国高校语文教材版本过多，教学对象存在差异，应用的教学模式各不相同，部分教师在设计教学模式时，没有从学生实际出发，随意性较大，加之部分教材中选文质量不高，教材内容难以满足学生的学习需求，降低了教学有效性，影响学生综合能力的提升。还有，在信息技术不断发展的背景下，学生对外国文化很感兴趣，个别教师为了迎合学生兴趣，在语文教学中引入了大量的西方文化，导致学生对传统文化的学习失去了兴趣，这些都是教学改革中存在的问题。因此，在进行教学模式设计时，须根据学生实际有针对性地设计教学内容，以满足个别化学习需求。部分教师为活跃课堂氛围，将学生分为研究性学习小组，并根据小组成员的爱好布置研究作业，例如教师为喜欢看网络书籍的小组布置名作赏析的作业，为喜欢古代汉语言文学的学生布置古代小说戏曲赏析的作业，这样的个性化多元教学模式，不仅能够提高课堂活跃度，还能提升学生的语文综合能力。

在信息时代背景下，为了能够进一步提高语文教学的有效性，需要教师与学生之间构建良好的关系，走进学生的心里，为学生提供全方位的生活、学习帮助和指导，转变教学理念，提高自身语文教学综合能力，形成具有时代发展特点的创新型教学模式，推动教学工作进一步发展。但在这一过程中，教师需要了解学生的兴趣爱好，并构建完善的教学环境，以因材施教为原则开展教学工作。另外，由于高校语文课程是集体课，教师为了满足大部分学生的学习需求，按照学生综合能力设计教学内容，但由于学生语文综合能力参差不齐，部分学生有厌倦感或不能完全理解教材内容。为了改变这一现状，教师需要在设计教学模式时，以阶梯式教学内容，使学生各有所获，真正做到因材施教。

大学阶段的语文教学对学生的思维能力发展有一定的影响，但语文学习需要循序渐进地进行，学生在学习时单纯地吸收语文知识，难以提高语文综合能力。受到应试教育的影响，我国大部分高校语文教学模式类似，教师作为课堂主体，学生被动地接收教师讲解的知识，缺乏自主思考的时间，这样的教学方法导致学生无法形成完善的语文思维，无法满足新课改的要求，限制了学生思维的发展。所以，在教学改革的背景下，教师在设计教学模式时，要以学生为课堂主体，带领学生开展教学活动，引导学生自主思考语文学习内容，提高学生的探究学习能力，并且在教学中，教师可以带领学生对课程相关问题进行研究，为学生布置自主探究任务，使学生形成研究性学习习惯，培养学生的创造思维能力，提升学生的课堂参与兴趣，优化语文教学质量。

在探究高校语文教学模式时，不同高校对语文教学的重视程度存在差异，使用的教学方法各不相同，教学对象也有差异，教学模式的改变与教学方法的运用是一个历久弥新的课题，所以，遵循教育规律，执行教学大纲，符合客观实际，服务人才标准的教学模式探究工作在高校语文教育教学改革与实践中还须不断完善。不管是怎样的变革，就高校语文课堂教学而言，还应该遵循以下几个原则。第一，弘扬人文精神的原则。高校语文教学的目标之一就是提高学生的人文素养，使学生的思想品德、情感意志、人格心理得到全面提升，使生命价值更具意义。第二，提高认知水平的原则。这一原则侧重三种能力的提升，一是识字解词求意的能力；二是对作者已经认知的对象感知、批判、再认识的能力，以及对作者思维特征的领悟、认同和鉴赏能力；三是对自然、社会的观察和思考的能力。第三，加强语言训练的原则。学习是一个循环往复不断觉悟的过程，教学的成功，不在于结果如何，而在于过程体验的重要，学生全身心投入学习，认识不断加深，思维逐渐灵敏，人格不断完善，实际上就是世界观的形成过程与生命成熟的过程。第四，打通对话的渠道。随着时代的进步与科技的发展，教育的方式已经发生了根本性变化。"翻转课堂"的出现已经宣告学生再也不是被动的知识接收者，尤其是高校语文教学，更加注重对话的重要性。实质上教学过程就是一个系统的对话过程，包括师生与教材的对话、师生之间的对话、学生之间的对话、主体与客体的对话等。只有打通对话渠道，才能取得事半功倍的教学效果。第五，激发创造热情的原则。教育的真正意义不在于知识掌握了多少，而在于创造力的培养。创造力分为特殊创造力和自我实践能力，前者多指科学家、发明家、作家、艺术家等，他们能创造出前所未有的事物来；后者指开发人的可能性。这样的创造成果可能并不一定是人类的新发现，但它对创造者自身的生命成长来说是前所未有的。教育重在后者，人们不断要求教育把所有人类意识的一切创造潜能都释放出来。

二、高校语文教学存在的普遍问题

高校开展语文教学工作，能够提高学生的语文综合能力，并且使学生认识到语文能力是一个人的工作能力和创造能力的重要体现，从而产生自觉学习语文的需求感，并能够根据教学进度进行自主学习，形成良好的语文综合能力，促进高校语文教学工作进一步发展。但由于人们对高校语文在学科建设中的地位与作用认识不够，导致学生对高校语文教育的认知程度低，加之部分高校在教学中将重点放在"教"上，忽视了学生的"学"与"能"，导致学生把语文学习当成凑学分的"配料"，因而，学生进入社会后，语文综合能力不强，说不好话、写不好字、做不好文章的现象并不少见。在教学改革不断推进的背景下，高校语文教学形式、教学方法都在不断创新，但个别高校没有定期开展教师培训工作，导致教师对优秀教学方法的了解程度不高，难以应用合适的教学方法开展教学活动，学生的综合能力没有得到提高。甚至在教学中，由于个别教师的专业能力不足，使用错误的方法进行教学，学生学习到的知识不准确，难以提高学生的语文成绩。

高校语文教学过程中，部分高校普遍存在教学形式单调的问题，不少教师习惯于讲述式教学，这种传统的教学方法，由于教学形式过于枯燥，学生缺乏学习兴趣，语文综合能力很难得到提高。为了进一步提高学生的语文综合素养，需要教师选择合适的教学方法，培养学生的语文认知力、思维力与审美力，加强语言文字的实践，将课堂教学与生活实践相联系，找准突破口，对症下药，有的放矢，方能收到实际效果。在开展高校语文教学过程中，个别教师没有设计教学活动，导致教学内容缺乏充实性，学生难以完全理解课程内容，没有达到提高语文综合能力的目的，降低了高校语文教学的有效性。

部分学生在高中阶段存在偏科现象，对语文学习兴趣、重视程度不高，甚至个别学生在语文课堂中学习理科内容，导致其语文基础能力不强，并且大学阶段的语文知识难度较大，学生在学习时感觉较为费力，一些学生在努力学习之后成绩也没有得到提高，进而降低了学习兴趣。教学中如果忽视了学生的实际水平而盲目施教的话，势必造成资源的浪费。还有个别大学受到地理位置的影响，经济条件落后，难以吸引到优秀教师，导致这一地区的教学资源严重缺失，影响语文教学水平的提高。加之有个别教师专业能力不过硬，在实际的教学中，方法使用不当，知识传授不准确，影响了学生的语文综合能力的提升。所以，高校语文教师必须提高自身的语文素养。

教学氛围能够影响学生的学习积极性，但个别教师在教学时没有按照以人为本的理念进行教学，内容单调、形式简单、方法陈旧，课堂气氛死气沉沉，导致教学工作缺乏有效性。另外，语文学科具有实践性特点，但个别教师在教学时没有将教学进行延伸，甚至没有对学生进行学习指导，导致书本知识与实践严重脱节，这样的教学即使学生考试得了高分在实际工作中还是束手无策。

高校语文教学的主要目的是提高学生的文学素养和语言综合运用能力，尤其对非语文专业的学生而言更为重要。但由于教学内容、教学形式有趣性不高，针对性不强，目的性不明，在语文课程授课时，教师没有提前为学生梳理教学内容，随意性较大，导致学生在课堂中始终找不到目标，难以选择性地听教师讲解，这也是高校语文课程教学效率不高的原因之一。

高校语文教学重在效果的检验，在教学任务完成之后，需要了解学生的学习情况，以检验教学效果。但目前大学评价教学质量的手段比较单一，主要的手段还是考试，缺乏进行语文综合能力评价的体系与方法。部分教师只根据考试成绩对学生进行评价，没有对学生学习态度、学习能力、适应社会等综合因素进行分析，无法了解学生语文学习中的优缺点。甚至部分教师在对学生进行评价之后，没有对学生学习中的缺陷进行原因查找和及时纠正，并且没有设计不同难度的课件，无法满足学生的个性化学习需要，难以促进高校语文专业教学进一步发展。改变教学观念落后、教法单调陈旧的问题还任重道远，提高学生的语文综合素养需要新思维、新举措。

人们的学习行为源于学习需求与兴趣，高校语文课程内容形式较多，但部分文本内容无法满足学生学习的多样化需求，教材的改革与教学内容的更新需要与时俱进，勇往直前，永不停步，承担这一重任的专业人才与主讲教师责任重大，不可懈怠。

综上所述，高校语文教学中学科定位不准、主体对象不明、教学方式单调、师资队伍不稳、学生兴趣不高等普遍问题一直存在，原因是多方面的，既与教育观念较为落后有关，又与学科性质模糊、学科定位不清有关，更与教材内容的陈旧与教学方式方法的不适应等问题有关。而高校语文教育是实施素质教育的重要突破口，无论是教育管理者、教师还是学生都未形成共识。所以需要转变教育观念，提升高校语文学科地位，摒弃传统的记忆型、接受式教学法，针对不同对象，扬长避短，因材施教，实施以自主学习为精神指导的多项互动创新教学模式，推动高校语文教学工作进一步发展。另外，为了进一步提高教学效率，发挥出语文教学的意义，提高学生的综合能力，高校需要应用先进技术，合理设计教学形式，为学生创建良好的教学氛围，进一步提高学生的综合能力。

第四节　高校语文课程面临的困境

一、语文教育的功利化阻碍着价值的实现

（一）应试教育笼罩着整个教育阶段

素质教育在我国推行以来受到了社会各界的广泛关注。不可否认，在近几年的基础教育中，确实涌现出了一批素质教育做得比较好的学校。如四川的眉山师范附属小学、山东的杜郎口中学等。这些学校是素质教育的先行者，并且取得了不错的成绩。然而，素质教育的推行并不是一朝一夕的事情，而是需要整个教育体系进行不断改革和创新，这项工程的完成需要经历一个漫长而艰辛的过程。虽

然当前有些学校在素质教育方面确实做得不错，但是这并不能掩饰我国的基础教育依然笼罩在应试教育的体制下。

如果对应试教育体制的源头进行探究，我们可以追溯到古代的科举考试。两者的相通性在于：都是通过考试来选拔人才，都存在一考定终身的弊端。也许是受到了传统教育思想的影响和束缚，我国教育在经历了上千年的不断变革和发展后，依然摆脱不了应试教育的"帽子"。传统的应试教育在功利性的驱使下，一味地追求高分数、高升学率，遵循着"一切教育为了升学率"的原则进行僵化教学。在升学考试的压力下，大多数学校和教师根本不敢随意尝试新的教学模式，生怕浪费了时间还起不到实际效果。有的学校迫于上级要求素质教育的压力，就搞一些形式化教学，领导视察时是一套教学模式，领导一走就又恢复到了从前。学生在长达十二年的基础教育阶段始终受到这种功利化思想的影响，以至于延伸到了其大学阶段的学习中。

因此，大学阶段的语文教育就被学生当作没有实用价值的课程而被忽视了，甚至是被抛弃。高校语文课堂上，学生的逃课现象非常严重，有时甚至出现上课学生寥寥无几的情况。有的学生即使是坐在了高校语文的课堂上，也并没有专心听讲，而是看一些自以为对自己有用的书籍。不过，每到学期末的时候，上课人数就渐渐增多，有时甚至能全部到齐。学生这么积极来上课的原因只有一个，就是划好考试重点，保证考试不挂科。学生都不认真对待课堂，更何谈对其进行语文教育。那么，高校语文课程的价值也就无从实现。

（二）基础教育阶段语文教育中人文教育的欠缺

基础教育阶段就是指从小学到高中的整个教学阶段。在这个长达十二年的学习阶段中，语文始终是学生学习的主课之一。在小学阶段，语文教学主要强调以基础性为主。到了中学阶段，语文教学的主要任务是帮助学生进一步巩固和加强语文基础知识。在此基础上，要注重提高学生的全方位素质，为学生以后的学习和发展打下坚实的基础。

然而，现实中的语文教育却将重点放在了如何提高学生的应试技巧，如何让学生在语文考试中拿高分这些问题上。基础阶段的语文教育，直接忽视了语文学科本身肩负的培养和提高学生人文素质的重任，而将目光仅仅局限于发挥语文的工具性的作用上。比如在高中阶段的诗歌讲析中，教师只是简单地给学生讲解诗歌的表现手法有哪些；遇到某种表达手法应该用哪个模板来解释；哪类诗歌适合用哪些词语来表达意境和作者情感等这些答题技巧，或者可以说是答题套路。事实上，语文教材选取的作品都有着各自的人文内涵和深度，这些隐含的东西需要透过教师的引导来教给学生，从而在不断学习和摸索的过程中，使学生提高思考问题的能力，开阔自己的胸襟和视野，不断增强人文关怀，提高人文素质。而令人遗憾的是，现实的语文教育只是看到了语文学习在应试教育中的工具性，而忽视了对学生的人文教育。

既然基础阶段的语文教育已经忽视了对学生的人文教育，那这个艰巨的任务一下子就落到高校语文课程的身上，着实是不合理，也是不切实际的。因此，高校语文课程在提升大学生的人文素质方面也是心有余而力不足的。

二、高校语文课程发展的不利环境阻碍着价值的实现

（一）课程定位不明

高校语文课程的定位问题几乎贯穿了语文课程的整个发展历程。全国大学语文研究会也将其作为历届年会必谈的话题。1986 年召开的第三届年会就曾把这一话题作为一个中心问题来探讨，目的是将高校语文课程作为必修的基础课被确定下来，结果却不尽如人意。高校语文作为高校的一门课程，始终都没有取得"法"的保证。究其原因，主要是因为高校语文课程的生存环境恶劣，它既不像思想政治课那样受到国家政策的"庇护"，也不像大学英语课那样有各类升级考试的"专宠"。高校语文课程在高校中的地位一直是非常不明确的。学校如果重视这门课，那它就有可能被设定为一门必修课，成为全校学生必须学习的课程。相反，如果学校不重视这门课，那它就是可有可无的课程，可以随时被减少课时或直接取消。由此可见，高校语文课程的定位问题不解决，它就永远处于一个尴尬的境地，连地位都保不住，更何谈实现其价值。

（二）理论指导不足

关于理论和实践这两者之间的辩证关系的讨论，人们经常只是看到了理论来源于实践，而忘记了理论对实践的指导作用。从实践活动中提炼出的理论知识，并不是简单地对实践经验的高度归纳和总结，更为重要的是对实践活动所取得的成果的验证、校对和提升。所以，科学、有效的教学理论不仅能够指导教学实践，而且能够使教学实践实现长足发展。这个道理在教学活动中体现得更为明显。

高校语文课程的教学实践也同样需要教学理论的科学指导。然而，高校语文课程从"大一国文"到现在虽然已经走过了几十个年头，但其理论研究还相对缺

乏。近年来虽然高校语文研究取得了一定程度的发展，但是作为学科理论最基本的专著为数不多。理论研究的缺失严重制约着高校语文教学实践的发展，导致高校语文课程僵化守旧，停滞不前，成为处境尴尬的边缘学科，同时也严重影响到了高校语文课程价值的实现。

（三）师资力量薄弱

众所周知，在当代教学活动中，教师承担着引导者、组织者、促进者、管理者和研究者等多重角色。因此，教师在教学活动中的表现直接影响着教学效果。

然而，我国高校语文课程却存在着师资方面的问题。曾任全国大学语文研究会会长的齐森华教授指出，目前，我国一些高校在高校语文课的师资配备方面还比较落后，学校没有成立固定的高校语文教师队伍，而是让一些教学课时不够的教师来担任高校语文的教学工作。这种做法不仅会降低教师和学生对高校语文课程的关注度和重视度，而且还会严重影响教学效果。有的高校虽然表面上设立了稳定的高校语文教师团队，但学校在科研经费和对教师的综合考评方面，都未能给予高校语文教师足够的重视和支持。这就导致教师在教学、科研等方面积极性不高，教学效果也就不尽如人意。还有些高校，将高校语文的教学工作交托给刚刚参加工作的青年教师，甚至有的高校还派研究生上课，这些不负责任的做法根本无法保证高校语文课程的教学质量。由于教师身兼数职，根本无法静下心来对高校语文的教学工作进行深入、细致的分析和研究。所以，有很大一部分高校语文教师的专业性极为不足，教学水平也差强人意。再加上没有稳定的师资队伍，缺乏学科带头人，高校语文课程的师资问题越来越突出。这些问题的存在直接威胁着高校语文课程的教学质量，严重影响了高校语文课程教学目标的实现，最终阻碍了高校语文课程价值的实现。

三、高校语文课程自身存在的问题阻碍着价值的实现

（一）教材良莠不齐

目前，全国发行的高校语文教材有数百种之多。为了对目前我国发行的高校语文教材有一个全面的了解和掌握，笔者在某网购商城搜索了高校语文教材。首先将出版年份定为 2014 年以后，结果搜索到了 901 条结果，全部都是关于高校语文的教辅资料。接着将出版时间定为 2019 年以后，共搜到 634 条结果。最后，笔者搜索了近几年来出版的高校语文教材，搜索结果有 255 条。这些结果着实令人

瞠目结舌，高校语文教材的种类远远地超过了开设高校语文课程的高校的数量。教育部全国高校中文学科教学指导委员会的一项调查数据表明，全国一百多所高校使用的高校语文教材中，由徐中玉、齐森华主编的各种版本的《大学语文》约占市场的 30%；南开大学陈洪主编的《大学语文》、南京大学丁帆主编的《新编大学语文》、东南大学王步高主编的《大学语文》、北京大学温儒敏主编的《高等语文》等 5 种教材占市场份额的 15%，其余 55% 为其他品牌的教材。虽然，从表面上看高校语文教材形式多样，选择性也较强，但同时也存在着良莠不齐的问题。除了几个比较优秀的版本外，大多数教材与中学语文教材相差无几，有的甚至完全重复，如 2017 年刘金同等人编写的《新编大学语文》中所选的李白的《蜀道难》和海明威的《老人与海》，2018 年周俊萍和朱明主编的《大学语文教程》中所选的庄子的《逍遥游》、柳永的《雨霖铃》、杜甫的《登高》、海明威的《老人与海》等，都与高中语文课本中的选文重复。这些教材没有根据高校语文教学的需要进行编排，而是对文学作品做简单的罗列，以至于被人们误解为"高四语文教材"。除此之外，大多数教材还存在着重古代轻现当代、重思想性轻审美性、重主流性轻非主流性等问题。这些问题在一定程度上影响了高校语文课程的教学质量和教学成效，同时也阻碍了高校语文课程价值的实现。

（二）教学方法不合理

教学方法使用的合理与否，直接影响着一门课程教学质量的高低。然而，由于受到传统教学模式的影响，我国大学教学中仍然存在着教学方法死板、僵化的问题。2016 年刘咏梅发表的《大学语文教学现状的再审视——由高校千份问卷调查引发的思考》[①]关于大学语文教学现状的问卷调查显示，对于现有的授课方式（主要是讲授法），13% 的学生认为"可以接受"，45% 的学生认为"死板、但已经习惯"，42% 的学生强烈要求改革。笔者在一些高校的学生论坛上看到了许多关于高校语文课的评论。大部分学生都表示对自己所选的高校语文课感到失望。有的学生反映高校语文课和小学语文没啥区别，并且表示自己并不是去补习语文的；有的学生认为高校语文教师讲课像在朗诵散文，枯燥乏味，不如回宿舍睡觉；还有的学生用幽默且含蓄的语言点评了高校语文课："高校语文课上得真爽，课上完了手机也没电了。"这些都是大学生们对当前高校语文课最真实的感受和评价，同

---

① 刘咏梅.大学语文教学现状的再审视——由高校千份问卷调查引发的思考［J］.大学时代，2006（09）：58-60.

时也反映出了高校语文教师教学方法上存在着严重的问题。中国人民大学校方表示，将高校语文课程由必修改为选修的原因就在于学生热情不高，多次课程测评的综合排名都是倒数第二位。这也从侧面反映出高校语文教师的教学并没有激发出学生学习的兴趣。现存的高校语文课程的教学方法主要有以下三种：第一种是串讲法，教师对文学作品的字、词、句、段，以及写作背景、艺术特点、思想感情等各个方面进行全面细致的讲解，这种方式与中学的教学方式几乎没有差别。教师满堂讲，学生低头记。虽然教师讲解的内容非常丰富，知识面也比较广，但是学生真正能学到的东西却少得可怜。第二种是文学史常识讲解法，教师将教学重点放在文学史常识的讲解上，而忽略了对作品本身的讲解。这种教法可以帮助学生加深对文学史常识的了解，但对作品本身的学习却是一知半解。第三种是面面俱到讲解法，这种方法不讲求实际，立志于要把高校语文教材中的作品都讲解给学生。然而，由于高校语文课程的课时较少，教师根本没有充足的时间将所有作品讲析给学生。这样教师为了实现目标，就对作品泛泛而谈，蜻蜓点水。对学生来说，这种讲法没有任何实际意义。

以上三种教法都有各自的弊端，而它们共同的缺点在于：过分强调了教师在教学过程中的作用，而忽略了学生的主体性；讲解内容局限于课本知识，缺乏与实际生活的联系；讲解过程枯燥乏味，教学方法缺乏创新。不合理的教学方法影响了教学成效，也阻碍了课程价值的实现。

（三）考核方式不科学

课程考核是教学活动中一个必不可少的环节，考核不仅可以检验教学效果，而且直接影响着教学内容和教学方法的选择。因此，考核要以体现教学目的为宗旨，引导整个教学活动步入正确的轨道。高校语文课程的教学目的是培养学生的阅读、写作、欣赏和表达等方面的能力，提高学生的文化修养和人文素质。因此，考核的内容与方式就应该以考查学生的以上几方面能力为主。

然而，由于受传统教学理念的影响，多年来我国大学中的课程考核仍以"一张考卷定乾坤"的方式进行，多数采用闭卷形式。这种情况也毫无疑问地发生在了高校语文课程的考试当中。很多学生都反映，高校语文课根本不用去，上课也不点名，最后去考考试就行。除此之外，一些学生还给想选高校语文课的师弟师妹们提出了建议，就是"最后一节课一定要去，你懂的"。有的学生还反映他们都是开卷考。考前准备好资料，考试的时候往卷子上抄一抄就行。有"热心"的学生还建议大家要选高校语文这门课，原因很简单：不用上课还能拿到学分，何乐而不为呢？这些真实存在的现象都让我们意识到了高校语文课程在考核方式上存在的弊端。目前的这种不科学的考核方式，就必然导致学生用"平时不用功，临考冲一冲"的心态来应付考试，不仅违背了高校语文课程的教学目的，而且还影响了高校语文课程价值的实现。

第五章
核心素养背景下高校语文阅读教学

第一节　高校语文阅读教学的性质

一、语文阅读的智力价值

（一）阅读有利于提高学生记忆能力

　　人脑中对已有经验的保持及重现的过程便是记忆，影响人们记忆能力的因素较复杂，对于语言阅读学习来讲，学习强度和记忆技巧等都将对记忆能力产生影响。学习程度指的是在学习阶段正确反应能到达的程度。艾宾浩斯遗忘曲线相关实验数据表明：100% 的学习程度，对应遗忘程度为 35.2%；150% 的学习程度，对应遗忘程度为 18%；当学习程度超出 150% 时，记忆效果将随之下降。从记忆内容角度出发，通常将记忆分为情境记忆、形象记忆、情绪记忆及动作记忆等。其中形象记忆和人们思维能力联系较紧密，形象思维较强的人，记忆能力通常较强，在知觉的促动作用下，使得人们生成形象记忆。知觉整体形式的生成与知觉者审美经验和知识经验等有密切联系，因此，可以说通过提高审美经验，丰富知识经验，有利于知觉形式的形成，进而起到引起形象记忆的促动作用。而阅读主要价值便是积累审美经验，在进行语文阅读学习的过程中，实现知识经验的积累以及审美经验的提升，进而提高人们记忆能力，是语文阅读智力价值的主要体现。随着语文阅读实践的开展，人们知识经验不断积累，他们对客观事物的抽象性及整体性的把握能力随之加强，从而促使人的思维更加严密。在实际进行语文阅读教学时，应从学生记忆能力及思维能力这两方面着手进行培养，以提高学生整体语文素养。

（二）阅读有助于开发人的潜能

　　语文阅读的学习还能起到开发人的潜能这一作用，智力的形成同时受到遗传因素和后天行为的影响，需要通过增加自身知识经验，来形成较高智力。而阅读便是改变人们智力的开始，阅读过程中相关的联想、思维等活动能提高人对知识的敏感度，并且在阅读时需要保持注意力集中，能促使人们眼睛明亮，进一步打开心灵窗口，使得学生在阅读过程中达到耳聪目明的学习效果，并逐渐实现内在潜能的开发。读者在实际阅读过程中，需要通过识别文字符号来获取知识信息，用心感悟文本世界并结合主观意识，这有利于审美体验的形成，读者可根据文本主体框架，建立联想触点来构筑联想视域，达到自身情感境界的升华。正是由于阅读的同时树立审美意识，并在原有阅读内容基础上进行延伸和建构，才使得学生拥有较强创造力。另外，长期进行文本阅读，有利于磨炼学生思维力、想象力和联想力，对学生良好发展有促进作用。学生可根据自身需求选择感兴趣的读物，达到自身思维意识和阅读内容的融合，真正发挥语文阅读在挖掘学生潜能方面的积极作用。

二、语文阅读的基本特点

（一）阅读教学目标取向

从语文学科综合性特点分析，阅读教学的目标是认识字、积累词、扩大知识面、了解人生世相、培养能力、开发智力、教给方法、学会发展、陶冶情操、形成正确的价值观，最终培养良好的阅读习惯，在阅读中解放和发展自己。而在具体教学过程中，即在对高校语文阅读教学特点进行具体分析时，可从阅读教学目标指向加以讨论，可发现教学目标逐渐由注重知识的传授转变为重视学生阅读能力的培养。传统的语文教学活动更看重为学生讲解教材内容，通过背诵掌握语文知识，这种教学模式对提高学生阅读技能的意义不大。而随着语文教学改革的深入，语文阅读教学目标已经转变为重视学生语文素养及语文能力的培养，以发挥语文阅读教学在学生全面发展上的积极作用。现阶段，语文阅读教学活动的开展主要以培养学生能力、传授基础知识以及发展智力等目标为主，追求语文知识内化为学生的语文能力，并注重训练方法的科学化与程序化。在素质教育充分落实到语文教学课堂的背景下，教师应及时转变教学观念，确保阅读教学在正确教学目标的引导下高效开展，进而促进学生语文能力的提升。因此，可以说教学目标向学生能力培养上的转变，是现阶段阅读教学特点的体现，需要在对这一特点有充分认识的基础上，合理设定教学内容及教学方案等。

（二）阅读教学内容取向

语文阅读教学的特点还体现在阅读教学内容逐渐由以课堂为中心转变为加强与社会生活之间的联系这一方面。传统的语文阅读教学通常是以课堂为核心展开的，教学活动开展重点在于提高阅读教学效率上，但是随着阅读教学改革进程的加快，语文阅读教学逐渐突破了原来阅读教学课堂的局限性，并认识到阅读教学应与实际生活联系起来。语文教学内容与生活有紧密联系，大多语文教学内容是通过实际生活得到的，并在与生活联系后实现知识的延伸。因此，在进行语文知识学习时，应通过接触广阔的学校生活以及社会生活，来实现教学效果的提升。目前，加强语文教学和生活实际间的联系已经成为语文教学领域重点研究内容之一，并且阅读教学逐渐朝着生活化方向发展，要求教师在明确语文知识来源于生活这一理论的基础上，有意识地将社会生活信息融入阅读教学中，以便丰富教学内容，促使阅读教学成为提高学生语文素养的重要途径。具体来说，语文阅读教学内容朝着与生活化紧密联系的方向发展，意味着语文阅读教学更加注重对学生知识运用能力的培养，是语文阅读教学重要特点之一，对促进语文教学事业发展有重要意义。

三、高校语文阅读教学的基本任务

（一）经典文本阅读教学任务

经典文本阅读教学，主要是为了培养学生审美情趣及提高学生人文精神等。在知识信息不断增加的时代背景下，需要语文阅读教学能起到培养学生审美情趣的作用，进而促进学生良好发展。审美需求是大学生会自觉追求的内容，要在掌握学生心理需求的基础上，为其提供情绪宣泄出口，发挥语文阅读在健全学生人格方面的功能。经典文本阅读教学可通过塑造优秀的艺术形象及意象世界，来带给人们艺术体验。在阅读教学营造的环境下，促使学生能发挥想象力，在精神层面上感到放松和自由，是经典文本教学应达到的教学目的。另外，开展经典文本阅读教学，还有利于提高学生人文精神。个人智力发展程度与其性格有紧密联系，而经典文本一定程度规范着人类思维，具有道德约束作用，并能在阅读实践的过程中，帮助读者养成良好行为习惯。阅读文本中的文化信息、历史学及哲学等价值判断，可提高读者人生境界，使其形成正确的人生观。因此，在进行语文阅读教学时，应明确阅读教学在培养学生人格和规范学生行为等方面的积极作用，进而得到理想的教学效果。

（二）媒体文本阅读教学任务

在进行媒体文本阅读教学时，应能完成满足学生阅读过程中休闲娱乐体验的任务。媒体文本具有信息丰富、互动性强等特点，能解决读者心理困惑，是媒体文本能够广泛传播的关键。阅读文本中传统元素与现代元素的融合，展现出较大自由度，为读者创新思维的运用提供了空间，有利于学生个性化发展。特别是媒体文本在多媒体课件上展示出来，将呈现出多层含义，更加直观和形象地传达文本内容。例如，在观看网络视频时，可在音乐、文字、画面等多种元素的共同作用下，使读者感受观看的喜悦。多种媒体组合起来，随意切换风景图像，能为读者营造良好的阅读环境，同时媒体文本在不同媒体上的自由切换，能促使读者成为控制文本的阅读者，真正发挥阅读在放松人们身心方面的作用。另外，媒体文本阅读教学活动的开展，还可加强对学生乐观、阳光等个性素养的培养。媒体文本传达出的时代化理念，引导读者关注现阶段社会热点问题。媒体文本阅读行为可在互联网环境下进行，体现出互动性特点，使得媒体文本内容能被读者深入挖掘，使媒体文本获得生成价值。大学生通常偏好体现时代特征的阅读内容，媒体文本阅读能有效满足学生阅读需求，并加大对他们个性素养的培养，进而完成高校语文阅读教学目标。

第二节　高校语文阅读能力的基本结构

一、认知能力

认知能力是高校语文阅读能力结构体系中的主要组成部分，在进行语文阅读教学时，应注重对学生认知能力的培养，通过丰富认知策略，来达到培养认知能力的阅读教学目标。从心理学角度出发，阅读指的是读者将阅读材料中收集到的信息与其自身认知结构中的已有知识结合起来，生成某种意义的过程。较高的阅读能力离不开观念性理解、认知策略及自动化的技能等要素，其中观念性理解指的是阅读者应做到对阅读文本中涉及的字、词、句、语体及文体等知识内容的基本理解，属于陈述类知识；自动化技能则主要指阅读者在阅读过程中遇到的文体、语体等，对这些知识进行解码和翻译的技能；而认知策略指的是学生在阅读实践中自动形成的一种阅读技能和方法。从知识分类方面来看，认知策略和自动化技能可看作是程序性知识。通过以上阐述，我们可将语文阅读过程划分为四个过程，分别是解码过程、内容表面含义理解过程、推理过程以及理解监控过程。从认知心理学层面着手进行阅读能力的阐述，能帮助教师和学生明确阅读能力结构组成中认知能力的重要地位。丰富阅读教学中的认知策略，能够加强对学生认知能力的培养，这是提高语文阅读教学效果的重要途径。在阅读理解过程中，阅读者要首先对语言信息有明确认知，进一步对阅读文本内在含义有所掌握。言语信息通常是通过图式表示出来的，存在于个体已有的认知结构中，需要阅读者凭借自身知识积累，来对阅读文本表达的信息有初步掌握。

图式就是指以某一特定主题为核心，建立起相关知识表征及存储的方式，利用图式简化知识学习难度。通常来讲，学习者自身图式结构的构建程度能反映出其阅读能力强弱。学习者需要在不断地阅读实践中丰富图式结构，进一步提升其认知能力。图式中不仅包括概念及命题的网络结构，还包含解决问题的方法及过程的程序性知识，主要起到梳理知识、连接各知识点的作用，进而形成知识网络，这种情况下生成的认知图示便被称作记忆。在语文阅读过程中形成的图式属于一种知识体系，将阅读阶段涉及的各类知识结合起来，这些知识彼此作用，共同组成有机的结构体系，在之后的阅读实践中不断丰富，并成为阅读理解的工具。高校语文阅读中需要用到的图式结构包括场景图式、形象图式和语言图式等，需要明确图式在学生理解文本内容上的重要作用，并引导学生注重自身图式的构筑，进一步提高他们的认知能力。在阅读文章前，可借助图式使得阅读者对文章内容有初步了解，并通过推理、搜索等，加深对文章细节内容的了解。总的来讲，图式构筑是一项重要的认知策略，需要在充分利用图式作用的条件下，加大对文章内容的掌握。例如，教师在开展语文阅读教学时，将以丰富学生语言信息的图式体系为主要教学目标，从多个角度引导学生探索文章内容，并在这个过程中实现学生自身的图式结构的完善建设。包括使学生更多接触社会生活，使他们在阅读时能融入自身生活经验，体会文章内在情感；另外，还可以引导学生开展课外阅读，促使他们的图式结构和阅读经验更加丰富；同时，在学生已经具备一定图式结构的基础上，要求他们做到各类图式的整合分类，以便在阅读过程中快速实现阅读文本信息和图式结构的结合，是提高学生认知能力的有效途径。

二、思辨能力

进行高校语文阅读教学的重要意义在于培养学生的思辨能力，通过组织思辨性阅读教学活动，提高学生个体发展价值，在向学生传授阅读知识与技能的同时，提高他们的思维能力和反思意识，从而促使学生具备较高的语文素养。教学首要任务为使学生掌握必要的文化知识，在阅读教学课堂上培养学生思辨能力便是一个知识传授的过程。不仅包括教材本身的语文知识，更是在这个基础上体现出传统文化精神、阅读技巧以及思维方式等内容，进一步激发学生的语文阅读学习兴趣，为他们的未来发展奠定基础。因此，要想充分发挥语文阅读教学在提高学生思辨能力上的积极作用，需要确保学生在教学活动开展过程中获取有利于其核心素养形成的知识，进而在知识不断积累的基础上，促进学生思维的良好发展。丰富的知识体系是学生思维不断发展的基础，需要通过注重知识的全面讲解，来达到学生朝着高层次发展的教学目标，真正实现学生思辨能力的形成。另外，高校语文阅读教学在学生思辨能力提升上的重要意义，还体现在提高学生理性思维能力这一方面，对于语文阅读来讲，在深入探析阅读文本内涵的过程中，通常需要阅读者凭借自身理性思维，做到对阅读文章的充分了解。因此，可以认为学生进行语文阅读的过程就是思辨能力提升的过程，在思辨性阅读教学有序开展的条件下，能保证学生自觉运用辩证思维来了解文章内容。

理性要求学生自主分析和思考阅读文本，并在理智状态下将自身想法及观点准确表达出来，而理性思维则是指依据事实实际说话的一种思维方式，通过严密的推理得出相关结论。思辨能力主要强调学生这种自主思考的能力，可通过阅读教学为学生发展提供有效途径。心理学领域相关知识表明，大学生思维发展主要是抽象逻辑的完善，在一系列行为作用下，不断深化学生自我意识，相较于之前的阅读学习活动已经发生了实质上的改变。从这一角度出发，教师在组织语文阅读教学活动时，应避免过于注重对文章情感渲染的分析，而应以发展学生理性思维为主，合理选择教学关键点，通过设计有利于学生思辨能力提升的教学内容，真正促进学生思辨能力的提升，以便为学生终身学习奠定基础。通过思辨性语文阅读教学的开展，来引导学生利用理性思维能力学习相关知识，并在阅读教学过程中，帮助学生养成独立思考的习惯，学生能结合自身风格得出结论。总的来讲，在培养学生阅读技能时，要注重学生思辨能力在阅读能力体系中的重要地位，通过设计满足学生思辨能力提升需求的教学内容及教学方法等，可进一步促使学生从理性思维角度出发进行阅读知识与技能的学习。

三、鉴赏能力

高校语文阅读教学应将培养学生独立阅读能力作为重要教学目标，同时发展学生感受及理解能力。在实际教学过程中，教师应凭借自身的文本解读能力，对文本进行推敲并总结文章传达的信息，进而有针对性地提高学生文本感悟能力。因此，要想提升学生的文本鉴赏能力，需要首先强化教师文本解读能力，确保教师在备课环节做到对文本的充分掌握，从而获取理想的教学效果。例如，教师应有意识地引导学生进行高质量阅读，并通过不断增加阅读强度，来达到提高学生阅读理解能力的目的。教师可针对学生特点，为其推荐感兴趣的阅读文本等，确保学生阅读鉴赏能力的提高是循序渐进的。如对于散文类文章来讲，主要特征是形散神不散，而记叙文通常采取夹叙夹议的叙事手法，这种固定思维容易限制学生阅读能力的提高，因此，教师应帮助学生在了解阅读语言信息时从文本实际出发，运用已有经验合理分析文章内容，以免走进理解误区。

另外，为了加大对学生鉴赏能力的培养，还应注重对文章独特写作技巧及风格的剖析讲解，在对文章内容有全面把握的条件下，具体分析文本精髓，不仅能激发学生阅读兴趣，还能促使学生阅读鉴赏能力的提高。总的来说，对学生鉴赏能力的培养，是大学语言阅读教学的主要任务，学生鉴赏能力的高度将直接影响学生对文章的掌握程度，只有在确保学生具备一定鉴赏能力的基础上，才能提高他们的语文素养。在实际阅读教学时，教师应明确文本主题和核心，进一步深入探讨文本信息。通过确定阅读教学重点，有利于提高教学质量及效率，通过对比分析教材内各词句特点，帮助学生深入了解文本内容。通过上述阅读教学措施的实行，帮助学生在阅读过程中做到对文本信息及文章整体情感基调的掌握，即提高学生文本鉴赏能力。由于鉴赏能力是语文阅读能力结构体系中的重要组成部分之一，因此，有必要将这一能力的培养作为教学重点，并在具体分析某一文章的过程中，使学生掌握文本鉴赏技巧，通过字词句提供的信息，深入剖析文章阅读价值。

四、创造能力

语文阅读能力体系中还包括创造能力，需要通过引导科学训练，来达到提升学生创新能力的目的。阅读理解最终目的在于创新运用，能根据自身的阅读经验，在之后的阅读过程中对文章有创新看法。为了提高这一阅读能力，应合理设计科学的训练内容，以便培养学生掌握多种认知策略，使他们能在合理运用认知策略的情况下，保证对文本信息有明确掌握。认知策略通常被看作是一种自我调控技能，包括相应的阅读操作步骤。阅读认知策略指的是阅读过程中使用的各种阅读技巧和方法，并在阅读者不断进行阅读实践后形成相应的认知结构，主要包括组织策略、复述策略和精细加工策略等，同时还包括阅读计划策略和元认知策略等。在语文阅读教学过程中，要求教师注重训练学生的阅读认知策略，将阅读规则和步骤等方面知识呈现给学生，通过利用科学的训练方法，促使学生能根据各类阅读规则进行实践训练，从而提高学生在阅读过程中的自动化程度，使其内化成学生自身的阅读技能。在学生掌握基础阅读技巧的基础上，还需要加大对学生创新思维的培养。语文阅读效果提升的关键在于，能针对已有的文章体系，挖掘内在价值，通过创新思维在阅读时的运用，能一定程度丰富学生阅读能力结构，为他们阅读行为的有序开展奠定基础条件。因此，我们认为创造能力是学生进行语文阅读时需要具备的主要能力之一，为文章赋予了新的价值，是提升学生语文阅读技能的关键。

在阅读实践过程中，要保证学生体会作品自身的艺术形象，引导学生对作品主题思想以及构思特点等有所掌握，并且教师应在阅读教学中，结合阅读文本特点，使学生注重某类阅读文本的积累，在重复练习的情况下，促进学生大脑发展，并有意识地在阅读时运用创新思维。通常来讲，在欣赏阅读文本时，需要对文章的写作技巧及写作风格等进行深入探析，对于创造能力较强的学生而言，能达到对文本信息的深入挖掘，并在自身创新意识与阅读文章有效融合的情况下，达到较好的阅读理解效果。同时教师要适当改变以单方传授知识为主的教学方式，应通过多种方式配合使用，探索出提倡自主及合作的学习模式，尊重学生对阅读文本的多元化解读，进而培养学生在阅读时的反思和创新等能力。另外，要将语文阅读教学的主要目标设定为全面提高学生语文素养，确保学生各项阅读能力的和谐发展，不仅要发挥阅读教学在充实学生知识体系上的积极作用，还注重阅读方法和技巧的讲解，在上述多个要素有机结合的条件下，才能真正培养学生的阅读创造能力。

第三节　高校语文阅读教学的基本方法

一、泛读、精读与研读

在进行高校语文阅读教学时，普遍采取泛读、精读和研读的教学方法，能保证学生有效掌握语文阅读知识。为了充分发挥这一教学方法在提高教学质量上的积极作用，需要确保学生详细阅读文本，并初步把握整体文意。阅读教学中运用的文本细读方法指的是教师将自身解读关键点转变为学生学习重点，引导学生在以文本为主的基础上，揣摩字词句，将文字与画面结合起来，建立起与文本相应的场景，可降低学生阅读理解难度，并促使学生与文本内容产生共鸣，为之后的阅读学习奠定基础。通过构建相应的场景，可激活学生阅读实践积累和生活经验，引领学生感悟文本深层内涵和内在情感。因此，在实际教学过程中，要注重学生对文本内容的全面了解，以便保证泛读、精读和研读的教学方法落实在阅读教学过程中。学生是阅读学习的主体，他们与文本的接触程度对整个阅读教学效果有直接影响，当学生没有对文本形成整体印象，还不能明确掌握文本重点内容时，要求学生针对文本中的语言信息进行反复咀嚼，以免造成学生对文本内容体会不深。为了确定预期阅读教学效果，需要实施文本泛读、精读、研读的教学方法，教师引导学生做到对文本信息的全面掌握，并明确文意。这是阅读教学的根本要求，只有按照文本泛读、精读、研读的顺序进行阅读学习，才能深入感悟词句含义。

学生在没有全面阅读文本的情况下进行阅读学习，将导致所有的感悟在缺少文本支撑的状况下成为泛泛之谈。要求学生做到对文本内容的初步掌握，是避免阅读教学课堂无中心扩展和无效讨论的关键，进而促使高校语文阅读教学高效开展。学生在进行文本阅读时，不能完全依靠课堂完成，还需要在课余时间完成文本泛读等环节，并在多次阅读的过程中，加深学生对文本内涵的了解。实际教学时，不仅需要保证学生对阅读文本信息的充分掌握，还要保证细读过程的高效性。例如，高校语文阅读教学中普遍使用泛读、精读、研读的教学方法，教师将根据课堂教学内容，为学生布置相应的课前预习任务，使得学生在课前完成泛读文本和精读文本等学习环节，以便节省课堂教学时间。在正式进行语文阅读教学时，教师可直接要求学生根据自学成果，挑选出具有探讨价值的词语和句子等，能有效提高阅读教学效率。在研读文本阶段，要求学生能深入挖掘文本内涵，在对文本表层含义有所把握的基础上，再次针对品味语言来对文本内在含义加以了解，这是阅读教学最终目标。通过采取上述教学方法，能帮助学生掌握一定量的阅读知识，并将其转换成自己的阅读技能，是应用效果显著的教学方法之一。

不过，这里所谓的泛读、精读、研读教学法不仅仅局限于教材范围内的阅读，还可以延伸到课外，那就是打破常规，扩大视野，善于反思的阅读。针对教学内容，尽可能广泛阅读相关内容的文本，可以通过新媒体获取海量信息。在此基础上根据自身承受力和个人愿景需要，有选择地详细阅读，做到目标明确，切实有用。再就是阅读要带有批判思维，不仅要了解文本写了什么，为什么这样写，还要反思这样写会给人类带来哪些启迪和文本的不足等，只有带着问题读，才能跳出文本的约束，产生阅读增值效应。

二、常规教学法

高校语文阅读教学中常见的教学方法包括情境教学法和个性化阅读教学策略等，通过合理选择教学方法，能为教学效果的提升提供有利条件。首先，对于情境教学法来讲，就是根据实际教学内容来搭设相应的教学情境，从而为学生营造适宜的阅读环境，激发学生阅读兴趣。在适当的教学情境中，有利于感染学生心境，帮助学生更快进入文本，全身心投入阅读过程，学生在这种情境下的感受是最真实的，这样可以促使学生对文本内涵有正确认识。实际运用情境教学法时，可通过教学情境的多样化预设，为教学质量的提高提供有效手段。例如，教师可在基于教材内容的前提下，设计相关的问题情境，这时可引导学生带着问题进行文本阅读，并感知文本，在学生确定阅读任务的情况下，能有效提高学生阅读的针对性，使得他们能有目的性地收集相关文本信息，促使阅读实践过程的高效进行。在设计问题时，教师可根据某一人物特点或文本中关键词句的运用目的等内容进行问题的细化设置，以便提高学生自主学习质量，有利于学生阅读技能的提升，推动学生的个性化发展。

除了情境预设法外，在语文阅读实践中还会采取个性化的教学策略，指的是根据学生个性特点，制定对应的教学内容以及教学方案等，进而确保教学方法在阅读教学课堂上的有效落实。为了保证个性化教学策略在阅读教学中的有效应用，要做到教学内容的选择能满足学生阅读需求。学生自己的认知水平、学习能力以及个性特点等存在明显差异，这就表明学生学习需求是不同的，对于大学生，要在保证教学内容体现一定深度的同时，突出教学内容的差异性。例如，对于思维较活跃的学生来讲，除了为他们提供基础教学内容外，还要结合其他课外阅读内容共同讲解，确保阅读教学活动的开展，有助于学生阅读技能朝着高层次发展，尤其应注重教学内容的选择，能起到培养学生语言表达能力及文本感悟能力的作用，以便发挥教材在阅读教学开展的基础作用。教师应重视选择阅读文本中能提升学生语文素养的教学内容，不仅加大对学生知识体系完善构建的重视，还要注重对学生精神境界的提升，通过采取个性化教学策略，可为语文阅读教学的良好发展注入活力，进一步为学生的未来发展奠定基础。

三、创新教学法

阅读教学方法的选择对阅读教学效果有直接影响，教师通过选择适当的教学方法，能在实际教学过程中引导学生在阅读文本的同时，获取相关阅读知识，并提高阅读能力，形成阅读思维，是培养学生语文素养的重要策略。传统教学方法包括提问法、教授法和朗读法等，这些教学方法在阅读教学中的使用具有一定优势，但还存在一些不足。因此，我们应该在吸取传统教学方法优点的基础上，提出新的教学方法。对话式阅读教学方法便是随着语文教学改革而出现的一种教学方法，在目前的语文阅读教学中被广泛应用，这一教学方法主要是将对话作为阅读教学的基础，从对话角度出发来设计一系列教学活动，并在对话过程中丰富学生思维经验。从某种角度来说，教学活动本身便是一种对话活动，在阅读教学时，构建起教师与学生、学生与阅读文本以及教师与阅读文本之间的对话关系，并坚持学生在课堂教学中的主体地位，可确保阅读教学活动的顺利开展。

从学生与教师之间的对话来看，在进行文本阅读时，通常将学生看作是教学活动主体，而教师则是教学活动发起者以及活动开展的促进者，因此，要及时改变单方面传授的教学方式，需要通过对话式教学方法在阅读教学中的实施，加深教师对学生特点的掌握，以便提高教学内容和教学方法的针对性。教学内容的合理选择，有利于促使学生体会阅读乐趣，从而满足语文教学改革要求，在提高教学质量方面有重要意义。另外，还可运用体验式教学方法。高校语文阅读教学主要任务为注重对学生人文精神及综合素养的培养，在学生切实感悟作品魅力的情况下，使学生将语文知识转化为其内在精神品质。因此，高校语文阅读教学应注重学生对文章作品的感悟体验，通过选用体验式教学策略，帮助学生掌握作品内涵，并在与作品互动的过程中，激发学生阅读兴趣。体验教学法指的是教师在明确教学目标的条件下，设计相应的教学氛围，引起学生情感认同和情感体验，进一步实现阅读教学目标。高校语文阅读教学，普遍使用体验式教学法，强调学生在阅读过程中的情感体验以及阅读行为自主性。为了确保这一方法在实际教学中的有效应用，需要教师根据教学需求设置阅读氛围，同时要求学生积极融入教学实践中，以便感受文本内在文化气息。总的来讲，多种阅读教学方法的运用，能保证语文阅读教学取得良好效果，语文阅读教学课堂中教学氛围的营造，是提高学生在课堂活动中参与程度的有效措施，有助于强化教学效果。

教无定法，有道可循。高校语文教学法随着时代的进步和媒体技术的更新越来越与传统教学法相去渐远，随之而来的是各种新教学法不断涌现，呈现出良莠不齐的现象。截至目前，还没有哪一种教学法是万能的，这是因为教育因素的复杂性客观决定了方法选定的难度。只有针对不同教育对象、不同地域文化背景与不同执教人员的素养风格以及不同教学内容设计教学法，才可能收到事半功倍的效果。无论选择什么样的教学方法，也无论怎样变化，语文学科性质与培养人才目标始终是融为一体的，只有在这两种决定因素中找到契合点才是科学的选择。所以科学有效的高校语文教育教学方式方法的探索是一项艰辛的工作，任重而道远。

第四节 高校语文阅读教学的运用

一、诗歌阅读教学

（一）高校语文诗歌阅读教学的重要意义

诗歌阅读教学是高校语文阅读教学的内容之一，在进行诗歌阅读教学的过程中，主要对诗歌内容以及其中展现的人生态度和作者品质等进行分析，从而引导学生树立正确的人生观及价值观。高校语文诗歌阅读教学对学生未来发展有重要的促进作用，诗歌阅读教学的开展有助于学生心理健康成长，促进学生想象力的发展，进一步帮助学生构建健全人格。古典诗歌是重要的阅读教学素材之一，其中包含的人生哲理及思想情感等，在促进学生形成乐观向上的生活态度以及高尚品质等方面有较大帮助。另外，诗歌中呈现出的人物形象，会一定程度影响大学生心理的成长。例如，苏轼的《定风波》、陶渊明的《归园田居》等，这些作品中都展现出作者的人生态度，以及对美好生活的向往，能在学生自身人格构筑上起到积极作用。教师在进行高校语文诗歌阅读教学时，应充分尊重学生的审美体验，引导学生真正融入古典诗歌中，思考作品中的人生智慧，以便在深入剖析诗歌内容及思想情感的过程中掌握诗歌创作技巧，在实践中形成自己的诗歌创作风格，这有助于学生写作能力整体提升。高校语文阅读教学，主要任务在于对学生审美能力以及想象力和创造力的培养，而诗歌阅读教学的开展，可为学生想象力的发展及运用提供广阔空间，进而满足学生发展要求。另外，高校语文阅读教学中的诗歌阅读教学，还可促使学生积累丰富知识，提高他们的审美能力，使得诗歌阅读教学在传授传统文化知识的基础上，注重学生知识运用、探究以及审美能力的培养，进而实现学生的全面发展。教师在引领学生感悟诗歌包含的情感这一过程中，将极大程度锻炼学生审美思维，因此，可以说语文诗歌阅读教学是高校语文阅读教学过程中需要重点开展的教学内容之一，可以提升学生的语文素养。

（二）提高诗歌阅读教学效果的有效措施

要想达到理想的高校语文诗歌阅读教学效果，则需要采取相应的教学策略，在教学策略有效实施的条件下，确保诗歌阅读教学满足学生发展需求。首先，需要确保诗歌阅读教学内容的选择符合学生个性化发展要求，不同个体对同一事物的感官体验存在差异，这就要求教师注重学生心理特点，确保诗歌的选择能引起学生共鸣，在尊重学生个性化发展的前提下，帮助学生明确自己适合的诗歌类型，提高学生诗歌创作能力。实际教学中，教师应及时改变单方面传授知识的做法，避免向学生灌输自己对诗歌的感悟，导致学生审美体验出现偏差。教师应更多注重学生在课堂上的主体地位，鼓励他们参与到审美活动中，通过组织学生参与合作学习、自主学习等，提高学生在诗歌学习上的主动性，这样不仅有利于完善学生诗歌知识体系，还可激发他们的诗歌学习兴趣。同时，教师应做到充分把握学生不同阶段的诗歌解读特点。大学生接触到的诗歌内容已经有一定的难度，这种情况下，教师应适当调整诗歌内容的重难点，通过将教学目标设定为循序渐进地提升学生审美能力以及诗歌创作技能，从而在教学目标引导下，有效实施个性化教学策略，确保诗歌阅读教学活动的高效开展。另外，为了提高诗歌阅读教学质量，还需要确保审美内容的多元化，例如，教师在指导学生学习诗歌知识时，可指导学生有感情地吟诵诗歌，加深他们对诗歌音乐美的感受，在吟诵诗歌的过程中，应确保学生真正投入诗境中，把握诗歌情感。在诗歌吟诵过程中，要求学生能利用自身想象力，构建出诗歌意境，以便获得审美体验。

我国现代诗人、文学评论家何其芳曾说："诗是一种最集中地反映社会生活的文学样式，它饱含着丰富的想象和感情，常常以直接抒情的方式来表现，而且在精炼与和谐的程度上，特别是在节奏的鲜明上，它的语言有别于散文的语言。"①这个定义性的说明，概括了诗歌的四大特点：一是高度集中、概括地反映生活；二是抒情言志，饱含丰富的思想感情；三是丰富的想象、联想和幻想；四是语言具有音乐美。因此诗歌阅读教学还要突出诗歌本身的特质。我国是诗歌的王国，从第一部诗歌总集《诗经》开始，到楚辞、汉赋、魏晋风骨、唐诗宋词、散曲等古代诗歌直至近现代诗歌，构成了诗歌的长河，滔滔不绝，汹涌澎湃，取之不竭，用之不尽，为学习者提供了广泛而深厚的学习资源与精神沃土，也为高校语文创新教育提供了广阔的探索空间，其学科优势无与伦比，创新教学永远在路上。

---

① 转引自：苏列培.诗歌教学与中学生想象力的培养［J］.考试周刊，2010（33）：48.

二、散文阅读教学

（一）大学散文阅读教学审美困境

高校语文阅读教学相对于单纯的散文文章阅读来讲有着明显区别，但是部分教师没有明确认识散文阅读教学对学生审美能力的影响，在实际教学中还存在教学方法选择不合理的问题。现阶段高校语文散文阅读教学主要问题为审美概念存在缺陷，导致审美内容对立。现阶段，阅读教学课堂大多数由学生通过阅读直接获得审美体验，教师在课堂上无法发挥主导作用，不能引领学生深入感受散文阅读中的审美价值，容易导致学生对阅读的理解过于表面化。并且由于教学模式的固定化，容易限制学生审美思维的发展，无法保证学生对散文中的美感有明确认识。另外，目前在进行语文散文美学价值分析时，由于审美标准的不明确，造成审美结果的不一致，大部分散文需要结合其创作背景，才能理解作者的创作思想。因此，在进行散文分析时，需要综合考虑散文创作背景、散文类型中包含的民族文化等多种因素，才能确保可以对散文阅读的审美价值做出合理分析。然而目前语文教师在分析散文创作背景方面投入大量精力，忽视了作者文化心理变化，以及有关审美发展史的分析，这就导致散文阅读审美探究不够充分。例如，在对沈从文的《边城》这一文章进行赏析时，如果单纯从自然美学的角度引导学生感受作品内涵，势必导致学生对文章的理解过于片面，作家沈从文始终坚守节制的审美观念，包括人与人交流时的节制，实际分析时要结合作者心理特点，来达到对作品社会属性的掌握。

（二）大学散文阅读教学效果提升的建议

为了突破高校语文散文阅读教学过程中的审美困境，需要从以下方面着手来提高散文阅读教学效果。首先，应重新构建审美内容。散文审美空间的打造并不在于降低教师的引导作用，道德审美以及情感审美等文化内容的输出，一定程度上可作为学生感受散文阅读美学体验的中介，并且审美内容可分为情感与非情感以及道德与非道德这两方面的对立，教师不仅要尊重学生的探索意识，还要丰富学生审美探索渠道，需要尽快打破教师为学生预设审美渠道这一教学困境。例如，在进行《听听那冷雨》这一散文审美分析教学时，大部分教师主要针对情感主题对散文进行分析，大多得到思乡之苦的情感辨析结果，但在文章细节上的感悟有所不足。因此，教师应引领学生加大对细节内容的美学分析，并通过将同类散文放在一起进行比较，促使学生对散文中的审美体验有所掌握。其次，需要重建审美标准。影响学生感悟散文阅读中美学体验的主要因素在于审美标准的缺失，为了解决这一问题，需要从作者性格特点、作品创作文化背景等角度出发，确保审美标准合理营建，为学生散文阅读分析奠定基础。通过上述措施的实行，能有效提高散文阅读教学质量，进而发挥散文阅读教学在提升学生审美能力方面的积极作用，并提升学生创作能力。再次，理清文章思路，体验真情实感。散文的形式是"散"的，但并不是天马行空，无所收束的，看似海阔天空、漫无边际的描写叙述，其思想感情的主线是统一的。教学中要梳理出作者的感情线索、时间线索和事件线索，体验作者在文章中寄托于人、事、物、景的感情倾向。比如在朱自清的《荷塘月色》阅读教学中，可从作者夜游的行踪变化以及景点的转换中探究作者情绪与思想变化的轨迹，以收到时效性教学效果。最后，注重主体意识的参与。教学中学生情感的投入与主体认知程度是教学成功与否的重要目标之一。散文阅读教学中要引导学生深入文本情景，通过与作者及其提供的人、事、物进行深层对话，与自己的情感体验碰出火花，从而形成自己独到而有意义的见解，这既是一种学习过程，一种对作品的深度认知与感悟，更是一次生命成长的体验。

三、小说阅读教学

（一）把握小说内涵

小说阅读教学实践开展过程中，需要针对环境进行分析，从而把握小说内涵。在小说作品中，作者为了塑造鲜明的小说人物形象，往往会通过描写人物语言、动作、心理等，来向人们展现特色鲜明的小说人物形象。上述描写内容之间存在紧密联系，不仅需要与小说故事情节完全融合，还要符合社会背景。小说中人物形象的形成，主要与小说环境有关，小说环境不仅能起到发展故事情节的作用，还能营造出相应的气氛。通常来讲，教师在进行小说阅读教学时，需要从自然环境以及社会环境等方面着手，加深对小说内在情感的探讨。以鲁迅先生的《祝福》为例，小说中描写了鲁迅先生阴暗的书房、人与人之间的冷漠等，进而营造出小说人物凄惨的生活环境，预示了悲剧势必会发生。通过深入分析小说内涵，可帮助学生掌握小说描写技巧和方法。通过环境分析，做到对小说中人物形象特点的全面探讨，进而为小说阅读教学的开展提供有效途径，为教学活动的顺利进行提供保障。总的来讲，对小说内涵的分析，是学生进行小说学习不可忽略的环节，同样是学生全面掌握小说阅读知识的关键。

（二）扩充小说外延

在把握小说内涵的同时，还需要进行小说内容的延伸，进一步深化小说主题。小说灵魂便是小说的主题，教师在分析小说时，需要从多个角度出发，对其主题进行分析讨论，详细分析作品中人物命运以及故事情节设置特点等。在对《祝福》这一小说进行分析时，不仅要从祥林嫂被压迫的命运这一角度进行分析，还要充分考虑祥林嫂善良的性格特点，进而在对比分析下，对黑暗的社会背景有所了解，进一步将小说主题升华到社会层面。又如鲁迅先生的著名小说《药》，需要从革命者在反抗封建社会做出的牺牲这一方面着手，进行小说主题的深入探讨，了解革命者与群众之间的关系，从而体会小说批判现实主义的写作思想。因此，教师在进行小说阅读教学时，需要以文本内容为基础，引导学生结合小说内容进行其内在思想的探索，并将创新思维运用在小说分析中，从多个层次着手对小说主题进行细致探讨。小说阅读教学，主要起到提升学生创造力以及思维能力的作用，是开展小说阅读教学实践活动希望实现的重要教学目标。小说阅读教学是高校语文阅读教学中的主要组成内容，要想通过小说阅读教学活动的组织来提高学生语文阅读能力，有必要在小说阅读教学最终目标的引导下，结合学生实际情况，引导他们充分掌握教学内容，通过深入探讨小说主题并把握小说外延，来为小说阅读教学高效进行加以保障。

（三）关注叙事技巧

常规小说阅读教学主要针对小说中的人物、事件、情节三要素进行分析归纳，往往关注的重点是小说写了什么，表达了什么样的主题，而很少研究小说采用的是什么样的叙事方式与叙事技巧，这样的教学模式很容易将小说的内容与形式割裂开来，最多是让学生知道小说讲的是一个关于人物或事件的故事，那么这个故事怎么讲，为什么这样讲却很少过问。殊不知小说最精彩最吸引人的地方在于叙事技巧。要深入理解小说的艺术魅力与文学价值，就得引导学生从叙事学角度对小说表达形式进行品读鉴赏。大学生对于小说的理解通常指向传统的现实主义，教师可根据课堂实际情况，列举出表达形式与传统现实主义小说迥然不同的现代主义或后现代主义作品，由此导出小说的"故事与叙事"的区别，从而帮助学生建立起现代叙事学的基本框架。简单了解小说故事和叙事的区别后，教师可从叙事角度、叙事时间和叙事结构三方面对现代小说叙事理论做简要介绍，其中叙事角度为教学重点。为避免纯理论知识讲解的枯燥与深奥，教师可进行简单易懂的实际例文分析，比如"马原体"小说，堪称小说叙事"革命"，重视叙事本身的形式实验，其叙事显得随意自然，完全没有传统小说的叙事秩序，故事之间没有任何逻辑关系。如《冈底斯的诱惑》讲述了探寻"野人"、观看"天葬""顿珠婚姻"三个互不相干的故事。马原在小说中陈列各种事件的写法，实际上就是一种对于生活现实本质的叙事还原。通过简单的实例分析，能让学生直观形象地了解叙事角度对小说表达的影响。同样的教学方法也可用在对叙事时间和叙事结构的阐述上。小说是虚构的真实，故事和叙事共同折射出作者的写作意图和审美内涵。高校语文的小说阅读教学，应首先构建现代叙事学的基础框架，才能让学生在随后的具体文本赏析中，形成从叙事学角度鉴赏小说的意识，比如：作者为什么从这个角度讲故事？换成其他角度讲述的话效果如何？作者为什么要采用这样的叙述顺序？小说结构安排的背后有怎样的用意？对这些问题的思考与探索，才是高校语文中小说阅读教学的创新之路。

（四）体验小说情景

高校语文教学，首先要明确学生的主体地位，学生不是知识的被动接受者，而是知识的研究者和创造者；而教师作为课程的组织者和指导者，应引导学生用自己的经验和情感去体悟作品，更多地发现作品的"不确定性"和"多重性"，可根据高校语文小说阅读教学的特点及学生的实际认知水平，通过实践教学，以角色扮演、问题研讨、情景模拟及比较教学等较适合小说的创新教学方法，以激发学生自主学习的兴趣。如《游园惊梦》中刻画人物的手法之一是自然而精准的人物对白描写，这也是白先勇小说的一个特点。在教授该课程时，可让学生分小组对不同场景进行演绎，并提出问题让学生思考：不同人物的对白分别有什么特点？映射出怎样的人物性格？通过角色扮演，扮演者和观看者都会对人物形成一个大概的印象，有些扮演者甚至会将自己的领悟在演绎过程中通过语气、动作体现出来，在此基础上，师生再一起来分析每个人的性格特点。其中，教师始终处于引导者的位置，每个人物的性格特点都应由学生自己分析，一个人的理解或许不够全面，但把多个人的回答汇总到一起，往往能形成一个比较正确而全面的形象。这时教师再做总结性的概括，比如同样是国民党上层的夫人，由于年龄、身份、经历的不同，她们所使用的语言也不一样，钱夫人温柔、婉转中透着些小心谨慎；窦夫人八面玲珑，同时又因自己正得势而自然流露出一些炫耀；蒋碧月则轻佻放荡；等等。在课堂教学开始阶段使用角色扮演法，可充分吸引学生注意力，调动学习的积极性。

问题教学法中的问题，可分为大问题和小问题，高校语文教学应注重大问题的研究。大的论题可提前布置，让学生在课前充分准备，再带至课堂上讨论；或教师在课堂上布置，交给学生课后自行研习，再提交成果。大问题的研习，关键在学生课余时间的自主学习，教师起指导、督促的作用。比如在了解了《游园惊梦》中主要人物的性格特点后，教师可从叙事学角度提出问题：这篇小说是以谁的视角在叙述？作者为什么要从这个角度讲述故事？换成其他人来讲述行不行？这些论题教师不必急着给出所谓的标准答案，可留给学生深入思考，甚至可以让学生尝试以其他人的视角来叙述这个故事，看看效果如何。在教学中，教师也应提出一些关于文本细节的难度适中的小问题，帮助学生加深对作品的理解，同时增强学生的自信心与阅读兴趣。如：文中有哪些场景环境描写？这些描写起到什么作用？钱夫人看到这些场景后有什么反应？作者这么写的意图在哪？通过课堂讨论，以学生分析为主，老师引导为辅，共同得出合理的答案。

高校语文教学中引导学生主动参与、亲身体验十分重要。比如学习《游园惊梦》的意识流手法时，可分组组织学生进行自由联想，相互交流意见，通过亲身体验，学生能更直观地理解意识流的特征：意识流是一种自由联想，它随着人的意识流动到哪里就是哪里，比如看到火车，会想到西藏或其他任何地方，或是任何相关的其他事物；但意识流又并不是无联系的意识碎片，从一个联想到另一个联想之间，必然暗含了一点联系，正是这些联系形成了意识的"流"动。在了解意识流的基本概念后，教师可接着详细介绍意识流作为一种小说流派的特点，而后请学生思考：《游园惊梦》中的意识流与西方意识流小说有何不同？作者为什么要采用意识流的手法？有什么好处？时间充裕的情况下可组织课堂讨论，亦可布置为练习题，留给学生课后研究。

四、戏剧阅读教学

（一）戏剧阅读教学开展的意义

开展戏剧阅读教学有利于提高学生创作能力、理解思维能力以及表达能力等。戏剧阅读教学作为高校语文学科主要教学内容之一，在学生语文素养提高上有不可忽视的作用。在对戏剧阅读教学开展意义进行分析时，需要注意的是，戏剧阅读教学不是要学生学会表演，而是体验戏剧中尖锐的矛盾冲突体现的社会意义以及高超的艺术形式，从而实现对传统文化的传承与传播。同时，在教学过程中加深学生对传统优秀文化的了解，有利于在文化熏陶下促使学生形成优质品格，塑造学生良好形象。戏剧阅读教学对学生来讲有较强吸引力，主要是由戏剧阅读教学内容的多样化，以及丰富的教学手段决定的。教师可通过组织相应的戏剧表演活动，要求学生扮演文本中某一特定角色，并在相应的情景下进行对话，从而在轻松的氛围下，掌握戏剧阅读知识，有利于促进学生心理成长，并帮助他们对语文阅读教学本质有更好的认识，使学生自觉参与到阅读教学实践中，并在戏剧阅读教学有序开展的条件下，全面培养学生多方面能力。

（二）戏剧阅读教学实施策略的分析

通常运用在戏剧阅读教学中的策略包括阅读介绍和拓展延伸等，其中阅读在语文教学实践中有着普遍意义，在阅读文本的过程中，能调动学生多个器官的协调作用，促使学生深刻理解并感悟作品内涵，与作者在思想层面上达成共鸣，进而丰富学生感情，培养他们的语文素养。阅读在戏剧教学上同样是重要的教学环节，戏剧的表现形式主要包括文字和舞台表演两类，在研究戏剧时，不能忽视其文学性特点，需要在对戏剧文本有充分理解的前提下，演绎戏剧中的人物形象并达到预期表演效果。阅读戏剧文本是演出的前提条件，为了确保文本细节内容的完整呈现，要采取文本精读的方式，紧抓戏剧文本特征进行情感的分析，以便凸显戏剧艺术魅力。例如，教师在讲解戏剧文本时，要求学生针对其中某一场景进行细致阐述，利用自己的语言将戏剧文本信息表达出来，深入体会其中蕴含的情感等，在精读戏剧文本后，能为戏剧表演的顺利进行提供保障，并且促进戏剧阅读教学的高质量和高效率完成。因此，我们认为阅读介绍是重要的戏剧阅读教学策略之一，要做到将这一策略切实落实到戏剧阅读教学中。另外，戏剧阅读教学中还需要应用拓展延伸这一策略，旨在让学生以教材为主，探索更加宽广的戏剧世界，在实施这一策略时，教师应考虑到学生接触戏剧的机会较少，在一段时间学习后，他们对戏剧文本的认识还没有达到较深入的层次。因此，在鼓励学生欣赏戏剧作品时，要遵循由易至难、循序渐进的原则。例如，教师可将教材中编写的戏剧作品和其他优秀作品结合起来分析，促使学生对这些作品进行对比分析，在对不同戏剧的相似点有所掌握后，使学生初步掌握戏剧文本特点，为之后的戏剧知识学习提供基础条件，并在拓展延伸这一教学策略实行下，丰富学生戏剧知识。

第六章
核心素养背景下高校语文写作教学

第一节　高校语文写作教学的特征

高校语文课程中的写作教学跟独立大学写作课程有很大不同，独立大学写作课程具有系统的写作理论体系，课堂教学中虽然也有读写练习，但这种读或写是为了印证某种写作理论的举证。不少大学语文教材的编者把写作教学的理论或者几种实用文体的写作知识编在文选之后，自称把阅读和写作融为一体，但实际上不过是"编"在了一起而远非"融"为一体。高校语文中的写作教学并不系统地讲授写作理论，而是以学生的写作实践为主，表现为写作练习形式的三种结合，即写作和阅读结合、写作和实践结合、写作和专业结合。这是高校语文写作教学的三个突出特征。

一、写作和阅读相结合

人的写作能力不是单一的技术，而是由材料、动力和方法三个要素构成。它们主要来源于自然界、现实生活以及阅读。对于大学生来说，阅读是他们培养写作能力的重要来源，阅读能同时提供写作的材料、动力和方法，而且是以感性的方式提供并跟思想和精神结合在一起的。就是说，阅读是写作的源泉；没有阅读的写作难免是搜肠刮肚的尴尬。其实，这一层意思早有人认识到并清楚地表达出来，可惜的是在大学课程中常常被忽略或者人为地割裂开了。

苏轼曾说："劳于读书，逸于写作。"杜甫也说："读书破万卷，下笔如有神。"古人强调读书"三到"中的手到就是写，把自己读书的心得及时记下来。叶圣陶说："阅读是吸收，写作是倾吐，倾吐能否合乎法度，显然与吸收有密切的联系。"[①]阅读与写作如同人的呼吸：一个人不可能只呼不吸，也不可能只吸不呼；呼吸均匀生命才有活力。写作水平要提高，我们应当尽可能提高阅读水平、尽可能拓展阅读面。有了足够的阅读积累，写作时才能文思泉涌。径，也是建立在这个基础上的。但凡和文字打过几天交道的人都会有感觉：当我们读到好的作品、好的句子往往令我们赞叹不已，感到美妙无比，在我们的心里激荡起感情的涟漪，引起心灵的共鸣，产生一种也想倾诉和表达的愿望。

所以，阅读是培养写作能力最根本、最实际的途径，即使学习了半天写作的

---

① 转引自：胡大力.阅读与写作如何做到有效结合[J].中学语文，2018（18）：75-76.

规则很可能仍然无从下手。情感只能为情感所了解，写作也最好向阅读优秀的作品学习。人非生而知之，语言也一样，需要借鉴、模仿和创新。这里包含精神的和方法的两个方面的内容。阅读是一种主体的能动创造，阅读主体对文本的接受过程实质是一种再创造过程，读者可以从作品中获得知识，唤醒情感，催生能力。写作是一种精神创造，写作和阅读结合实际上是多种生活体验和思想认识的交流，是创造欲望的孕育和创造力的发展。写作可以从阅读中获取两种力量的支持。在语文教学中，我们既要重视对文章内涵的感悟理解、品析赏鉴，又要重视对文章修辞结构手法的学习掌握、创造运用；既要重视通过文章培养学生的人格精神，又要通过文章训练学生掌握写作技能。

高校语文写作教学和阅读结合，首先应在高校语文课程设置中把阅读和写作合并，真正做到融为一体。语文教学阅读、写作不能分家，应是互为本位、相互促进的一体两翼。我国语文学科基本上采用文章范例的教学来培养学生语文能力的教学体系，其基本方法是以选定的范文为基础，在阅读的基础上设计练习题。阅读离不开写作的深化，写作中应有阅读成果的体现。在课文后明确提出写作要求，或片段或整篇安排训练，有序推进阅读写作同步进行，共同提升。读写结合的关键在于内容和方法两方面既符合阅读规律又符合写作规律的教学材料。这对课文的选定和课文后的写作设计充满了语文教学思想以及文化视野的双重挑战。

读写结合的基本范式有三类。

文内读写。教学范式一般为：阅读理解课文主要内容，浅触情感；选择敏感点进行文本细读感悟；指导体验课文文字背后表达的深情厚谊；就课文相关内容，进行或补白或综合等写作训练，提升学生情感。阅读—讨论—写作训练，这样的教学环节是保证语文教学质量的有效方法。

读内写外。教学范式一般为：阅读理解课文主要内容，初步感知主要写作方法；抓住最能体现文本独特写作方法的语句进行文本细读，感受文本写作方法的独特魅力；欣赏同类型写作方法的文章或片段，加深对文本独特写作方法的理解；模仿至创造性练习，从而形成相应的写作技能。摩罗认为："学生在课堂之外广泛阅读经典作品，课堂之内则在老师的精心指导下从事写作训练，这才是最理想也必定是最有效的语文教育之道和学习之道。"①

读写从文内走向文外。阅读教学促进情感体验，理解文本构造方法；写作教学促进文本构造方法的掌握，加深情感体验程度。阅读与写作带着情感与方法从

---

① 转引自：黄翠霞.有效的课外阅读提高学生语文素养［J］.学周刊，2019（12）：129-130.

文内走向文外。教学范式一般为：文内读写，初步理解文章思想情感及文本创作方法；改写文本，加深对文本情感的体验，加深理解文本创作方法；文外创作，巩固文本创作方法，自我设置思想情感内涵，自我提升情感及思想认识。

二、写作和实践结合

写作是对一种思想观念和实践认识的表达，任何写作都属于意识的范畴。根据唯物辩证法和实践认识论，物质决定精神，存在决定意识，人的认识只能从实践中来而不可能从天上掉下来或者是头脑里固有的。所以，实践是写作的最根本的源泉，写作在本质上就是实践的延续或总结。赞科夫认为，只有在深刻、全面地认识现实生活的基础上，使学生头脑里形成的不是支离破碎的片段，而是事物之间的内部联系，使学生能把所感知的现象的各个方面有机地结合起来，才会有认识与感受的系统性，写出来的东西才有条理。离开实践的写作教学无异于水中捞月。因此，高校语文的写作教学应当和学生的实践紧密结合。这包含两个方面的意思：一是在实践中写作，二是为实践写作。它的真谛是教学生写真实的生活。真实的言语任务、真实的言语环境、真实的言语成果是写真实的三大要素。

由于历史背景不同，文化背景不同，社会现实不同，在不同的国家，写作和实践结合具有许多不同的方式。德国提出"生活写作"的教学观念。"生活写作"就是指加强写作与生活的联结，让学生观察周围环境，进行社会调查，写出真实表达的文章。它具有五层含义：第一层含义是要求学生写自我经历的写作；第二层含义是要求学生写理解日常生活用语内涵的写作；第三层含义是要求学生发表对生活中的思想行为的理解和评论；第四层含义是学生写应用文体的文章；第五层含义是学生一边体验生活情境，一边进行写作练习。"生活写作"是学生对生活的一种独特感受和真切体验，是一个"我手写我心"的过程。

美国注重指导学生写研究性论文。教师往往提供的是一个比较宽泛而又是学生所普遍关心的论题，如《美国新的精神状态》《如何改进种族关系》《都市中的安全》《美国特级商品的销售》《电视连续剧与今日社会》《为什么体形纤瘦就是时髦》等，课题的科技含量、文化含量比较高。学生构建一篇文章，往往不是简单地介绍一下有关知识、程序和原理，而是需要查阅、搜寻许多相关资料，综合诸学科知识。为了培养学生的民族感情和对本国文化的热爱，教师还有意识地通过命题，引导学生对本国历史、文化、风俗习惯、价值观、宗教信仰等进行评价，以丰富和完善学生的文化素养。教师提出的课题注重引导学生关注现实、参与社会、面向未来。在教师提供论题以后，学生需要确立具体的论文题目，需要运用所掌握的资料进行比较、推断及综合分析，需要独立地得出结论，这些，无不蕴含着创造性。

在我国高校语文课程中，写作和实践结合通常采用的方式有三种：校园活动、语文综合学习和社会实践。大学社团林立，活动丰富多彩，大学生参与设计社团活动的热情很高。几乎所有的社团活动都离不开言语活动，如演讲、辩论、演剧、活动方案设计、联络等。校园活动中的写作是真实、自主、快乐的写作，学生能够在自主体验中实现精神成长，促进言语能力的发展。这一类写作指导的关键是教师在校园活动中的积极参与和主动的支持。

语文综合活动是在教师指导下，学生选定研究课题、围绕课题搜集材料、分析整理材料、讨论解决问题的方案、撰写研究论文或总结报告，然后发布、交流学习成果。这是一个完整的综合学习活动，它包含课题、材料、研究、表达等要素，言语活动贯穿学习活动的每个环节。这种写作教学方式需要教师投入更多的精力，精心设计、切实组织和及时推动是这类写作教学成功的关键。

社会实践中的写作教学主要是撰写社会实践报告。撰写社会实践报告对大学生具有十分重要的发展意义，可以加深他们对社会、人生的认识，历练社会工作能力，砥砺意志和人格。就写作能力来说，这种练习也是全面而且有效的，因为这个过程包含了观察、体验、思考、研究、表达等语文学习的重要元素，这些元素可以构成一个人的真正的精神成长，也是一个人语文能力发展的根本所在。其中对所记录材料的归纳、分析和概括，对观点的提炼、提纲的拟定和表达方式的运用，都潜入到言语运用的最深处。在这里，语言、思想、价值、技能等纠结在一起，表达过程中的条理化正是思维的逻辑化，也是认识能力的强化。教师在社会调查报告写作中的指导应该是全方位的，从对实践活动的记录到报告主体的确定，从结构的安排到材料的取舍直至言语方式的确定。教师的指导并非事无巨细，最重要的、处于核心地位的还是学生研究精神和研究能力的培养，这是提高学生言语质量的精髓。

三、写作和专业结合

从一般意义上说，一个人的言语能力总是表现为一定生活和专业领域内的言语能力，一个在他熟悉的生活和所从事的专业领域内言语能力很强的人，在他所不了解的领域内的言语能力很可能是差的。所谓隔行如隔山，这座山会成为言语难以逾越的屏障。猪八戒吃人参果食而不知其味，但是没吃过人参果的唐僧也断然说不出人参果的滋味。再从言语表达的内容和作用来看，一个人言语能力的核心是他的专业言语能力，日常生活交际的言语能力并不构成最有价值的部分。日常生活交际的言语能力主要是习得的，其中性格等因素也占有重要的成分，而专业言语能力主要是靠教育获得的。"世事洞明皆学问，人情练达即文章"，这一类学问和文章一般属于人生伦理的范畴，而自然与社会、人文与科技、做人与处事，各个不同的领域所使用的基本概念差异很大，它们各有自己的专业语言系统，对其内涵如果没有深厚的知识积累和丰富的实践阅历作基础是很难理解的，更论自如运用。

梅耶等建议教师有目的、有意识地使写作成为学校中其他课程的学习方式，如在物理、化学、生物、历史、地理等课程的学习，教师指导学生为学习而写作。"为学习而写作"实现了写作和专业学习的高度融合，写作不单是写作课的事情而是也贯穿于其他课程，成为课程实施的一种手段。其实施步骤是：第一步选定一个课程学习目标，而这个目标可以利用写作达到。第二步设计一项写作任务，以帮助学生达到预定的课程学习目标。第三步，教师对学生完成写作即完成课程学习的情况做出判断和评估。

写作和专业结合既是发展言语能力的根本所在，也是言语能力的价值所在。

在高校语文课程中，"为学习而写作"可以理解成为专业的学习而写作，把语文学习和学生的专业学习结合起来。和专业结合的写作不可以狭隘地理解为专业实用文的写作，而是利用专业的知识解决专业问题的带有欣赏性、文学性和研究性的写作。比如旅游专业对某一景点解说词的写作，以及对著名景点楹联的综合研究的赏析性写作；法律专业对经典案例及最近有争议的案件的分析，以及模拟庭审词的写作；经济专业对某一商品市场调查报告的写作等。教师要善于让学生带着一个饶有趣味又有一定难度的专业命题去收集资料，写出研究性文章。

写作能力乃至整个语文能力的形成，从很大程度上讲，不是依靠教师喋喋不休的质的分析而是依靠学生自己信息数量的积累。这确实触及了写作各要素的内在联系。写作是需要教的，但教的方式不是抽象教条的，或者说这种教主要还不是方法的教而是如何开发写作信息资源的问题。写作和专业结合既是开发写作信息资源的有效途径，更深层的意义还在于提高学生的专业认识水平，使他们的写作具有一定专业深度从而增强文章的应用价值。

第二节　高校语文写作教学的任务

一、提升学生的书面表达能力

（一）学生语文书面表达能力基本结构

有关书面表达能力结构的划分，已经有研究资料对此进行了充分论述，有研究者认为写作属于一种特殊能力，主要由审题、立意、组材、表达及修改等多种能力组成。另外，还可从写作心理过程角度出发，来进行写作能力的分类分析，并将其划分为观察及分析能力、确定中心、审题能力以及语言表达能力等要素组成，要求创作者同时具备上述能力，以便得到高质量创作作品。还有研究者从思维品质方面着手，将写作结构划分为灵活性、敏捷性、深刻性以及创造性等多种思维品质。写作是一个考验创作者多方面能力的过程，因此，需要做到对写作能力的充分掌握，以便有针对性地提高写作能力。另外，利用定量的方法对学生写作能力结构加以研究分析，可将其划分成写作能力要素、词汇量要素以及词语能力等。不同研究学者对写作能力结构组成的研究结果如表 6-1 所示。

表6-1　各研究者分析写作能力结构组成一览表

学者	朱作仁	刘荣才	杨成凯	吴立岗
写作能力结构组成		观察力及分析力	观察力、联想力及想象力	观察分析能力及兴趣动机
	审题	审题	审题	审题
	体裁选择		表达方法的运用	审题
	立意	明确中心	立意	文体选择
	收集材料	收集材料	选材及剪裁	表现中心思想
	整理材料	整合材料	组合材料	选材
	语言表达	语言组织及表达		安排文章结构

从上述表格信息可看出，各个研究者针对写作能力结构组成的划分主要分为

六种能力，包括审题能力、收集材料能力、立意能力、整理材料能力、语言表达能力以及修改能力等。在进行写作教学时，要注重对学生进行上述能力的培养，以便确保学生具备较高的写作能力。

（二）书面表达能力对学生发展的重要意义

书面表达能力在学生发展上的重要意义主要体现在以下方面：一是提升学生语言能力。书面表达能力通常被看作是一种综合能力，是阅读写作教学的重要目标，需要在写作实践过程中，加大对学生书面表达能力的培养。由于书面表达能力被看作是语文发展核心能力，相较于阅读能力等其他能力来讲尤为重要，只有确保语言知识的充分积累，才能达到较好的写作状态。同样，书面表达能力不断提升，有利于带动其他能力发展，如对个体语言能力的提升有明显作用，能通过写作训练的开展，丰富学生语言体系，进而达到较好的语言能力。二是促进学生观察能力的提高。观察是写作的起步，需要凭借自身经验有计划性地重新认识生活，通过观察才能获取大量写作素材，从而扩展学生写作思路。观察是一种体现出层次性的思维活动，重点在于对事物内在的把握。因此，在提高学生书面表达能力时，势必促进学生观察能力的提高。书面表达能力可看成是提升观察力的有利促成因素，在观察能力培养上起到保障作用。因此，需要在对书面表达能力在个体发展上的促进作用有所掌握的情况下，有针对性地组织写作教学活动，进而发挥写作教学在学生语文素养培养上的积极作用。

（三）对于培养学生书面表达能力的建议

语文写作教学在提高学生书面表达能力方面有重要意义，为了充分发挥语文写作教学功能，有必要从以下几点出发，对学生进行书面表达能力的培养。首先，应注重基本功练习。书面表达是语文知识的结合运用，不仅要求知识积累量充足，语句运用准确，还要求字迹清晰，语句通畅。因此，要从基础训练着手培养学生书面表达能力。在实际教学时，教师应引导学生积累日常阅读中遇到的有借鉴意义的语句，并在练习实践过程中，能通过合理运用语文知识来将其内在思想表达出来，为之后的书面表达奠定基础。其次，还应注重课上的限时训练。语文写作训练包括审题和具体写作等环节，在审题阶段要求学生根据已知材料，收集写作主题信息，在对写作主题有所把握的基础上，再次搜索知识体系中已有知识，通过知识的运用，形成一个初步的写作框架，在实际写作过程中，要求学生通过语言表达技巧的运用，将自身写作风格及情感等表达出来。为了达到较好的写作训练效果，应限定学生在规定时间内完成写作训练，有利于激发学生潜力。总的来讲，教师在进行语文写作教学时，应充分认识这类教学活动在提升学生书面表达能力上的积极作用，进而从这一角度出发，有针对性地选择教学方案及教学内容等，从而完成教学任务，为学生未来发展奠定基础。这是写作教学重要价值的体现。

二、提高学生的思辨能力与健康思想

（一）学生思辨能力及健康思想本质特征

从本质层面来对待学生思辨能力，可将其看作是体现个体理性思维能力，并反映出个人理论素养的一种能力。思辨指的是深思明辨，大学生在思考问题时可能存在思维片面性、思考简单化等缺陷，无法做到对客观事物本质特征的深入认识。因此，在开展教学活动时，要针对学生身心特点，在明确教学任务的基础上，改善学生存在的思维不足等问题，尤其应加大对他们思辨能力及逻辑能力的培养，而语文写作教学活动的组织，能有效实现上述教学目标。另外，语文写作教学实践开展过程，还有利于学生心理健康发展，为学生提供多样化写作素材，能帮助学生及时掌握社会热点问题，并在吸收多种观点的情况下，达到自身对客观事件的明确判断，进而促进学生心理良好发展。具体来说，思辨能力的提升及心理健康发展是学生发展过程中需要实现的主要目标，从它们的本质来看，主要与学生理性思维能力有关，这就决定了语文写作教学能起到促进学生思维能力提升及心理健康发展的作用。

（二）提高学生思辨能力的教学策略

要想取得理想的语文写作教学效果，在教学实践中，需要采取适当的教学策略，以便提高学生的思辨能力。

首先，应营造平等对话的教学氛围，鼓励学生在对话过程中掌握思辨能力。对话式教学是语文学科主要采取的教学方法，要求教师能充分认识对话理论，真正的对话式教学应是在基于真诚合作的条件下，以创新和知识探索为主要目标，尊重学生思想并要求学生具备独立的批判意识，在上述情况下可保证语文写作教学取得较好效果。因此，教师在开展语文写作教学时，要鼓励学生将自身看法讲出来共同讨论，进而为学生提供思辨空间，培养学生思辨能力。在学生掌握一定语文知识的情况下，可促进他们心理健康发展。

其次，在实际教学时，还应激发学生写作学习兴趣，调动学生思辨积极性。目前学生大多被动地获取知识，课堂上师生互动较少，主要是由于在教学过程中，学生言语权得不到足够维护，并且教师留给学生思辨的空间和时间较少，导致学生疲于思考。为了解决上述问题，需要充分落实学生课堂主体地位，引导学生积极思考，逐渐树立学生问题意识，促使学生养成独立思考习惯，从而提高学生思辨能力。由于写作教学主要教学内容包括研读教材文本、积累经典美文等方面，在学生掌握足够的写作素材后，便可运用写作技巧创作出体现自身风格的文章，这一过程需要学生具备自主学习意识、思辨意识等，需要学生在明确判断写作主题后，综合运用多种语文知识。因此，可以认为写作实践的推移，有利于学生思辨能力的提升，在收集资料和讨论过程中，实现知识的延伸，使得写作教学课堂高效开展。

最后，为了加强对学生思辨能力的培养，在进行语文写作教学时，还应转变表达理念，鼓励学生利用多种表达形式进行内容阐述，不仅有利于提高学生语文素养，还能丰富语文教学内容，在培养学生思辨能力上有重要意义，同时有助于学生心理健康的发展。例如，在进行写作教学时，教师可要求学生利用口头表达的方式，通过组织演讲、辩论和新闻评论等活动，提高学生表达能力，并训练他们的思辨能力。上述形式对学生来讲有较大吸引力，学生会自觉准备演讲材料，通过选题、素材收集、修改演讲稿和琢磨演讲技巧等环节的完成，最终达到较好的演讲效果。在上述过程中，学生会力求选题的新颖独到，确保演讲角度新鲜，话题能引起共鸣。因此，采取上述教学方法，势必会完善学生的知识体系，锤炼学生心理，可将这个过程看作是一次重要的思辨训练。另外，辩论活动的组织，同样能充实辩论知识储备量，同时能在辩论过程中提高学生的反应能力。总的来说，学生在进行写作训练时，要求学生能凭借自身各方面能力来完成写作任务，尤其在学生审题和收集写作素材等过程中，需要学生能独立思考，合理选择写作技巧，从而确保写作教学课堂的顺利开展。

三、培养学生独立自主精神和实事求是的文风

（一）高校语文写作教学的积极作用

随着素质教育在大学写作教学方面的充分落实，写作教学将培养学生独立思维、提高学生创新能力作为主要任务，突破传统教育理念的限制，以激发学生自主学习意识和自主思考意识为主，选择自主学习的方式，为语文写作教学发展注

入活力。在进行语文写作训练时，通常要求学生通过利用已经掌握的写作技巧，形成体现独特写作风格的文章。因此在写作过程中，更多注重学生创新思维和独立思考意识的运用，以便突出文章创作价值。不断实践将促使学生逐步形成独立自主精神，能自行进行审题和素材收集等，并在借鉴其他优质文章的基础上，丰富自身写作素材体系，进而为写作练习奠定基础，这是提高学生语文写作能力的关键。同时学生写作能力的提升，将带动其他能力得到良好发展，如他们的独立自主精神，将在教学实践开展过程中逐渐强化。另外，写作教学主要任务还体现在培养学生实事求是的文风上，由于学生写作训练都是基于一定写作素材的条件下开展的，对于学生而言，写作过程便是对已有素材进行整合和有效阐述的过程，要求学生能做到实事求是，确保创作出的文章有参考价值。大学生在论文写作、新闻稿编写等方面都需要运用到自己的写作能力，因此，高校语文写作教学的开展有重要意义，在写作教学实践活动不断开展下，有助于提高学生的写作能力，并促使他们形成实事求是的文风。这是大学写作教学在学生发展方面重要意义的体现，将进一步实现学生整体能力的提高。

（二）培养学生独立自主精神及实事求是文风的几点建议

1. 改变写作教学观念及方法

心理学有关研究表明，大学生相较于高中生来讲，其心理层面已经发生了明显变化，已经产生了摆脱各种约束的独立倾向。这种情况下，学生更多希望在交往过程中被人尊重和理解。在实际写作教学时，要重视学生这种独立倾向并做适当引导，促使这种倾向逐渐形成珍贵的独立精神，这是促进学生全面发展的关键。为了取得预期写作教学效果，要及时转变教学观念及方法，重点关注学生独立思考及独立判断等能力的培养，独立思考能力是重要的思维品质，并且是学生进行一系列创造性活动的基础。提升个体的独立判断和思考能力应作为教育首要目标，从而全面培养学生能力。要想实现上述教学目标，应帮助学生养成习惯思考的行为特点，尊重学生看法，并针对学生疑问合理设计教学重点，写作教学在开展过程中要重点关注对学生否定意识的培养，包括对教学内容和写作理论的质疑，以及对观念的否定等，进而将学生独立倾向逐渐培养成一种珍贵品质。另外，需要让学生习惯提出自身想法，促使学生从新颖的角度对文章进行分析。在写作教学中，学生写作已经逐渐成为一种概念化、公式化的文字游戏，无法保证学生在写作时运用自身独特观点，导致写作教学质量不高。因此，在教学活动中，要注重加强对学生独立思考能力的培养，教师应在明确课程整体规划的基础上，利用多样化教学方法来激发学生思考积极性，避免学生利用固定写作模板完成写作训练。在教学中要引导学生及时提出自身观点，从而引导学生将创新思维运用到写作实践中，增强他们的独立自主精神。

2.提供开放的写作环境

在对高校语文写作特点进行分析时，在教师开展写作教学时，要起到培养学生独立自主精神的作用，在掌握学生心理变化特点的基础上，为其提供相应的教学内容及教学方案，从而提高语文写作教学效果。要想满足教学任务高效完成的要求，则需要为学生提供开放的写作环境，以便激发学生写作欲望。任何事物的形成都要依靠外部条件，对于创新思维来讲，在培养学生这一思维品质时，要为其提供自由、开放的学习环境，在这种环境下，有利于学生快速吸收写作知识和信息，将这些内容传递至大脑中，促使大脑处于兴奋的思维状态，从而激发学生创造性思维，为写作实践的良好开展奠定基础。大学写作教学为开放学习环境的营造提供了有利条件，可通过组织职业生活体验活动、假期实践活动、文化考察课、社会调查等，使学生能在多样化教学活动的组织中，为创新思维的运用提供开放空间。具体来说，学生在进行写作实践时，将涉及多种能力的应用，通过提升学生写作能力，可进一步带动学生独立自主精神的培养，并且严格要求学生的写作质量，促使他们能借助大量写作素材，创作体现创新精神的文章，进而培养学生形成实事求是的文风。这是进行写作教学时要重点注重的内容。

第三节　高校语文写作规律及心理特点

一、高校语文写作的一般规律

写作是一个人思维的外在表现，不同文化背景的人有其不同的风格特征，这里指的是写作行为的共同规律，概括而言，高校语文写作规律主要体现在以下方面。

一是语言和思维的协调运用。写作具有实践性特点，这一特点决定了写作通过语言文字完成，即需要在实践活动开展过程中实现思维结果向物化的转移，从写作欲望到布局构思到句式、词语的选择直至完成创作的整个过程都离不开思维的运用。文章内容中条理性的体现关键在于看写作主体是否具备有条理的思维逻辑，只有在确保思维清晰的条件下，才能保证文章语序的规律性，得到高品质的创作作品。语言运用的好坏，一定程度上由写作主体思维能力强弱来决定，与语言结构规律性的体现联系不大，需要在保证思维清晰的情况下，按照语言运用规则来完成写作。因此，在学生进行语文写作时，势必要遵循语言与思维协调运用的规律，语言作为信息的载体，在传达信息时，要做好信息的加工和处理工作，这一过程主要是借助思维的运用来完成的，可以说思维在语言表达上起到主导作用，要注重思维在语言运用效果上的决定作用。

二是在实际写作过程中，还需要遵循四体相继相成的规律。这一规律指的是在写作主体进行创作时，离不开"四体"（主体、客体、载体、受体）中的任一元素，当存在某一因素运用不当时，都会导致写作行为出现中断现象。因此，有必要保证写作过程中明确写作主体、写作内容、写作技巧的运用以及写作面向对象，保证上述元素形成统一整体。正是在多个写作因素相互制约的情况下，才能形成一个完整的写作系统，为写作过程的顺利开展奠定基础。写作主体即指处于写作状态下的个体，会受到客观因素的影响而产生写作欲望，进而进入写作行为这一过程，这时写作主体的感受、行为等与其他处于常态的人有明显差异。对于学生来讲，当其成为写作主体后，将对周边事物更加敏感，并希望通过情感的融入来提高作品层次，以便引起受众共鸣。写作客体则指的是被描述的对象，通常将与写作主体存在某种联系的客观事物称作写作客体，包括一切被描述的精神世界以及物质世界等，写作客体是多样化的，需要创作者结合写作需求，从客观事物中收集相关写作信息。写作载体主要是指进行写作的工具，包括语言文字符号和由文字符号及写作结构结合而成的写作成果。文章主要起到传递信息的作用，从创作过程来看，其还是精神产物的物化形态。可将写作载体看作是形成写作行为的、借助语言材料文字按照一定规律排列起来并传递信息的系统，由主题、材料、语言等多个基本要素组成。写作受体指的是写作行为的接受对象，即文章接收者，写作受体通过阅读文章来接收信息，需要完成认识文字、转换文字信息等过程。由此可见，写作受体在接收信息时，主要是基于对语言符号的认识。为了确保写作行为活动取得理想效果，有必要加大对上述写作因素的掌握，并能在明确写作主题的条件下，获取高质量文章，是学生进行写作实践时要严格遵循的规律，以免出现写作行为中断等现象，不利于学生写作能力的提升。

三是知行融会贯通的规律。知与行的融合是创新的重要基础，创作者要在明确认识融会贯通道理的基础上，处理好借鉴、创造之间的关系，对文章质量的提高有重要意义。借鉴已有的优质文章，在吸取其中优点的同时加入创造性内容，是提高写作水平的关键，利用先进的写作经验，来指导高校语文写作实践，可保证写作行为活动的有序开展，同时在已经掌握一定理论知识的情况下，需要通过不断实践，来实现理论的消化和吸收，并在实践中得以检验和发展。在实践基础上，理论知识可无限发展，学生写作能力便是在反复认识和实践中提高的。写作要做到继承和借鉴，同时离不开革新和创造，需要在上述行为有效完成的情况下，最终达到写作水平提高的目的。因此，大学生在进行写作时，要确保知和行的融会贯通，进而在对写作规律有明确认识的情况下，保证写作行为活动的顺利进行。

二、高校语文写作的心理特点

（一）独立性

在对高校语文写作心理特点进行分析时发现，主要体现出学生独立性的特点，这与大学生心理变化有关。随着大学生独立倾向的凸显，他们更倾向于在写作过程中，独立完成审题、素材收集和整理等，进而达到预期的写作效果。学生在写作时体现出的独立性心理特点，对学生写作水平的提高有积极意义，教师在写作教学过程中，要注重对学生写作独立性的培养，从而提高学生写作意志。在日常的写作教学中，教师应引导学生明确写作目的及意义，促使学生对写作有充分认识，并能在此基础上确保学生写作行为的规范性。大多数学生在进行写作时，通常存在独断性和盲目性的问题，主要体现在容易受到外界因素干扰，导致学生写作目的容易被改变，缺少写作原则。并且写作独断性还体现在学生在没有充分把握写作规律时，对教师指导意见重视程度不够，容易造成写作大方向出现偏差。针对上述问题，教师在制订教学方案和教学内容时，要优先考虑学生写作时独立性这一心理特点，做适当引导，进一步提高学生写作水平。

学生独立性心理特点应主要体现在选材与立意等方面，如果引导得当，能做到结合自身意愿来独立完成，加强学生在抵制外界因素干扰方面的能力，以确保写作行为活动的顺利开展。为了确保学生写作能力的提升，在实际写作教学时，应做到以下几点：一是避免抄袭现象，语文教师在布置写作任务时，要严格控制学生文章雷同的现象，要求学生能保证写作过程中体现独立性特点，并且在平常的写作训练中，可鼓励学生根据其感兴趣的内容选择写作主题，并能在充分调动已有知识的情况下，丰富写作内容，保证写作实践活动在充足素材的基础上顺利开展。另外，文章写作时要凸显写作主体独到的思想。在实际写作实践的过程将自己的想法表达出来，并通过文字形式将自己的写作思想传达给受众，要避免写作过程受到别人或者外界因素干扰，进而导致文章缺少新意。大学生情感和心理层面都逐渐走向成熟，这就促使学生在进行创作时，更倾向于创作体现自己写作风格的文章，为了帮助学生将这种心理倾向逐渐发展成为独立自主的思维品质，教师则需要在学生写作实践中，引导他们将自己的独立意识运用到实际创作中，并对学生进行指导，明辨是非，确立正确的价值取向，促使学生将自身优势发挥到极致。

（二）求异性

大学生在进行写作实践时，还体现出求异性的心理特点，主要体现在学生为了突出文章新颖程度，在素材选择和写作技巧运用等方面与他人不同。学生写作时的心理特点主要与学生心理变化有关，相较于高中阶段的写作而言，高校语文写作更多借助理性思维，追求文章在依据事实的情况下实现质量的提高，并且希望通过写作素材的特殊选择，来吸引受众阅读文章。为了尊重学生求异性这一心理特点，实际写作教学时，教师应鼓励学生将创新思维与写作融合起来，利用生活资源作为写作基本条件，并通过观察来获取较多写作素材。只有在对生活实际进行观察及感受的情况下，才能保证文章写作与生活经验的有机结合，不仅可使文章体现出创作主体的个性特点，还容易引起受众共鸣。因此，注重对学生写作创造力的培养，是确保学生文章体现独特鉴赏价值的关键，同时能保证教学方法的选择满足学生求异性的写作心理特点，是加强语文写作教学效果的关键。

（三）理智性

除了上述写作心理特点外，大学生在写作实践中还表现出明显的理智性心理特点，如学生在收集写作素材后，将根据素材提供的信息，并按照一定的写作原则进行创作，在整个写作过程中，能明显感受学生严谨性和理智性的特点，从而提高文章借鉴价值。因此，教学实践中，要加强对学生写作原则、写作活动流程等方面的教育，以促使学生能在基于大量素材的条件下，合理选择写作手段，确保文章具有较高参考价值。另外，学生理智性写作特点对教学内容的设计也有一定影响，由于大学生理智性心理特点，教师应选择内容精练的优质文章，通过鼓励学生学习其中的写作策略等，促使学生能凭借写作方法和技巧，将理性思维充分体现在文章内容中，进而获取高质量的文本内容。

第四节 提高高校语文写作能力的基本途径

一、提高认知能力

（一）提高学生的抽象及概括能力

对学生写作技能的培养应主要以抽象及概括能力为主，并在此基础上，实现学生认知能力的提升，这是由于理性思维能力的根本便是抽象及概括能力，而抽象思维在发展学生写作技能方面起着引领作用。因此，为了加大对学生认知能力的培养，有必要从提高其抽象及概括能力这一角度出发，以便真正发挥大学写作教学在培养优秀人才方面的作用。人们借助思维开展一系列工作，并通过抽象和概括，将写作内容的实质和多个要素间的规律性关系展现出来。不同写作主体的抽象及概括能力有差异，这就决定创作出的文章在层次和精确程度上有所不同，从这一角度来看，个体的抽象及概括能力将直接决定文章质量，需要在确保抽象及概括过程有效进行的情况下，为写作实践的开展奠定基础。例如，高校语文教师在组织写作教学活动时，将为学生提供具有观赏价值的电影或者纪录片等，要求学生在欣赏影片后，对其主要内容进行概括，旨在利用有限文字将影片内容揭示出来，并吸引受众观看影片。如在对电影作品《罗拉快跑》进行内容简介时，要求学生能从电影想表达的思想出发，通过阐述罗拉在多次尝试中获取的成果，并借助人物性格特点分析和事件阐述等，使得受众对这一电影作品有充分了解。通过这种教学方法，能一定程度提高学生抽象及概括能力，进一步保证学生在写作时，能在较高认知能力的作用下，利用精炼的文字将文章主题呈现出来，有利于提高学生写作水平，并加深他们对写作实践的认知。

（二）正确处理理解、实践及发展的关系

写作过程是一个逐渐深化的过程，实质是从了解再到使用等多个层次的过程，需要教师在充分掌握写作教学实质的情况下，帮助学生掌握相关写作知识，并将其运用到写作实践中。学生认知能力的提升便是在这一过程中实现的，学生在进行知识学习时，势必会经历从明白到初步掌握的过程，在将理论知识运用到实践中后，能有效提高学生在写作实践中的认知水平，有助于学生把握写作素材信息，

通过整合多种写作素材，为写作行为的顺利开展奠定基础。学生认知能力可看作是对写作本质的认知，以及对素材的处理水平等，只有在保证学生理论传授课程和实践课程结合起来的条件下，才能发挥写作教学功能，进而提升学生认知能力。在写作教学中，教师可主要从认识理解、拓展应用等方面着手，确保学生对写作行为活动各方面要求有基本了解，并能根据相关要求来进行写作。总的来讲，认知能力是写作能力体系中的主要组成部分，要想提高学生整体写作水平，有必要从认知能力提升这一方面着手，真正做到学生在写作时，明确写作原则和写作行为规范，在不断实践中，实现自己写作认知能力的提升。

二、锻炼表达能力

（一）作文主题贴近学生生活实际

为了提高学生表达能力，应确保写作训练能激发学生写作欲望，进而促使学生积极参与到写作教学活动中。写作训练是针对某一具体作文主题开展的，需要确保作文主题的选择与学生生活实际联系紧密，从而方便学生写作素材的积累，并且有利于调动学生写作兴趣。大学生已经积累了一定量的写作知识，大学时期的写作能力培养应主要通过提高其理性思维能力、创造能力以及认知能力和表达能力来实现，写作本身是一种实践性较强的行为活动，需要借助语言文字的载体作用来实现文章内容及情感的精准表达。在写作主题布置上要满足语文写作训练需求，尽可能通过写作主题的合理选择来调动学生写作欲望，从而在实践过程中提升其语言表达能力。例如，教师可针对学生关注的社会热点问题，包括共享单车大量报废等问题进行讨论，在讨论中让多种观点产生碰撞，保证学生在吸收多种观点的情况下，逐渐完善自己的理论体系。之后可要求学生以这一问题为写作主题，并利用已经掌握的理论知识，来进行文章写作，确保学生在清晰的思路下，有序开展写作行为，以保证文章质量和可信度。写作训练持续进行，有利于提升学生语言表达能力。清晰的理论思维可保证学生将自己的观点通过文字传达出来，确保语言应用的合理性，并在不断推敲修正的过程中，将文章主旨利用有限文字呈现出来。

（二）设计适当的写作情境

为了获取较好的写作教学效果，还应在写作教学课堂中营造适当的教学情境，即通过对目标事物进行形象化描述，促使学生在适宜的环境气氛下，运用自身情感和思维，实现文章内在情感的充分表达，并提高文章质量。通过环境的设置，能使得学生产生融入其中的真实感，能更好地感悟文章主题，进而在明确文章主旨的基础上，运用语言文字将其表达出来，同样能起到提升学生表达能力的目的。例如，大部分教师在开展写作教学活动时，会根据教学内容营造相应的写作氛围，通过组织辩论和演讲等活动，引领学生快速进入课堂教学中，在这一环境下，加深学生对文章主题的认识，并引导学生从多个角度出发进行观点阐述。借助语言文字符号及相关文章结构来展现文章主题，势必要求学生具备一定的表达能力。在写作实践中，教师应引导学生注重自身表达能力的提高，并使其作为写作训练的主要目标，激发学生写作训练的积极性，并且在适当的写作情境中，引起学生情感上的共鸣，从而丰富学生创作文章中的情感层次，促进学生表达能力的提升。

三、问题发现能力

（一）克服观念障碍

为了提高学生的写作能力，有必要从学生问题发现能力这一角度出发，通过加大对这一能力的培养，来最终实现学生较好的写作技能的形成。在实际写作教学时，要求教师能及时转变教学观念，不仅注重对学生知识的传授，还要培养学生发现问题的意识，使得学生真正认识发现问题这一能力在写作能力提升上的重要意义。目前还有部分教师在学生发现问题能力培养上存在不足，主要是由于受到传统观念的影响。需要注意的是，大多数学生都具备发现问题的潜能，需要通过设计符合学生能力发展的教学内容，进一步促进学生良性发展。例如，教师在针对某一写作主题进行讲解时，可鼓励学生针对教学内容提出质疑，通过讨论来挖掘写作主题涉及的问题，包括写作角度、写作素材以及写作方法等，通过加大对学生发现问题能力的培养，有利于激发学生的写作学习兴趣，并进一步提高他们的思维能力。教师有意识地引导学生进行发现问题这方面能力的训练，通过实践活动的开展，学生问题的发现将达到一定深度，进而在问题的引导下，写出较高水平的文章。总的来说，发现问题这一能力对学生写作技能的整体提升起到重要作用，需要在教师教育观念及时转变的基础上，加大对学生发现问题意识的培养，以便真正实现学生这一技能的提升。

（二）提高学生知识积累

为了提高学生问题发现能力，还要保证学生具备一定的知识储备量，以便为学生对写作问题的深入探讨提供基础条件。教师应在丰富学生知识体系上投入较多精力，通过为学生提供多样化的写作教学内容，在教材的基础上进行知识延伸等，来使学生获得完善的写作知识体系。问题发现能力主要是通过思维的形式展现出来，但是这一能力的体现需要依靠扎实的基础知识，从而确保发现的问题是有价值的。有学者研究指出，知识量与创造积极性之间存在一定关联，个体的创造能力可在较小信息量的条件下产生，也能在充分的信息资源下产生；但是随着信息规模的扩大，再以信息为基础得到的创造性成果，它的现实性以及参考价值将更大。由此可见，知识与信息的不断增多是创造的前提，同样是发现问题的根本条件。在写作教学过程中，要逐步增加知识涉及范围以及知识获取难度，从而为学生发现问题能力的提升奠定基础。对于大学生来讲，他们已经接触过多种类型的写作素材，基本实现了写作知识量的有效积累，但是还需要在这个基础上不断吸收社会新的信息资源。教师在帮助学生积累广阔知识的基础上，还要注重知识质量的提高，即在掌握一定数量知识的前提下，做到知识组织体系的完善，例如，教师通常在进行写作教学时，会针对某一特定的主题进行知识总结，确保多类知识内容的整合，在进行知识积累过程中，还需要做到不同类型知识之间的紧密联系，确保写作知识处于一种有序和谐以及结构完善的储存状态，为学生写作训练提供知识基础，并且能在掌握一定的知识后，加深问题的深度和难度，进一步提升学生写作能力。

四、提升审美能力

（一）在确定文章主题时提升审美能力

在写作教学中对学生审美能力进行培养时，需要在其确定写作主题的过程中加大对这一能力的培养力度。文章主题指的是作者在写作时运用多种材料来呈现出的中心思想，通常贯穿在文章全部内容中，明确体现作者意图。通过对文章主题的分析，能了解作者在文章中表达出的对客观事物的认识理解等。主题同样是文章信息的凝聚点，直接决定文章基调及情感。为了培养学生审美能力，教师应帮助学生在写作时确定积极向上、具有新意的主题，并在选材过程中提升学生对客观事物美的感知以及认知能力。确定写作主题的过程，便是将作者自己情感取向融入其中的过程，这就决定主题选择阶段与审美能力有一定联系，需要通过对这一过程进行适当指导，来达到提高学生审美能力的教学目标。在实际选择写作主题时，教师应以教材为主，为学生提供具体可感的材料，并从多种角度出发，将文章中的情感引进语文写作实践中。为了引起学生和写作主题情感层面的共鸣，需要保证教学内容体现的思想情感水平和学生心理发展水平基本一致，以确保学生能获取较高程度的情感体验。另外，教师在指导学生在写作过程中融入情感时，要紧密结合写作形象来进行写作，尤其应重点指导写作形象真正打动学生的内容，进一步激发学生写作情感，这是提高学生审美能力的有效途径，从而带动学生写作技能的提升，这也是写作教学实践中应重点完成的任务。

（二）在文章结构布局中提升审美能力

提高文章的整体审美价值，需要注重文章结构的合理设置，在实际写作时，需要保证文章结构体现出完整性以及连贯性，从而确保文章整体结构满足文章高质量的要求。文章结构布局的教学，有利于提高学生在布局文章结构方面的审美能力，从而创作出高质量的作品。首先从完整度角度出发，文章中不同局部需要整合成统一整体，遵循文章局部适应文章整体存在的写作原则，确保文章局部及整体之间存在深刻联系。体现文章结构整体性的关键在于，使文章局部和整体表达同一主题，能将作者写作思路清晰呈现出来。对于抒情文、说明文和应用文等不同文本形式来讲，其情感起伏变化以及写作格式等方面，都需要有效结合起来，避免由于某个环节存在问题，导致整个文章质量低下。例如，教师在讲解文章结构时，需要针对某一类型文章，对其前面的暗示内容，以及后面的说明内容等进行阐述，以便帮助学生形成完整写作结构的意识，使得文章整体连贯起来，达到整体结构的协调和完整。另外，从连贯性这一角度出发，只有在保证结构连贯性的条件下，才能确保文章结构是完整的。为了达到这一写作目的，要求文章能做到在意念上互相贯通，在表达形式上有效衔接，进而带给读者较好的阅读体验。文章结构的连贯性不应受文章内容的影响，需要通过利用理性思维，将文章涉及的材料信息以及观点等系统地表达出来。以郁达夫的《故都的秋》为例，文章始终围绕对故都的秋的依恋这一主题，使得文章整个语言的运用都达到统一的语言表达效果，借助情感表达使得文章结构连贯起来，进而使文章具有较强的逻辑性。总的来讲，在写作实践的整个过程中，需要作者具备较强的审美能力，同时通过不断的写作实践，能逐步提升作者的写作能力，进而为其写作实践过程的顺利进行提供保障。

（三）在语言运用中提升审美能力

写作是运用语言表达思维的过程，而"语言一半是事物的代名词，一半是精神情感的代名词，它是事物同精神之间的一种媒介体"①。在写作教学中怎样提高学生语言运用能力是教学的难点。从写作心理学、词汇学、美学等理论基础观照写作行为，需要从如下方面加以重视。

首先，要强化学生审美修养。中国自古就有"文以载道"的说法，这是文章写作的价值追求。刘勰在《文心雕龙·原道》篇中说："'文'的本质乃是'道之文'。"而"道"在儒道两家中的解释有一定区别，儒家的道是指社会政治理想，反映人的生存态度；道家的"道"是人对天地自然的认识而产生的人生观、社会观与自然观。虽然各自站在不同角度阐释道的内涵，但两者都离不开人的因素。写作是客观事物作用于人的主观感受的能动反映，"原天地之美达万物之理"，文章的好坏主要取决于"道"的高下，而"道"的高下又取决于作者心灵境界。作者心灵境界是对宇宙、人生哲学的思想认识深度和审美品位。提高写作审美品位首要的是消除功利，心无杂念。中国哲学的最高境界是"天人合一"，作为万物之一的人，当然也应该具备这样的本质。王维之所以能做到"诗中有画，画中有诗"，正是因为他"胸次洒脱，中无障碍，如冰壶澄澈，水镜渊淳，洞鉴肌理，细观毫发，故落笔无尘俗之气，孰谓画诗非合辙也"②。写作教学的目的就在于培养学生摆脱名利等各种杂念的羁绊束缚，以使精神的骏马自由驰骋在艺术天地。除此之外，还要加强艺术熏陶，大学写作教学离不开对语言艺术技巧的追求。只有置身于美文美言的熏陶感染中，人的心灵才能获得净化与升华。孔子曰"仁者乐山，智者乐水"，审美和艺术在人们为达到"仁"的精神境界而进行的主观修养中能起到一种特殊的作用。因此，体验美文美语是大学写作教学不可或缺的途径。

其次，要增强语感，培养措辞技能。语感是对语句的总体感觉，是用词是否恰当准确得体，表达的内容与形式是否令人愉悦。措辞的技能是动笔当下时刻集中发挥作用的功能，包括语感能力和思维能力。所以在大学写作教学中的语感能力与思维能力的培养至关重要。思维能力前面已述，这里主要就语感能力培养做一些探讨。在文学领域，语言的情感表达作用比它的事物指示作用显得更为重要，信息的获得和情感的体验都可以从中得到，但情感的体验应该是更为根本的东西。语感的培养在传统的教学中积累了丰富的经验，主要体现在三个方面。一是多读多练，这是最为常见的语感培养方法。"书读百遍，其义自见""熟读唐诗三百首，不会作诗也会吟""善读者，始熟读而明其章句，继融会而究其义蕴"等正是古人

① 王淑娟.谈教师的课堂教学语言［J］.甘肃教育，2016（14）：25.
② 张泰捷.谈"虚静"与中国绘画的创作［J］.艺术教育，2008（03）：116-117.

读书的经验之说。反复阅读能将注意力集中到文本的内容里，感受理解其意境与思想，同时体会文章的节奏音韵之美。熟练地记忆、对文本的接受既是词语的积累，也是构句、成文模式的强制性植入。这样的强化训练，学生的语言感知速度和敏锐程度会极大地提高。二是品味语言，理解字词的深情意味，懂得赏析。韩愈在《答尉迟生书》中说："辞不足不可以成文。"一个人所掌握的词汇量与他的写作智商是成正比关系的。所以要经常留心自己的语言，经常观摩别人的口头语和书面语，这是增强语感力的又一途径。三是善于运用语言。生活与实践是语言发展和创新的源泉，生活的丰富多彩，不断变化，提供语言实践的无限空间，生活中的语言也是最丰富、最鲜活的，而且生活中的语言最能及时敏捷地反映时代文化，一个优秀的作家之所以能写出经典作品，就在于他有丰富的生活体验与语言技巧。尤其是当今全球化的进程中，民族语言的国际化趋势越来越明显，所以高校语文写作教学中，重视语言的积累义不容辞。

五、加强交流与沟通

（一）情境创设策略

交流及沟通能力是写作能力中的重要组成部分，通过加大对学生交流及沟通能力的培养，可进一步带动学生写作能力的提升。在实际写作教学中，可采取情境创设这一策略，为学生营造教学情境，促使学生融入交流环境中，促使他们能基于交际语境来进行写作实践。大学生已经具备了一定的写作知识和经验，还需要在这个基础上，加大对他们抽象概括能力的培养，能做到对文章主题的准确把握。出现写作实践中写偏题现象的主要原因在于，学生没有做到将写作主题和生活情境结合起来，由于对文章语境掌握不足，导致文章质量低下。因此，教师应注重教学情境的营造，为学生提供交流沟通的平台，不仅有利于学生对文章内涵的掌握，还能促进学生交流沟通能力的提高，进一步为学生写作实践的进行奠定基础。通过情境创设策略的实施，可为写作教学的开展提供有效途径，并在加大对学生交流沟通能力培养的条件下，提升学生的写作技能。

（二）目标导向策略

目标导向策略指的是基于交际语境进行写作时要有明确目的，交际通常指的是为了达到一定写作目的而展开的行为，而写作主要是为了解决某一特定问题而进行的。目前大学写作教学中，加大了对学生交流和沟通能力培养的重视，并希望在提高学生这方面能力的基础上，促使他们的写作实践活动顺利进行，利用清晰的理性思维和写作知识，形成完整的文章结构，并做到文章细节的有效处理。沟通与交流能力一定程度反映出学生思维能力和交际能力，对最终写作效果有直接影响，因此，有必要通过教学策略的实施，促进学生多方能力的综合发展。而目标导向策略在语文写作教学中的运用，能有效实现上述教学目标。例如，教师可通过明确写作目的，促使学生认识到写作教学主要是为了交际进行的，需要真正认识写作本质，进而树立学生交际意识，能利用自身的交流与沟通能力，来达到写作目的，发挥文章的信息传递作用。设定教学方向时，应保证教学实践围绕社会交际展开，以便符合学生提高交际能力的发展需求，是目标导向策略法在提高教学质量上积极作用的体现，在学生具备较高交流沟通能力的基础上，提高学生整个写作水平。

第七章
核心素养背景下高校语文口语交际教学

第一节　高校语文口语交际教学的地位

口语交际是听说双方在共同的语言情境中相互传递信息、分享信息的过程，是听与说双方的互动，是人与人之间交流和沟通的基本手段。在人际交往日益频繁的现代社会，口头表达和口语交际显得特别重要，已成为现代公民素养的重要组成部分。它不仅仅是一种语文能力，而且是一种应用最为普遍，具有不可或缺的基础性和特殊价值的生活和工作能力。口语交际能力的缺陷导致学生语文素养乃至学生精神结构的畸形，从而滋生一些连带的社会问题。

口语交际是最基本的语言活动，是满足生活需要的重要条件。古今中外大都十分重视口语交际能力，把优秀的口语交际能力称为"口才"，口才是人才的一个重要素质。早在春秋战国时期，我国就出现了许多著名的舌辩之士，留下了许多动人的雄辩故事。刘勰在《文心雕龙》中说："一人之辩重于九鼎之宝，三寸之舌强于百万之师。"古埃及、希腊、罗马等国家，都非常重视"话术"，演讲学、修辞学随之发展起来。而今，一些欧美国家把"舌头、电脑、金钱"列为三大法宝。

从人类交际的历史来看，文字产生前，人们是依靠口耳相传才使信息得以传播和交流，达到相互了解的目的。文字产生后，又增加了读和写两种交际方式，但口耳相传的口语交际仍然是人们进行社会交际的主要渠道和方式。由于现代科学技术的迅猛发展，口头言语使用的范围和频率发生了巨大的变化。多媒体传播广泛应用的传播方式已经把人们的"耳朵"和"嘴巴"推到了信息交换的前沿阵地，而且，在紧张、快捷工作中的人们似乎也更钟情于简捷、即时的口语交际方式。电讯传声技术的进步与普及缩短了人们之间的距离，使人们已经能够在千万里之外用口头言语进行交际。特别是言语录入已经成为现实，过去必须借助文字符号才能得以传递的信息，现在可以直接通过广播、录音、电讯、互联网等新型设备进行传递交流。这不仅大大扩展了口语交际的使用范围，其使用频率也远远超过了书面语言。而且，随着信息社会生活的进一步技术化、信息来源的多样化以及生活节奏的快速、直接，口语交际的重要性将越来越突出。

从语言学习和教学的顺序来看，听话和说话是言语活动的基础和先导，而阅读和写作则是在听说基础上派生出来的较高层次的言语活动。人们开始学习语言的顺序依次是听说读写。语文教学的顺序也应当如此。再从语文功能来看，口语交际是从事一切活动所不可或缺的。良好的口语交际能力是做好社会工作的基本条件，这不仅表现在现代社会人与人之间的横向联系大大加强，也是提高自己生活质量的起码的要求。口语交际还是人们学习语言、获取知识的基本途径和手段。更为重要的是口语交际特殊的育人功能，在口语交际过程中，人的思维能力将获得有效的发展。无论听还是说，都离不开注意力、观察力、记忆力、联想力和想象力等智力因素的参与。口语交际的双方不断接受言语的刺激，会引起头脑中已有表象的再现，还会经过由此及彼的联想和想象而再造出新的意象，产生新的思想。口语交际应用于信息的接收、编码、储存、分析、转换、输出，所有这些，几乎是在交际的"瞬间"完成的，速度的要求比读写更快，更能培养学生高度的注意力、理解力、表达力，因此，口语交际可以促进思维的发展，使思维变得异常活跃和敏捷。

以上几个方面，决定了口语交际教学的重要地位。口语交际可以在自然的状态下进行，但口语交际能力不可能在自然状态下有效地发展。不经过严格训练的口语交际水平是不能适应社会发展需要的。口语交际教学是在教师指导下的言语实践活动，是培养学生语文素养的重要内容和途径。

高校语文中的口语交际教学任务十分艰巨，一是它的紧迫性，二是它的重要性。口语交际能力的优劣往往表现得十分明显。在我国的大学教育中，大部分学生毕业后就要从事具体的社会职业，口语交际能力是他们的从业技能之一。为了学生准备就业，能够自如地参与社会活动，我们必须培养学生的"言语行为能力"，顺利地实现在实践情景中与人交际。

第二节　高校语文口语交际的特点和能力结构

一、口语交际的特点

口语交际靠声音传达，直接交际，现想现说，入耳入心。靠声音传达是口语交际的重要特点。声音传达信息具有便利性和丰富性。便利性是指发声成语，诉诸听觉，比文字传达信息要方便、快捷。接受信息也不需要依靠更多的外部条件，口语交际，一口一耳即可展开交流。丰富性是指发音的轻重、语速的快慢、语调的升降、停顿的长短等所构成的变化多样的语气。它可以增强表达的效果。这一点是书面语言表达所难以企及的。

直接交际是指交际双方（也可以是多方）都在场的即时性的交流。这一特点决定了口语交际的现实针对性和及时调节性。现实针对性是指说话者既要顾及社会文化背景，又要适应具体的交际场合，特别是要切合眼前交际对象的特点，说话要力求得体。及时调节性是指在交际过程中，对象总会通过神态、动作、言语对所接受的信息做出种种反馈，说者根据反馈的信息及时调节，随机应变。直接交际还可以用表情、手势、姿态等形体语言对传达的信息进行补充和强化。

口语交际一般没有书面文稿，大都是在很短的时间内形成说话的思路，并且是现想现说，边想边说。这要求说者的思维必须十分活跃，一要迅速调动有关的信息积累，大致确定说的内容和形式；二要及时把握听者的反馈，对自己发出的信息做出评价并制定出下一步表达的策略。口语交际在思维上表现为对言语内容的直觉和综合的把握。

声音转瞬即逝，口语交际又是一个步步推进的过程。听者须集中精力，入耳入心，把接收的信息及时纳入自己的认知图式，同时做出积极的反应。

二、听话能力的构成要素

听话和说话是口语交际的两种主要的形式，身体动作是口语交际的辅助因素。因此，口语交际能力主要包括听话能力和说话能力。

"听话能力"与"听觉能力（听力）"不是同一个概念。"听力"是指人的听觉分析器的生理功能，是大脑颞叶的听觉区接受听觉感受器传入一般声音引起的神经活动。这种功能动物也有，有些动物的听力甚至超过人类。听话能力则是指人对言语信息的认知能力，它是人类特有的智力活动。听力是听话的生理基础，但听话能力则是后天教育的结果。

听话是一种复杂的心理过程。心理学研究表明，听话的一般过程是：接收语音—理解语意—存储语意—做出反应。它是由既相对独立又相互联系的若干因素构成的一个能力系统。其构成要素主要包括注意力、辨音力、理解力、记忆力和品评力等。

1.注意力

听话除了通过听觉器官接收语音信息之外，还要通过心智活动进行分析、理解、判断所接收到的语音信息，并对这些信息做出反馈。但是，由于口头言语具有声尽语失、稍纵即逝的特点，听话者无法控制声波传递的速度和时间，因此听话时必须聚精会神，自觉地保持高度的注意力。唯有集中注意力专注地倾听，才能听得清楚，抓得住要点，进而理解话语含义，做出正确评价。另外，心理学研究表明，人们对事物的感知停止后所产生的印象要持续 0.25 ～ 2 秒的时间才会消失。如果对感知的事物集中注意力，那么，持续的时间就会转入 5～10 秒的短时记忆。由此可见，集中注意力是构成听话能力的重要前提和第一要素。

2. 辨音力

口头言语是语音、语义、语法的统一体。语音是语言的物质外壳，言语的交际功能基本上也是由语音来体现的。事实上，人在听话的时候，首先是从听到语音开始的。人唯有听准了对方的语音声波，然后才能领会、理解对方讲话的意思。然而，由于每一种语言里的语音都有其特定的结构法则和组合顺序，不同的语言还有不同的语音音波——音高、音强、音长等，其千变万化，代表着不同的语义、感情色彩和言语风格。音波又具有瞬时性。所以，听话时要具备对语音序列、语音音波等语音物质的辨识能力，学会在瞬间内把声音听清楚、听准确，并能辨别出语气的长短粗细、轻重缓急、强弱快慢、抑扬顿挫，还要能够从上下句的关系中迅速而准确地判断出近音、同音词的含义等。否则就很难听懂话语。

3. 理解力

准确迅速地理解对方话语的内涵和意义、获得有用的信息是听话的根本目的。如果不理解别人说话的内容，听话也就失去了意义。在听话过程中，理解是关键。听话的理解力主要体现在两个方面：一是对话语字面意思的理解能力；二是对"话外之音""言外之意"的理解能力。这要求听话者在听话时不但要用耳，更要用脑，要边听边思考。所谓听懂，就是能通过对接收到的各种语音信息的分析、判断，从而准确地把握话语的内在含义，做到分清主次、抓住中心和要点，听出"潜台词"，体会出话语中蕴含的思想感情。这是听话能力最根本的要求。因此，理解能力不仅构成了听话能力的核心要素，而且也是衡量听话能力强弱的重要尺度，是训练听话能力的基本内容。

4. 记忆力

记忆是人脑对输入的信息进行编码、储存和提取的过程。外界信息输入大脑的渠道有很多条，其中最重要的是眼睛和耳朵。"耳朵"指的就是听话。听话不仅要听清、听懂别人的话，而且还要记住。听话必须记忆。否则，左耳听进，右耳冒出，听话就失去了价值。记忆力能反映出听话的质量，是听话能力的重要方面。

5. 品评力

品评话语的能力是指听话者在全面理解话语内容的基础上，对所听到的话语产生情感上的反映，并根据一定的标准做出理智上评判的能力。它是构成听话能力系统中较高层次的能力因素。这是因为，任何人在讲话时都有一定的目的，话语中也总寄寓着思想感情，而仅仅听懂对方话语的表层意思，显然并非听话活动的终结。一个善于听话的人，必定会依据场合、对象、情景的不同以及说话者的语气、语调和体态语的变化，在理解语音的基础上品评出对方言谈中的感情色彩、价值观念，并通过进一步分析判断，区分正误，鉴别美丑，品评优劣，从而决定自己对话语信息的取舍。

此外，由于说话者发音器官的生理差异、发音方法的不同，以及个人文化素养和表达能力的差异，因而说话的风格和特点也不同。这都需要听话者具有较强的听话品评能力。否则，难以拨云见日，去伪存真，真正理解话语中所寄寓的思想感情。

三、说话能力的构成要素

我们讨论的说话不包括"乱说话"，而是指为了实现既定的目标，迅速组织语言而进行有效表达的过程。说话能力是一种综合能力。它包括说话本身的技能技巧，也反映了说话者的心智水平。一个人的知识储备是说话的基础，思维的特点直接支配着说话的风格。同听话能力一样，它也是由许多因素构成的一个能力系统，其构成要素主要有：组织内部言语的能力、快速的言语编码能力、运用语音表情达意的能力等。

（一）组织内部言语的能力

口语交际要先想后说，或者边想边说。"想"就是组织内部言语。内部言语产生于大脑神经中枢，头脑中储存的所有的信息资料，经过它的筛选、分析、综合、推论、联想，生成了想要说的话，即内部言语。内部言语是散点式和意向性的。组织内部言语一要思维敏捷，二要思维宽广和周密。敏捷是指组织内部言语要快。在交谈中，边听边想，对方在说，自己且听且想，聆听之中就想好了如何对答。在独白时，也不能只是念稿子，而是有了构思的框架，确定了主要观点，在与听众的交流中去发挥、充实。思维的宽广和周密是指组织内部言语要条理清晰，不遗漏重要的观点和事实，不出现大的片面性和逻辑的混乱。内部言语组织得越好，口语交际就越流畅，越精彩。

（二）快速的言语编码能力

人们说话时将内部言语转换为外部言语，就是迅速地将"意思"扩展开，并按一定的语言规则进行言语编码，使之形成词汇系列，串联成句子，内部言语就转换成了外部言语。这种把"意思"转换成句子的言语编码是极为神速的。言语编码有两个必需的条件：一是说话者要有较为丰富的词汇储备可供选择和比较，编码中不致因词不逮意而卡壳。二是要谙熟语法规则，熟悉本民族共用的语法规范，说出来的话符合言语习惯，好懂好记。这种谙熟主要不是建立在语法知识之上的，而是产生于在言语实践中形成的良好的语感。具备了这两个条件，说话才可能如泉涌。

（三）运用语音表情达意的能力

有声言语是以声波形式将语音传递到听话人的耳鼓进行交流的。在这个过程中，意思是通过语音传达的，意思和语音融为一体，所以语音极为重要。说话人必须能够控制语音，做到发音准确清晰，善于运用语调语速等发音技巧，通过语音的抑扬顿挫，使语音能恰切地表达和强化自己的意思。其主要内容有：坚持说普通话，准确掌握普通话的语音发音标准。吐字发音准确、真切，做到语音明晰。懂得一些气息与共鸣的知识，并能够运用。掌握重音、停顿、语调、语速、语流的调控技巧。重音，指突出强调某一词语或句子，在口语表达中起着重要作用。停顿是说话中的间歇，既是调节呼吸的生理需要，又是传情达意的一种方式，还是镇定自己、组织内部言语、调节与听者关系的一种技巧。语调是表情达意的重要技巧。相同的词语系列，用不同的语调说出，它的意思会发生很大的变化，甚至截然相反。语速指适当的说话速度。说话的速度既与所说的内容、说话的情绪紧密联系，又要有利于说话者组织内部言语，完成词语的编码。语流是说话时语音按照一定规则组成的线性序列。合适的语流能使各个句子的含义达到表达的最优化。

另外，形体语言在说话的过程中也起到很大的辅助和强化作用，是口语交际中不可缺少的一个重要因素，它能够很好地弥补语言在传递信息中"言不尽意"的缺陷，帮助信息传播者跨越语言障碍，准确地传递信息。美国人类学家博厄斯指出，人的体态运动实际上是一些能够加以揭示的密码，诸如表情、眼神、手势、位置、距离等都能惟妙惟肖地传情达意。形体语言是通过表情、手势以及身体其他部分的动作来表达思想感情的一种无声语言。形体语言包括胸部语言、手部语言、头部语言、腿部语言、服饰语言等，其中头部的面部表情是最为丰富的无声语言，腿部语言是下意识的最为真实的语言，手的动作运用最多，服饰最引人注目，传达的信息也比较直观感性。形体语言丰富而又微妙，分寸的把握极为重要。要练习运用自己的形体语言，向社会传达优雅、善意、自信的形体信息，比如挺直的脊梁、充满魅力的微笑、炯炯有神的目光，既是交往者自信、能力、修养的体现，又在社会交际中发挥着重要的作用。

第三节　高校语文口语交际的教学目标

一、口语交际的社会性

社会生活离不开语言，人们在以言行事。人类交际的基本单位不是句子或其他任何表达手段而是完成一定的行为，说话本身就是一种行动，这种行为的实现还可能给听者带来某些后果。因此，说话不仅要清晰流畅，更重要的是用语言准确地揭示事物之间的存在关系。说话就是做事，做事既要遵循事物的规律，还要符合做事人的文化心理。以言指事，以言施事，以言成事，用说来做事或传递交际意图，用说话影响对方产生期待的效果。听话也不能止于听清楚了，还要准确把握说话人的信息意图和交际意图。学生不仅要具备语音、词汇、语法的基本知识，听、说、读、写的基本技能，而且还要具备一定的语用能力、推导能力、文化判断能力。

在语言的使用中，说话人往往并不是单纯地要表达语言成分和符号单位的静态意义，听话人通常要通过一系列心理推断，去理解说话人的实际意图。要做到真正理解和恰当使用一门语言，仅仅懂得构成这门语言的发音、词汇和语法是远远不够的。阅读教学特别要重视在一定的上下文里语言的使用，包括所产生的字面意义和蕴含意义，以及可能产生的效果。

人们的正常语言交流总离不开特定的语境，语境"就是被认为是交际双方互相明白的内容和各自了解的情况，对于理解说话人的话语意义有很大的作用"[①]。这里的语境包括交际的场合（时间、地点等），交际的性质（话题），交际的参与者（相互间的关系、对客观世界的认识和信念、过去的经验、当时的情绪等）以及上下文。语境不光指上下文或话语发生的环境，还包括文化和科学知识，常识，或者说是交际双方的精神、社交和物质三个世界。这些差异影响到交际的思维模式和语义理解的不同，因而可能造成交际中的误解。语境直接影响着人们对话语的理解和使用。

比如，中国人的思维是整体性的、演绎性的，而西方人的思维则是分析性、归纳性的，这些差异在跨文化交际中将会产生不同的话语策略和交际风格。外

---

① 于秋月.精心指导课外阅读 提高学生语文素养［J］.科普童话，2020（19）：16.

国人听中国人说"望子成龙"时，经常感到疑惑不解，因为西方人认为"龙"（dragon）是非常可怕的，而中国人则认为龙是神圣的，是权力的象征。在非言语交际中也存在同样的问题，如同性之间适当的身体接触，中国人会联想到友谊，而西方人则会想到情爱。中国人对于别人的赞美表示谦虚是出于礼貌原则，而外国人对于别人的赞美表示接受和感谢也同样是出于礼貌原则。来自不同背景的话语双方通常会按自己的文化观来评判对方的行为，那么话语双方就极有可能在跨文化交际中遭遇语用失误。如中国人用"老"称呼他人来表示一种尊敬和友好，"老张"可能只有三十或四十岁，而"张老"则可能是一个七八十岁受人尊敬的长者。而在西方文化中，女士年龄是个人隐私，称呼中有"老"会被人理解成岁数大。

实际上，人们进行言语交际的整个活动都是在语境的制约下进行的。只有通过语境才能正确理解发话人和受话人的"言外行为"，即他们的真实意图。所谓语境，从字面上理解，就是语言使用的环境。确切地说，语境既指言语交际时言语活动所存在的场合，即周围的自然和社会环境等，又指言语活动得以发生的前提和条件。前者称为外显性语境，后者称为内隐性语境。外显性语境对言语活动的作用比较明显、直接。内隐性语境则比较隐蔽、间接，它多指言语交际的时代、历史、社会背景、交际双方的社会身份、相互关系、地位、知识、文化素养、交际者未用话语交代的具体的交际目的，这些因素多半隐含在交际双方的心里，要靠对话语的分析，从中找到隐含在话语背后的东西。教学过程的重心应是发展学生的情景理解能力、语用能力以及文化认知能力，能够运用所学语言在不同的场合，对不同的对象根据语境来实施有效的、得体的言语行为。

二、口语交际的教学目标

（一）口语交际态度的目标

口语交际应当具备的正确的态度是谦虚、积极、求实、负责和自信。谦虚就是要尊重他人，文明交往，虚心学习，博闻广识，建立良好的人际关系。积极就是要善于使用大脑。听话时不能把大脑只当成一个接收器、储存器，还应当成一个检测器和共振器，对接收的言语信息及时地做出反应。要善于配合对方，形成和谐的交际氛围。说话也不能"自言自语"，而应察言观色，注意说话信息的反馈，并根据反馈的信息调整说话的内容和形式，以达到沟通的目的。求实和负责，就是说话要实事求是，言之有理，言之有据，不说假话、大话、空话。在口语交际中养成科学精神和正直的人格。自信，外在的要求是仪态大方，积极参与，敏捷应对；内在的要求是敢于说出自己的真情实感，展现自己的个性风采。要善于和别人合作。良好的习惯包括礼貌待人，注意力集中，不左顾右盼、漫不经心。听话要有耐心，不随意插话，要及时反馈信息，以期对方再给予说明。说话要热情大方，表达清楚完整，能适当地运用形体语言配合说话。

（二）口语交际心态的目标

口语交际的心态是指在口语交际活动中所表现出来的态度、习惯等个性特征。大学生口语交际要端正心态，积极、自信和真实。积极参加社会活动，重视在各种交际实践中学会口语交际，自觉增强人际交往能力，适应现代社会交际的需要。能考虑不同的目的要求，以负责的态度陈述自己的看法，培育科学理性精神。在讨论或辩论中积极主动地发言，恰当地应对和辩驳。积极参与生活，体验人生，表达真情实感，在生活和工作中，面向他人和社会发出自己真实而有价值的声音。

（三）口语交际能力的目标

听话的能力主要是指在听话活动中表现出来的注意力、辨音力、理解力、记忆力和品评力等素养。注意力是指专注倾听，聚精会神，领会对方的意图。辨音力是要求准确地辨识对方声波的变化，敏锐地辨识语气语调，细致地感知对方传达的意思。理解力要求既要理解字面的含义，还要把握言外之意。记忆力的要求是快速记忆，整体理解。品评力是指要留意说话者发音的不同及说话风格上的差异，鉴别听话内容的正误优劣。总之，要善于倾听，敏捷应对，恰当地进行表达。

说话的能力是由多方面的因素构成的，有生理和心理的因素、知识和智力的因素，也有表达技巧的因素等。主要的是思维阶段组织内部言语的能力，转换阶段快速编码的能力，表现阶段运用语音、语体的能力。能根据不同的交际场合、语境和人际关系，借助语调、语气和表情、手势，提高口语交际的效果。能够运用充分的材料表达自己的观点，说话不仅要说清楚，还要尽力感染对方，说服对方。

第四节 高校语文口语交际能力的培养

一、口语交际能力培养的原则

口语交际能力受多种因素的制约，如知识、阅历、性格、心态、思维等，众多因素共同构成口语交际的能力。因此要培养学生的口语交际能力，必须从根本上提高各种相关因素的水平，比如丰富知识，开阔视野，积极参加有益的社会活动，养成开朗明快的性格，具有开放和自信的心态，锻炼敏捷的思维等。这涉及许多方面的问题，也就是说，要从一个广阔的范围内来制定口语交际能力培养的策略。

（一）在具体的交际语境中培养的原则

口语交际是听与说双方互动的过程。口语交际教学活动要在具体的交际情境中进行。我们不能指望通过传授口语交际知识来培养学生口语交际的能力。任何能力都是在亲身实践的过程中获得的。口语交际能力也必须在口语交际的实践中才能养成。具体的语境包括交际的对象、交际的任务、交际的过程三个要素。这项原则要求我们要努力选择贴近生活的话题，采用灵活的形式组织教学，鼓励学生在各科学习活动以及日常生活中锻炼口语交际能力。

（二）以具体材料激活学生内心感受的原则

言语是思维的现实，思维必须在内心感受的基础上才能驱动。如果缺少内心的真实感受，思维将是疲惫的，言语也是苍白甚至虚假的。就是说，缺乏真实性的口语交际，不但不能真正促进学生的发展，而且还十分有害。激活学生的内心包括学生感兴趣的材料，学生的积极参与，学生交际的真实有效三个要素。这项原则要求我们了解学生的思想状态和内心需要，从广阔的范围内选择对他们来说有趣又有益的材料，精心设计交际的语境，开展丰富多彩的交际活动，吸引学生参与其中，主动言说。

（三）和阅读教学相结合的原则

口语交际教学跟阅读的结合有两个方面的内容，在教学的形式上，那些脍炙人口的作品容易让学生产生情感的共鸣，产生言说的欲望和兴趣，教师引导学生把自己阅读的感悟和理解表达出来。阅读中的感悟、理解主要是借助内部言语进行的，将读的结果说出来的过程，就是把内部言语转化为口头言语。可以选择将语文课本上的作品设计成切合学生的生活应用、具有实践性的交际活动，进行说的训练。这些作品也可以通过范读等形式来训练学生听话的能力。朗诵文学作品，准确把握作品内容，传达出作品的思想内涵和感情倾向，具有一定的吸引力和感染力，也是练习说话能力的好方式。在阅读教学的内容上，注重言语语境义的分析，培养学生对语言运用语境的敏锐感知能力非常重要，因为任何口语交际都是在一定的具体的语境中完成的。语境可分为背景语境、情景语境和上下文语境。背景语境由言语交际的社会、历史、文化背景和交际双方个人历史、文化背景所构成，是内隐性语境。情景语境由进行言语交际活动的时空状况和具体的情景事件以及交际双方现实心理状态与彼此间的关系所构成，属于外显性语境。在指导学生训练听力时，教师应结合对课文言语的理解，及时地指导学生认清情景语境，正确地理解听力材料。上下文语境就是具体的语境，即狭义的语境。教师应该要求学生认真听好全文，把握文章的总体大意，接着在分析和理解某个句子或段落乃至全文时，提醒他们不要孤立地去看某句或某段，也不要只看它们的语法性质和语义内容，而应该联系上下文，也就是要联系某句或某段的前言后语，去理解它们的"言外之意"。指导学生根据语境去理解话语所隐含的言外之意，即言语行为理论中的言外行为，以正确地理解说话人的真正目的和意图，从而进一步提高学生的听力理解水平。

（四）密切联系现实生活的原则

现实生活中，每天都发生着大量的新鲜事，这些事因为离我们很近，甚至与我们的生活密切相关，因而最能打动人心，引起思考。如果我们有选择地加以引进和编制，会成为非常有意义的口语交际教材。选择的要求是：学生能够理解的事情，有争议的事情，有内在教育价值的事情，和学生相关的事情。应当充分发挥多媒体的功能，一是从多媒体上搜索采集所需要的材料，设计话语情境，向学生示范说话的方法等。二是把多媒体作为训练的方式，比如录音、录像等手段的运用，可以提高学生参与的热情，让他们直观、反思自己口语交际的水平，对于纠正发音的错误、姿势的不当是切实有效的。

二、口语交际能力培养的方式

培养学生口语交际能力的方式很多,有语文课堂上形式比较单一的,也有实践活动中综合性的。对于大学生来说,口语交际能力的培养应当更重视运用综合性的实践活动,比如演讲、辩论、演出等校园社团活动以及社会实践活动,这些活动成效切实、显著,对学生的锻炼是多方面的。笔者在此介绍常用的几种形式。

听话能力训练的方式。由于听说读写四种能力是相互交织、相互促进的,因此,要培养其中任何一种能力都需要与其他三种能力的训练相配合。听话能力训练尤其如此。因为听话能力的高低强弱是无法单独进行评估的,它必须以说、读、写的活动为检查手段。由此观之,在语文教学中进行听话能力训练,其训练方式也是多种多样的。实践中常用的听话训练方式有:听问回答、听后复述、听写听记、听读听播、听辨听评。

听问回答是指针对听到的发问,准确地做出理解判断,并予以回答的一种听话技能训练。听问回答是一种边听边思考的紧张思维活动,是训练学生听话的有意注意力和听话的分析力、推断力常用的方式。训练的具体方法是:首先教师要提出问题,并给学生留出思考时间,学生根据教师的发问认真思考,做好回答准备;然后学生回答问题,其他学生认真听答;最后教师或学生还要评答。听问回答训练一般应结合课堂教学内容进行,训练的侧重点在于"听"而不在于"答",主要目的是锻炼学生的听话技能。教师备课时应精心设计提问,以吸引注意,激发学生思辨,促进听话能力的形成。

听后复述是指把听到的材料用自己的话语或文字复述出来的一种听话技能训练。这种训练包括了收听、记忆、理解、转述几个环节,是使刚接收到的言语信息引起的暂时神经联系得到强化,加深印记,防止遗忘的有效措施,是运用耳口相结合的方法训练学生听说能力的重要手段,对培养学生的记忆力、理解力,促进表达能力的提高具有重要作用。听后复述一般包括听后概述、听后详述和听后创造性复述三种方式。其中听后创造性复述是在听知材料的基础上,从有限的材料出发,展开想象和联想,创造性地复述出来的一种听话技能训练方式。训练的要求是:复述者能从原听知材料出发,借助联想和想象,并用自己的生活经验和知识来补充和丰富复述材料。听后复述可分为口述和笔述两种形式。

听写听记是指运用文字符号把听读听说得到的有声语言材料准确迅速记写下来的一种听话技能训练。这种训练是把口头言语迅速转化为书面语言的过程。它需要耳、脑、眼、手的密切配合,多种感官协同才能完成。因此,这种训练不仅可以加深对听写听记内容的识记，培养学生稳定的注意力、敏捷的反应力，强化记忆力，而且还可以促进言语理解能力、组织能力和表达能力的发展，同时，也有利于锻炼学生的动手能力。听写听记训练可分为听写与听记两种形式。听写训练一般用于课堂教学，重在训练学生的听辨力、记忆力和快速组织言语的能力。听记训练除课堂听讲外，还常用于开会听讨论、会议听报告、调查与采访等，重在训练学生速记要点的能力。听写听记训练不应局限于课堂，应注意向课外延伸，使课内课外结合，让学生在实践中提高听话能力。

听读听播是指以静心听取他人诵读文字材料或收听广播为内容的一种听话技能训练。这种训练要通过聆听他人读文或广播来理解内容，记住要点，品评优劣，有利于培养学生在一定时间内自觉地把注意、思考指向听知内容的能力，有利于克服粗心大意、不用心听话的习惯。这种训练由于既要用心捕捉语音声波，辨别声调变化，又要对听到的内容进行分析判断，因而，又有利于培养学生边听边思的能力。这种训练易于使学生进入角色，进入意境，产生情感共鸣，受到感染和教育。此外，这种训练对学生接受语感的熏陶和提高普通话水平也大有裨益。听读听播训练一般不单独进行，常与听辨、听述、听议、听评等结合进行。

听辨听评是指对听到的话语材料进行辨别、判断、鉴赏、评价的一种听话技能训练。这种训练由于要一边聆听话语的内容，一边思考，并对发音、句读、内容、语味、表情等做出辨误、判断和评价，所以，这种训练可以锻炼学生思维的敏捷性、广阔性、深刻性、创造性和批判性，提高学生听话的注意力、辨别力、判断力和品评力。训练的具体做法是：首先教师要有计划地组织好听辨听评的话语材料；然后由教师（或学生）朗读、讲述或播放录音，师生边听边想；听后再由教师组织学生开展或辨误、或赏析、或评价的活动；最后教师应进行辩证和评析总结。总之，这种训练是在准确听记的基础上进行的，旨在训练学生的听辨听评能力，所以，这是一种难度较大的听话能力训练。

听话训练的方式还有很多。教师要根据培养目标和学生的实际情况，灵活地运用并努力探索最有效的听话训练方式。

说话能力训练的方式有：朗读和朗诵、课文复述、课堂谈话、讨论、口头作文、演讲、辩论等。

朗读和朗诵对说话能力的形成起着基础训练的作用。虽然朗读和朗诵是依据现成书面材料的说，但它依然是把某种信息转化成有声的言语。钻研书面材料，理解、感受，化成自己的思想感情，在这个过程中，学生能够体会到如何组织内部言语，如何进行语言编码，以及最终实现向有声言语的转换。特别是朗诵，对学生吐字发声、形体姿势等说话技能技巧的形成有重要的促进作用。

学生复述课文是在理解吸收的基础上进行的，由于复述的内容是现成的，他们可以着力于内部言语的组织和向有声言语转换。转换中，可凭借原文来实现词语编码。因此，复述对丰富学生的语言，体会内部言语组织的奥妙之处——这恰恰是难以说明的，唯有靠自己感悟和意会——从而提高学生口头表达的能力，是富有成效的。

谈话和讨论既是东西方都很推崇的一种古老的教学方式，也是当今培养学生说话能力，促进学生发展的好途径。因为谈话、讨论是在互相切磋中进行的，要听清别人的观点，及时发表自己的看法，所以，对于培养学生思维的敏锐和思考的独立很有价值。在谈话和讨论中，教师要指导学生弄清别人的意图，抓住主要观点，归纳不同意见，并找出其分歧所在。表达时要针对对方的观点来考虑自己的发言，思考好发言的要点，据此生发开去，迅速组织说话的材料，进行内部的词语编码和外部言语的转换。

口头作文训练难度大，综合性强。作文的"话题"提出后，要给学生一点构思的时间，然后当众述说。口头作文能够对学生的说话能力进行全方位的锻炼，是一种切实有效的训练形式。

口语交际能力的培养自然应该融入日常的语文课堂教学中，但是，口语交际是双方的互动，听说结合更贴合现实生活中的交际情形。所以，一个优秀的高校语文教师更应热情鼓励、积极倡导学生参加综合性的实践活动，并且巧于策划、主动组织、亲自指导。在这方面，教师应充分发挥社团的作用，经常开展报告、演讲、辩论、演出和采访、调查等社会实践活动。这是综合性很强的言语实践活动，教育的效率很高，语文教师和学校要经常组织开展此类活动。在生活实践中，以口语交际的形式完成一项现实任务，解决一个具体问题，学以致用，增强自信，这是口语教学的最高境界和最终目的。

在各种形式的听话训练中，要充分发挥教师的主导作用。主要包括：设计交际语境，提供相关材料，积极组织，具体指导，做好示范，热情鼓励。特别不能忽视的是，每个人说话的素质并不平衡，由于生理、生活的不同，事实上存在着差异。对那些说话能力差的学生，教师应分析其原因所在，给予热情的鼓励和具体的帮助，让每个学生都有说话的机会，口语交际能力都能得到发展。

第八章
核心素养背景下高校语文教师
素养观培育

第一节　高校语文教师的角色定位

一、高校语文教师的心理角色

孟子说："君子有三乐，而王天下者不与存焉。父母俱存，兄弟无故，一乐也；仰不愧于天，俯不怍于人，二乐也；得天下英才而教育之，三乐也。君子有三乐，而王天下者不与存焉。"（《孟子·尽心上》）"得天下英才而教育之"是自我价值的实现，能够为社会培养有用人才是一种极大的精神满足。教师要在日常的教学中实现自己的人生价值，在教育学生成才的过程中延续自己的生命，时刻不忘自己育人的责任并且勇于承担责任。好老师不能仅仅把教师职业作为谋生的手段，更应把它作为安身立命之所在，在对教育的追求中实现自我发展的人生目的。

在社会从传统向现代转型的时期，教师职业受到多方面的挑战。现代化把个人的物质利益推向了价值的核心，原本丰富的人简单化为经济动物，人类相信经济手段可以解决一切问题。现代性导致了社会各要素的分离，然而，教育却是统一的——德智体的统一，过去、现在与未来的统一，本土与外域的统一。一方面，教师是经验的传承者、个体社会化的促进者、个人成长中的引导者。教师要学为人师、行为世范；另一方面，社会的现代性又是经济的和个人主义的。在这种社会状态下，教师普遍滋生了一种职业角色的困扰，这实质上是现代性与传统交织产生矛盾的结果。"春蚕到死丝方尽，蜡炬成灰泪始干"是对教师职业的一个经典描述。现代性严重消解了这个信条存在的现实基础。

在我们当下的高等教育课程中，高校语文教师是一个特殊的群体，他们的职业困扰除了社会的现代性所造成的心理分裂之外，还有其他原因。高校语文课程开设已有百年历史，20世纪80年代以来，一直有专家呼吁将高校语文列为本科必修课程。语文的重要性已为社会各界所认同，《国家"十一五"时期文化发展规划纲要》也指出："高等学校要创造条件，面向全体大学生开设中国语文课。""但在许多院校，高校语文实际处于边缘地带。有的学校中文系有'高校语文'教研室，但也处在边缘位置。当然，也有一些学校不设专门的'高校语文'教师岗位……加上现在教育界风气不太好，很浮躁，所有的大学都在奔科研成果的指标，基础教育包括'高校语文'更是受到排挤：科研有'显示度'，就都奔科研去了，教学好坏无关紧要。在这种情况下，如果一个教员总是教'高校语文'，是可能没有'出路'的：如果不发表专业文章，你'高校语文'教得再好，也很难晋升职称。所以大家的心就不会放在'高校语文'教学上。不能因此责怪老师，主要还是体制问题，是'指挥棒'的问题。"①这番话说得很中肯，道出了高校语文教师学科身份缺失带来的焦虑及其原因。高校语文"被认为重要"又"被实际忽略"的现实，使许多教师对自己的工作不能给予较高的价值肯定，反而产生深层的"自卑情结"，对自我专业发展感到迷茫。

最理想的职业角色应该是与从业对象融为一体的，能够从主体对象化的过程及结果中确证自己作为人的本质力量。动物不把自己同自己的生命活动区别开来。它是自己的生命活动。人则使自己的生命活动本身变成自己意志的和自己意识的对象。因此，教师要做灵魂的工程师，首先要做一个理想精神的守望者。我们也只有站在这个坚实的基础上才能讨论高校语文教师的职业角色。

教师的职业角色并不是一种自我选择，而是具有相当程度的社会规定性，体现了社会对从事教师职业的人所形成的一种期望行为模式。职业角色的定位是由职业的内在要求和外在期望所决定的。教师职业角色内在要求是传播人类文化，培养社会所需要的人才；教师职业的外在要求是社会赋予教师的期待，包括社会理想和社会规范等。教师的角色不是单一的，一个教师要同时扮演好多种角色，承担多种任务。我们在此只讨论高校语文教师职业的心理角色。高校语文教师的心理角色是指语文教师应该具备的心理方面和思维方面的素质以及行为规范。高校语文教师是人文精神的弘扬者，高校语文教师应该成为学生的精神导师。同时，高校语文教师应该找到专属于自己的风格，倾听自己内心深处的声音。"一个人应该在与其他人的联合中使自己沉入到作为历史具体的整体的世界中，以便在普遍的无家可归的状况中为自己赢得一个新家。他与世界疏离造成了一种精神的个性，而沉入则在个体自我中唤醒一切属人的东西。前者要求的是自我修炼，后者是爱。"②语文教师职业的最高意义正在于此。

语文教师肩负着传递优秀文化的重任，是精神价值的阐述者，是丰富感情的点燃者。在人们的心目中，教师往往被认为是"社会的代表"和"伦理的化身"。语文教师往往容易引起学生的认同感，从而产生模仿的行为。语文教师最容易与学生交流思想认识，语文教师自身的文化修养会直接影响学生的精神世界。学高为师，身正为范。语文教师要在知识、能力和做人方面给学生做出榜样，把深厚

---

① 王淑娟.谈教师的课堂教学语言［J］.甘肃教育，2016（14）：25.
② 黄翠霞.有效的课外阅读提高学生语文素养［J］.学周刊，2019（12）：129-130.

的情感倾注于教学之中，这是语文教师应有的教育修养，也是搞好语文教学的重要基础。在讲课过程中，讲到悲的地方会潜然泪下，讲到喜的地方则兴高采烈，讲到美的地方会心驰神往，讲到丑的地方则怒形于色。用感情的力量撞开学生思维的闸门，激起学生情感上的共鸣。

语文教师精神导师的身份是做教师的至高境界，臻于这种境界的必要条件是对学生精神生命充满人间大爱的殷切期待。学生美好、强健的生命应当成为教师坚持不懈的终生追求。你唤醒了他的灵魂，你给了他力量，你眼中的光影成为他生命航船上一直高挂的风帆。这既是学生的幸运，也是语文老师的幸福。

二、高校语文教师的行为角色

教学过程中有两种不同的教师角色：一是"牧师"，二是"老板"。所谓牧师，就是以权威的身份传播"真理"，即所谓的"布道"；而老板的任务则是组织员工积极生产以争取最大的利润，他的任务主要是策划。教师以先知的优越感向学生传播前人的知识，类似于牧师的布道，学生的创造并不是他所追求的目标。"老板"型的教师应该善于创设研究的课题，组织和引导学生的研究过程，追求的目标不再停留在对前人认知结论的掌握上，所追求的最大"利润"应该指向学生思维成果的产生和创造性思维习惯的养成。教师亟须完成从"牧师"向"老板"角色的转变。

在我们这个时代，一个人生存和发展的最重要的资源就是创造的精神和能力。创造的精神和能力并不是在占有了大量的知识之后自然形成的，而是在学习知识、运用知识的过程中生成的。那种认为学习只是接受前人的知识，学习书本上的知识，谈不上什么创造的观点是错误的。固然，书本上的知识对于人类来说是已有的认知成果，从科学的角度来讲，学习这些成果算不上什么创造。但对学生个体来说，却是"未曾发生的"，如果学生在学习的过程中探明了"知识"的来路，并且学会了应用，这对他们来说就是创造，因为这确实是他们一系列思维活动的成果。真正的学习者是从自己的经验中建构自己的意义的人。

联合国教科文组织国际教育发展委员会在《学会生存》中指出："教师的职责现在已经越来越少地传递知识，而越来越多地激励思考，除了正式职能以外，他将越来越成为一位顾问，一位交换意见的参加者，一位帮助发现矛盾论点而不是拿出真理的人。他必须集中更多的时间和精力去从事那些有效果的和有创造性的活动：互相影响、讨论、激励、了解、鼓舞。"① 小威廉姆·E.多尔在他的《后现代课程观》中也表达了相似的观点，他说："作为教师我们不能，的确不能，直接传递信息；我们帮助他人在他们和我们的思维成果以及我们和其他人的思维成果之间进行协调之时，我们的教学行为才发生作用。这就是杜威为什么将教学视为交互作用的过程，而学习则是那一过程的产物。"②教师应当在教学的过程中带领学生去创造，引导学生分析问题，启发学生思考，决不把最终结果端给学生。而且，还要在创造知识的过程中承担起教书育人、立德树人的神圣使命。在上述理念指导下，高校语文教师基本的工作程序有以下三个步骤。

第一，给学生提供合适的材料。学生的认知结构具有开放性和动态性，它必须与外界不断进行信息能量的交换才能维持和发展其生命力。材料是"外界刺激"，既是学生研究的对象，在本质上还是一种有助于启动思维的酵母。教师的任务是提供材料，或者指出搜集材料的方法和途径，甚至是只提出对材料的要求，剩下的全由学生自己完成。再就是揭示材料和观点之间的逻辑关系，提示研究的角度和方法，阐述那些包蕴比较艰深的观点。为学生提供的材料一般要在"最近发展区"内，材料所含信息的强度能够打破学生原有图式结构的稳定，使之远离平衡状态。这样，学生在自组织力的驱使下就形成了精神上的探求欲。提供材料的方式是多种多样的，或亲身体验，或实物感受，或符号转换等。王步高主编的《大学语文》辑录的总论、集评、汇评、真伪考、作品争鸣、作品综述、研究综述、参考书目等深化和拓展了教学内容。集评、汇评中甚至辑录了互相矛盾的观点，让学生听到不同的声音。这加深、拓宽了学生对课文的理解，让学生能看到作品更深层的内涵，多角度感受作品的艺术魅力，也看到某些作品的瑕疵，更重要的意义在于发展了学生的思维能力和批判精神。

学生从大量材料的阅读中获取知识，再对这些知识加工整理，使之系统化并纳入自己的生命结构之中，再进一步和自己所面临的问题结合起来，制定出运用于现实的策略。完整的过程一般要经过感应、感知和思维三个层次。感应、感知是基础，是思维材料的来源和动力。思维是感应、感知发展的高级阶段，也是人认识的目标。对感性材料进行思考和抽象，对理性材料进行想象和创造。想象就是寻找联系，生成意义；创造就是在各种联系中有所发现，就是主体对客体存在

① 转引自：徐辉，李薇.迈向学习型社会的重要宣言——写在《学会生存》发表40周年之际[J].教育研究，2012，33（04）：4-9.

② 转引自：帅飞飞，付雪芹.统整的课程观——兼论多尔《后现代课程观》对泰勒模式的批判[J].清远职业技术学院学报，2022，15（02）：7-13.

真相的揭示，而且在想象和创造中寄托着主体的精神向往。由形象到抽象再到想象和创造，学生研究的过程是一个多次超越的过程。这个过程并不是直线式的，也往往不是一次就能够完成的。它要经过学习主体多次的自我抽象和想象，才能有所发现，有所创造。

第二，教师要善于组织研究。英国著名的课程论专家劳伦斯·斯滕豪斯（L.Stenhouse）认为："文科教学的基本内容应该是问题而不是既成的结论；探究问题的主要方式应该是讨论而不是灌输式的讲授；教师应在学生争议中秉持中立立场；教师不该以权威或书本上的观点来封锁学生的思维疆界，问题讨论不一定达成一致意见；教师作为讨论的主持人应对学习质量和标准承担责任。"[①]这种意见落到实处就是教师要善于组织研究，在学习语文的过程中做一个组织者和引导者。

教师的具体任务是开发语文资源，搜集教学材料，实施教学计划，设计语文活动，激发学习的兴趣，鼓舞学习的力量，评价学习的结果，组织和推动学习进程。学生的能力和精神只有在对问题的研究中才能发生和发展。研究是一个实践性的动态过程，它包括问题的发现和提出，材料的搜集和整理，观点的孕育和形成，最终是成果的表达和交流。研究式的学习不以接受现成的结论为目标，它追求的是自主的发现和创造，能够发现问题并设计出解决的方案，表达出自己的观点。研究式学习需要主体精神的高扬，最能显示出人的本质力量。对学生来说，这是一个发现的过程。学生在研究的过程中体验到发现的欢乐，这将成为他们追求科学真理的持久动力。

第三，教师要及时推动表达。有效学习活动的指标之一是通过产生创造性成果来体现的。这种成果可以是一种语言作品，也可以是一种认识或方案设计。表达就是对这些研究成果的呈现和交流。表达具有生成性和物质性，生成性是指表达是知识、能力和精神交互作用、共同发展的过程。物质性是指表达是以外显的形态进行的。表达是教学形式的最高阶段。高校语文的表达形式多种多样，包括提问、回答、讨论、演讲、辩论、写作、文案设计乃至演出等。

高校语文教师行为的终极目标是发展学生的思想，提高学生的认识水平，在这个过程中形成独立自主的创造能力并最终实现完美人格的发展目标。教师的行为直接制约着学生思想的进程和结果。语文教师要担当起自己的使命，首要的是自己要保持敏锐的思维，善于设置思想的环境。要有效地发展学生的思想，首先

---

① 转引自：高兴邦，朱纷.善于合作 有效组织 创新拓展——构建促进化学教师专业发展的教研活动体系的实践与思考［J］.中学化学教学参考，2012（07）：18-20.

教师必须是一个有思想的人，目光犀利，慧眼独具，对事物能有自己的判断，而不是只会人云亦云地向学生贩卖别人的现成结论。而且，活的教学具有瞬间性，思想的萌生和催发往往像火花一样一闪即逝，教师必须能够敏锐感受，及时捕捉，帮助学生把瞬间的火花燃成思想的火炬。

启动学生的思想往往是困难的，教师要善于设置思想的环境。所谓思想的环境即观点对立冲突的情境，这情境中潜伏着充满诱惑的疑问。人的思想是从质疑开始的。在疑问的逼迫下休眠的思维被唤醒，发散的思维被集中和定向，从自在状态进入自觉状态，从而形成一种精神的力量来解决疑问。人的主体性就是在这个过程中发挥作用并得到证实。思想环境来自教材并指向教学目标，教师的任务在于发现和揭示，在于引导和推动，还在于对思想环境的范围和程度的把握，设计的标准是要能契合学生思想的现状，能够激发起思考的愿望。

教师要善于为学生提供思想的动力，促进思想的进程。思想的生成需要一个完整的思维过程，过程的顺利推进需要持续不断的动力输入。在学生思想的过程中，教师要抓住时机，根据需要，或发问，或提供材料，或讨论交流，努力使学生的思维处于活跃、定向、集中的积极状态。引入活水，投石于心湖，都是为了打破学生内心图式的平衡，最高的境界是使学生能产生一种灵魂的焦虑和期待。这时，飞扬起来的思维具有一种神奇的力量，它虽然无形，但它可以冲破认识的坚冰，迎来百花盛开的思想的春天。"学习、求知、思考、创造这完全是学生自己的事情，一个优秀教师的使命在于催生学生尽可能充分地释放生命深处的智性元素和情意能量。打个比方，如果教师是一位颇有匠心的点火者，那么，熊熊燃烧一己生命则是学生自己的事情，释放生命的智性和情意能量是其义不容辞的天然使命。"[①]

教师还要为学生提供积极负责、切实有效的价值导向。真正思想的状态应该是自由且富有个性的，这样才能有创造。压制和划一产生不了真知灼见，但自由和个性不是乌烟瘴气。引入异质的思想，多方共同参与对话，是思想过程中必不可少的材料和动力。但是引入不是为了陈列，而是为了创生；多方参与的众语喧哗也绝不是乱七八糟，它们最终要指向一个价值目标。思想在穿透事物的同时，还应该以精神的光芒照亮事物，还应该有一种高贵的价值追求——对美好人性的呵护，对正义的尊崇，对人类缺陷的救治以及对未来精神出路的探求。教师往往不以自己的观点结束思想的过程，学生的思考往往也不容易统一，但是，没有定

---

①　王淑娟.谈教师的课堂教学语言［J］.甘肃教育，2016（14）：25.

论绝不是丢弃价值标准。教师的导向是隐蔽的，内在的。这要求教师的思想要达到相当的高度，而且表达的方式也要具备一定的艺术。在夏天里，所有的植物都在疯狂地生长，但田野最后的收获却是对人类有用的粮食。如果说教师的行为比农民艺术一点的话，那就是农民要伸出手去把杂草锄掉，而教师"锄草"却并不动手。

　　语文教学工作是复杂、繁重的，需要教师耐心和细致，学生知识的获得、语文能力的形成、人生观世界观的确立，无不需要语文教师的熏陶感染。语文学科的教育成效周期相对于其他学科要慢要长，语文教师要有坚韧不拔的顽强意志和无怨无悔的敬业精神。

第二节　语文教师的"阅读"素养

　　随着经济的发展和文化的多元化，QQ 空间、微信、微博等社交软件的广泛运用和推广，人们的阅读方式和阅读来源日趋多样化。郝明义在《超越者》中有一句话："我们犹如原始人，身处丰饶之中，却逐渐饥饿至死。"这句话是说我们掌握大量的阅读资源，然而我们的阅读却越来越少。教师尤其是语文教师承担教书育人的任务，通过语言知识的传递来教学，因此必须具备广泛阅读的能力和兴趣，才能让我们的课堂教学真正鲜活起来。

　　语文教师要尤其注重"阅读"，这里的"阅读"是指广泛意义上的阅读，既包括无声音的浏览，也包括诉诸声音的朗读。其中，阅读是教育的灵魂，是通往教育的重要渠道。他强调教师正是通过语言文字来对学生进行教育，语言文字是可以诉诸声音的，因此教师要加强自身朗读素养，提升自身朗读能力。一个不热爱阅读、没有广泛文学知识和修养的语文教师是不可能培养出热爱阅读和文学的学生的。腹有诗书的语文教师方能感染学生的阅读兴趣，激发学生的阅读动力，培养出具有文学气质和崇高修养的学生。同样，一个不会朗读文章，不善于利用自己的声音将文本呈现给学生的教师也是很难让学生充分理解文本的。因此，本章将教师的"阅读"素养分为两个部分，一部分指教师的阅读素养，也就是教师的文本解读能力，一部分指教师的朗读素养。

一、增强文本解读能力

　　反观当下一些学校的教育现状，语文教师办公桌上，是翻烂的课本、教参和与课本配套或不配套的试卷。语文教师在评价学生的试卷时，总会提到学生阅读面过于狭窄，阅读量太少，甚至很多名言古诗都未曾读过，这一点我们可以从学生的阅读理解能力和学生的作文中得到清晰的结论。由于教师缺乏阅读观的引导加上中学生缺乏一定的辨别能力，他们总是对演义小说甚至言情、网络或者魔幻小说以及一些刺激性极强的不健康书籍津津乐道。相反，他们对中外经典名著和读物却很少涉及。这就要求我们的教育工作者尤其是语文教师要承担起自身的责任，多读书，多读好书，给学生树立良好的人格榜样。只有广泛地阅读书籍，才能了解文本的写作背景，还原当时的写作真相。

（一）推崇阅读经典

中国是世界上唯一一个拥有五千年文明且文明没有中断的国家，厚重的历史文化使得每个朝代都衍生出很多优秀的经典作品。古代的诗经、楚辞、唐诗、宋词、元曲、明清小说和现代的经典散文、经典文本，值得我们反复阅读和认真推敲。一名合格的语文教师一定是深知阅读经典的意义的，也一定是热爱阅读的，很难想象一个不热爱阅读，不热爱经典的语文教师能把语文教好。语文教师应把自己阅读的篇目和心得与学生一起交流分享，刺激学生阅读经典的兴趣和乐趣，从而达到精神上的交流和慰藉。

经典作为文化的一种传承方式，滋养着不同年代的人，不同的人从不同的文学经典中寻找不同的答案，获得不同的启迪，克服自己的人生困境。经典是常读常新的，不同年龄阶段和不同时间重读经典都会有不同的体悟和感受。放眼现在，教师阅读文学作品尤其是经典文学作品的数量不容乐观，教师教学具有较强的功利性，忽略了我们经典文化的意义。这在很大程度上与我们急功近利的应试教育制度有关，这一制度滋生出以考试为中心，忽略经典文本阅读的语文教师。

钱理群在《用文学经典滋养下一代》中认为要读两种书籍，一种是经典书籍，还有一种是让精神自由独立的书籍。大力提倡阅读文学经典，通过阅读经典来"立人"陶冶人的性情，开阔人的精神空间。

文学经典使自己和古人之间架起一座沟通的桥梁，让阅读者穿越历史变迁，和不同年代的人进行对话，培养了个人的大局观，开阔个人的眼界和心胸。一个懂文学的人的感情世界更为丰富多彩，心理也更为完善和健全，同时懂文学的人也能更好地调节自己的身心，愉悦自身的精神世界。读经典更重要的意义在于对中国优秀文化的传承，彰显中国优秀的民族文化品质，重拾我们的社会价值，养成良好的社会风气，形成和谐的人际关系，这既是对教师自身提出的社会责任感的要求，也是成为一名优秀教师的必经之路。因此，语文教师要率先举起"阅读经典"的旗帜，鼓励学生阅读文学经典，丰富学生个人的精神世界，提高他们的审美品位和综合素质。

阅读经典也是语文教师必备的专业素养之一，是语文工作者的常规要求，只有阅读古今中外经典，才能给学生提供更广阔的知识平台和独特的视野，在知识的海洋里自由翱翔，阅读经典也是提升教师职业幸福感的方式之一，经典阅读可以净化教师的心灵，坚定教师的职业理想，激发教师的工作热情和满足教师的工作成就感，给人身心愉悦之感。在对语文教师阅读素养的要求方面，钱理群要求教师选择经典内容进行阅读，同时要引导学生养成阅读经典的习惯。

学生阅读经典的前提是语文教师必须发挥先锋模范作用，用自身的行为来感染学生。教师一定要读经典和名著，同时鼓励学生阅读经典。每一个时代精神的精华都凝聚在经典和名著当中，经典能够代代相传是因为它有能打动人和感染人的不朽力量。人类的文明成果也是通过经典和名著而代代相传的。这里的经典不仅指的是文学经典，还包括其他学科的经典著作。不同学科经典著作的相互交融才能使人类文明代代延续，生根发芽。阅读经典要从教师做起，发挥教师的榜样作用。

（二）学会"知人论世"

文本受到大众的认可和支持，很大程度上在于其广泛的文学知识素养，尤其是其对文本的"知人论世"的知识素养。所谓"知人论世"对文本的研读而言，指的是了解一个作家的同时更要关注作家生活的历史时代和背景，深入探究他们的生平和经历。下面以其对朱自清《荷塘月色》的解读为例。

《荷塘月色》这篇文章自从 20 世纪 30 年代入选教科书《国文百八课》和中学语文教材以来，一直受到教师和学生的喜爱，针对这篇文章的分析和解读更是层出不穷。对这一文本的解读主要将文风和朱自清的性格结合起来，即文章的清雅秀丽可能是作者长期居住江南所受环境的影响。此外，还有一种说法，由叶圣陶提出，当时影响也较大，认为此文过于做作。叶圣陶认为朱自清的早期散文都过于注重修辞，有些不自然。余光中先生也认为这篇文章并非美文，这一看法在当时也产生了很大影响。20 世纪 80 年代之后，对这篇文章的分析更加多元化，例如中学语文教材中的阶级主体论，认为朱自清在写这篇文章时思想感情是复杂的，希望幻想未来逃避现实，也有的专门从美学和哲学的角度来分析这篇文章，引导和启发学生对这篇美文背后的深意进行感悟和剖析。张小伟就从哲学角度出发，在《"逃避"与美：普遍经验之———再谈荷塘月色》这篇文章指出，《荷塘月色》一文说出了人类的两难处境，即与"从存在处境到自我选择（逃避）"观点基本类似。孙绍振对《荷塘月色》主题的剖析也格外引人注目，他认为这篇文章与政治性自由没有多大关系，文章中语言的自由、美好都是为了表明自己内在的自由清静甚至是有些孤独的情怀，是一个完全放下自身压力和重担的人的最真挚最潇洒感情的流露。杨朴在其《美人幻梦的置换变形——〈荷塘月色〉的精神分析》中也认为这篇文章纯粹是朱自清个人情感的宣泄和流露，与时代的政治背景并无太大关系，是内心真实体验的呈现。不同大家对这篇文章的解读，更加激发了对文本的研读和细读的兴趣，因此对这篇文章的分析和见解也更趋多元化。

人教社参采用的是政治苦闷说，这一说法主要是参照《荷塘月色》的写作背景，即以 1927 年"四一二"反革命政治事件和夫人陈竹隐的回忆文字等为基础。陈竹隐在其《忆佩弦》一文中指出，1927 年大革命失败，蒋介石统治了全国，佩弦当时很迷茫，不知道正确的出路在哪里，心里很苦闷，不知道该何去何从，所以采用了逃避的方法。陈竹隐认为，朱自清当时内心不平静正是受了大革命失败的影响，因此"政治苦闷说"这一理论沿用多年，并且受到了大多数学生和教师的支持，然而就在 1993 年钱理群在《语文学习》上发表了《关于朱自清的"不平静"》这篇文章后，人教社摒弃了之前的观点而将钱理群观点写进教参。钱理群正是采用有根据的理性的"知人论世"法来解读。

他认为仅仅参考朱自清在《一封信》里的陈述，即将"不平静"归结于"蒋介石叛变革命"的黑暗现实是不全面的，还应该参考在写作《荷塘月色》7 个月之后的《那里走》一文。一方面，正像他在《一封信》中所说，心里是一团乱麻，也可说是一团火，对国共分裂国民党对共产党人的血腥镇压和共产党所领导的"以暴易暴"的武装斗争充满恐惧和忧患，对自己的前途充满了迷茫和忐忑。他内心的不平静正是由于看到了时代历史的发展趋势和自身知识分子的矛盾而产生的，他既反感国民党的反革命，同时又对共产党的革命心怀疑惧。也正是如此他写成了《荷塘月色》这篇文章，他将自己内心的困惑、矛盾、纠结、恐惧都暂时寄托到荷塘和月色中去，试图来逃避现实的困境。

这样分析似乎有些单薄，为了进一步证明自己分析的有理有据，钱理群还从《荷塘月色》这个文本中寻找依据。第一个依据是文本中朱自清这样描述自己："我爱热闹，也爱冷静；爱群居，也爱独处。"作为一个学者并处于这样的社会大环境下，他不得不选择"冷静"和"独处"的环境，但同时社会的"热闹"和"群居"对他也是充满诱惑的，对一个充满良知和责任感的学者来说，外面的"热闹"和

"群居"他也是应该加入的,是责无旁贷的。然而,他的内心是困惑的,是畏惧的,所以他发出了这样的感叹,这同样也可以在《一封信》中找到依据,他认为自己很渺小,力量很弱小,觉得清福是很难享受的。他为什么因想到自己的渺小而感到战栗呢?一方面他有心怀天下,承担社会责任的担当感,另一方面他又神往于个人的自由世界,对当时的社会现实和面临的选择充满困惑和不安,这正是他"颇不宁静"的原因,《荷塘月色》正是排遣这种不宁静的产物。

第二个依据是《荷塘月色》中朱自清对景色的描写,他笔下的荷塘月色总是淡淡的,而且景色大多只是"大意","山"是"远山",十分含蓄和节制。这种语言的运用也和朱自清自身中庸主义的世界观和人生哲学相统一,因为他在面临剧烈的社会动荡时,往往不会有大爱和大恨的情绪,一切都是淡淡的,这一点也解释了为什么他在面临现实社会和选择时内心忧虑且不平静。

"知人论世",是在掌握大量资料的基础上有根据的"知人论世",是在对作家和文本进行深入分析后的解读。这就要求我们的语文教师要不断学习,加深自身的阅读修养,能够在文本所涉及的知识面里游刃有余。那么,前提就是语文教师应该是具有广泛全面的"知人论世"的知识修养,也就是要有广阔的阅读面,提升自己的阅读素养。教师提升自身知识和阅读修养既是教学的必然要求,也有利于获得学生认同感和尊敬感,营造融洽的师生关系。

二、提升朗读课文的能力

教师的教学技能素养包含的范围很广,需要教师从细节到整体,从不同角度全方面多层次的提升自己。[①]广泛意义上的"阅读"是包含朗读的,还十分强调教师要具备一定的朗读能力。朗读和阅读不同,阅读主要针对的是知识面,是书籍的种类,是内在的,而朗读主要针对的是方法,是形成于声音的,是书籍阅读的方式,是外在的。汉语之所以难学,很大程度上和它复杂的音调有关。也正是因为声音的高低平仄,才使汉语充满变化的魅力。人们的交流很多时候根据声调的不同会产生不同的沟通效果。

听其声闻其意,文本语音的呈现对学生理解文本主旨具有重要的作用。朗读技能和朗读能力是一名合格的语文教师必须具备的。可以说,朗读是一名语文教师的基本功,通过朗读给让学生了解字词的读音,感悟作者蕴含的感情,从而更深入地了解文本。同时,教师朗读文本既是和文本的沟通交流,也是和学生的一

---

① 杨永芳.大学语文教学技能[M].河南大学出版社,2010:210-211.

种交流方式。所谓朗读会意法是指教师通过读音的抑扬顿挫表达出文本所蕴含的感情，传递给学生，从而使学生明明白白的感悟文本，生成见解，获得知识和启发。在解读文本的过程中，逐渐形成了朗读会意法，也就是语文教师要通过掌握一定的朗读素养，达到师生共同领悟文本的目的。

（一）朗读的定义

"所谓朗读，是指把诉诸视觉的文字语言转化为诉诸听觉的有声语言活动。朗，是说话声音的清澈、响亮；读，就是读书、念文章。朗读，也可以叫诵读；朗读，就是诵书的意思。"[①]张颂在他的《朗诵学》中这样给朗诵下定义。不仅是语文教师，任何一门语言学类教师甚至是非语言学类教师都应该学好朗读，朗读是沟通和交流的一种重要方式。

（二）朗读的意义

朗诵在语文教学中具有重要意义，朗读能够有效地培养学生的语感，提高学生的普通话水平，提升学生的文本理解能力和记忆能力。古人云：书读百遍，其义自见。朱熹曾经说过，读书态度一定要端正，声音一定要洪亮，不能读错字，不能多读或者少读字。读书要在理解的基础上朗读，不能死记硬背，牵强暗记。只要在理解的基础上多读，就能够深谙其中的意义和味道。朱自清先生的好几篇文章都适合语文教学中的"朗读"，他的《春》一文的写作，就是在为这样的朗读教学提供范本。对这篇文章进行解读，采用的方法是朗诵法。

（三）朗读会意法

在教学时，教师高声朗读课文，可感染学生阅读文章的情绪。文本的朗读包含着对文本的理解，朗读本就是一种理解。对文本有不同的理解，自然会采取不同的声音和语调来读文本，不同的人生阅历和文学修养也会对文本有不同的认识。同时，这种认识发之于声，通过自己的声音表现出来。在解读朱自清先生的《春》时，朗读就读出散文语言的味儿来。因此，教师在朗读时要注重"神来之笔"的朗读，注重"语感"和"语调"的把握。

1."神来之笔"的朗读

"神来之笔"指的是文本中精彩传神的关键性词句。在分析文本时，注意挖掘

---

① 转引自张莹.大学语文教学语言艺术探究［J］.语文建设，2017（30）：11-12.

和分析关键性词句。对这些神来之笔的分析，教师采用朗读法来引导学生感悟其中的情感以及情感的酝酿和爆发过程。以钱理群的《如何读与教〈从百草园到三味书屋〉》和《怎样读与教〈阿长与《山海经》〉》为例。

在《如何读与教〈从百草园到三味书屋〉》中有一处神来之笔，摘录如下：

我将不能常到百草园了。Ade，我的蟋蟀们！Ade，我的覆盆子们和木莲们！

这句话出现在文章的过渡段，也就是作者要离开百草园去三味书屋求学的过程中。这里，小鲁迅运用了"我的"和"们"这两个词，显然是把蟋蟀、覆盆子、木莲当作自己的朋友，把百草园当成自己的乐园和朋友。更为关键的是鲁迅运用了德语，从来没有人这样写过，鲁迅也就这样用了一次。只有通过朗读，学生才会更容易注意到这些特别之处，并引起自己的思考。为什么鲁迅会脱口而出德语呢？联想到这一句所在的段落：

我不知道为什么家里的人要将我送进书塾（书塾就是私塾，旧时家庭、宗族或教师自己设立的教学处所）里去了，而且还是全城中称为最严厉的书塾。也许是因为拔何首乌毁了泥墙吧，也许是因为将砖头抛到间壁的梁家去了吧，也许是因为站在石井栏上跳了下来吧……都无从知道。总而言之：我将不能常到百草园了。Ade，我的蟋蟀们！Ade，我的覆盆子们和木莲们！

"三个也许"是猜测性的排比，写出自己的惶恐、悔恨、不情愿和留恋，这说明小鲁迅是很排斥三味书屋的，喜欢在百草园自由玩乐的日子。之后就出现了这句神来之笔，这说明这句话是有铺垫的，将留恋和怀念之情推到了高潮。"Ade"应该是成年鲁迅说出来的，但是用到这里却很恰当，读者毫不怀疑这是小鲁迅喊出来的，这就像我们今天讲话激动时会脱口而出一句"英语"或者俗语，类似"慌不择言"。

在《怎样读与教〈阿长与《山海经》〉》中，将"神来之笔"定为结尾的仰天长啸：

仁厚黑暗的地母呵，愿在你怀里永安她的魂灵！

这句话之所以成为神来之笔，是因为这句带有宗教色彩的感慨在鲁迅的文章中是很少出现的。因为稀少，所以值得仔细揣摩。这句话对学生来讲，理解起来是有一定的困难的，尤其是前半句"仁厚黑暗的地母"，这句话鲁迅是引用了"黑暗"作为宇宙生命起源的传说，也就是说，生命的死亡就是回归到生命的起源中——大地母亲。后半句是鲁迅在为长妈妈祈祷，抒发他对一个养育者的爱，对一个如此关心自己的长者的爱和怀念。也许中学生还难以理解这样的生命哲学，这个时候教师用喷薄而出的情绪大声朗诵出来，引导学生在情感上受到震撼，学生就更容易理解鲁迅对阿长的怀念和感恩。

　　教师不仅应重视朗读的作用，还要亲自实践，将这一理念灌输到自己的课堂教学中去。比如，2004年，钱理群在南师大附中开设"鲁迅选修课"时，讲述这篇文章就采用了朗诵法。针对最后这句神来之笔，他后来回忆道，他在读到此处时，感受到了鲁迅对阿长充满真挚和澎湃的爱，蓄势待发，于是诉诸朗读，当时整个课堂的空气突然凝固下来了，所有的人都呆住了，所有学生的眼睛都发亮了。学生的反应透露出他们心灵的震撼。就在那个瞬间，他的心灵和鲁迅的心灵，他和孩子们的心灵、孩子们和鲁迅的心灵都实现了沟通。

　　2."语感"和"语调"的把握

　　语感，是对语言文字直接、迅速的感悟能力，是对文字的一种直观感受。每个词语除了意义之外，还有自身所蕴含的感情色彩，需要读者从字面的推敲和声音的品味中来感受。语调指说话的腔调，也就是语句里声音高低升降的曲折变化形式。阅读一段文字时，读者会不自觉给这段文字匹配上自己所理解的感情，以声音的高低长短、起伏变化作为表现形式，同时把这种感情传递给其他人。这里以钱理群所解读的朱自清先生的《春》为例：

　　盼望着，盼望着，东风来了，春天的脚步近了。

　　一切都像刚睡醒的样子，欣欣然张开了眼。山朗润起来了，水涨起来了，太阳的脸红起来了。

　　小草偷偷地从土地里钻出来，嫩嫩的，绿绿的。园子里，田野里，瞧去，一大片一大片满是的。坐着，躺着，打两个滚，踢几脚球，赛几趟跑，捉几回迷藏。风轻悄悄的，草软绵绵的。

　　桃树，杏树，梨树，你不让我，我不让你，都开满了花赶趟儿。红的像火，粉的像霞，白的像雪。花里带着甜味；闭了眼，树上仿佛已经满是桃儿，杏儿，梨儿。花下成千成百的蜜蜂嗡嗡的闹着，大小的蝴蝶飞来飞去。野花遍地是：杂样儿，有名字的，没名字的，散在草丛里像眼睛像星星，还眨呀眨。

　　"吹面不寒杨柳风"，不错的，像母亲的手抚摸着你。风里带来一些新翻的泥土气息，混着青草味儿，还有各种花的香都在微微润湿的空气里酝酿。鸟儿将窠巢安在繁花嫩叶当中，高兴起来了，呼朋引伴地卖弄清脆的喉咙，唱出婉转的曲子，与轻风流水应和着。牛背上牧童的短笛，这时候也成天嘹亮地响。

　　通过反复品味朗读这些语言，读出了文字的平淡质朴和朱自清先生的幽默感。以"鸟儿将窠巢安在繁花嫩叶当中，高兴起来了，呼朋引伴地卖弄清脆的喉咙"这句为例，他说这句话用"卖弄"而不用"夸耀"，"卖弄"似乎是个贬义词，但是如果与前面"呼朋引伴"这个修饰语连起来品味，就会感受到鸟儿们一个个像争强好胜的孩子一般争先卖弄的天真劲儿，并且不由自主地发出欣赏的微笑。"卖弄"在这里就变成了幽默，表现出鸟儿们的生机和活力。以"吹面不寒杨柳风，不错的，像母亲的手抚摸着你"中的"抚摸"为例，这里不用单音词"摸"而用双音词"抚摸"不仅因为中国文字的特质宜于偶数结合，单一个"摸"字读起来不顺口，而且平声字"摸"加一个仄声字"抚"，增加了词语的柔感。此外，这篇文章大量使用口语，比如赶趟、应和、成天等，足见朱自清先生从心底流露出来的对春天的喜爱和文字的质朴。

朗读时，除了语感，还应该通过语调，包括音节、词序和句式的选择来帮助理解课文。以《春》中叠字的运用为例：城里乡下，家家户户，老老小小，也赶趟似的，一个个都出来了，舒活舒活筋骨，抖擞抖擞精神，各做各的一份事去。开头"家家户户，老老小小"连用四个叠字与"城里乡下"两个对偶词组结合在一起，形成有规律的三组六顿，读起来自然形成欢快的调子，之后"舒活舒活、抖擞抖擞"两个重叠词（构词法有变化，由 AABB 转化为 ABAB），顿时产生一种运动的动感。句子的长短变换和词序的变动也会有一种奇妙的力量。这些变化正是通过有感情的朗读才能更准确地把握作者向读者传递的感情和信息。针对朗读的运用，教师关注的不只应是表面语言的选择和使用，更应关注的是文字背后深层的意蕴，也就是作者的精神和情感的变化和发展。这对语文教师的教学提出了更高的要求，要求教师能根据朗读读出文字背后作者的情感历程，通过这种文字的朗读来感染学生，使学生受到启发。

语文教师的教学应该注意时间的分配，针对不同的学生合理安排时间，要善于在备课过程中和课堂上留白。语文教师不应该花费大量的时间在分析上，应该给学生和自己留下一定的朗读时间和空间。朗读可以充分激活学生的内心世界，引发学生的情感共鸣，激发学生学习语文的兴趣。语文教师也必须通过多种方式加强自身的朗读修养，例如多听泛读，模仿名家朗读，自己感悟等。

第三节　语文教师的理论思维素养

教师除了具备基本的"阅读"素养外，一定的理论思维素养也是必不可少的。理论思维素养包括文学理论素养和逻辑思维素养。课堂具有生成性，是教师和学生通过交流获取知识的过程，在这个过程中，需要教师和学生开动脑筋，发动自己的逻辑思维。由于教师面对的是活生生的人，是思维十分活跃的青少年，因此教师必须具有较强的逻辑思维，善于抓住文本中的关键线索和关键词，深入解读文本，并使学生生成逻辑思维。

一、语文教师的文学理论素养

文学理论是指研究有关文学的本质和发展规律的学科，这一学科是在立足于对大量作品的创作实践进行研究分析的基础上形成的有关创作以及艺术表现形式规律、特点的理论。这一学科来源于实践，同时对实践也具有重要的指导作用。在解读文本时，适当运用理论知识能更有效地实现教学目的。基础的文学理论知识也是一名合格的语文教师必须掌握的，当然这也是提升教师素养的重要组成部分。

解读文本十分注重文艺理论知识的运用，是每一个语文教师应借鉴的。以下以钱理群解读鲁迅先生的《孔乙己》——《〈孔乙己〉叙述者的选择》和他解读莫泊桑的《我的叔叔于勒》——《略说〈我的叔叔于勒〉》为例，为语文教师提升自身的文学理论素养带来一些启示。

（一）《孔乙己》教学中的“叙述者”

《孔乙己》的教学重点一直都是让学生了解孔乙己的人物形象和剖析文章的主题，但正如钱理群所说，读者可以轻易发现鲁迅先生选用酒店里的小伙计作为小说的叙述者，但是却很少有人探究为什么选择这一叙述者？选择这一叙述者意味着什么呢？

叶圣陶先生曾经探讨过这一问题，他指出，鲁迅先生之所以没用第一人称“我”来写孔乙己，是为了用最简单的方法，把孔乙己的活动范围全方面地呈现在读者面前，同时又能够观察到其他人，如掌柜、酒客等。所以最好的选择就是假托一个在场的小伙计，从他的视角来观察在场的所有人，包括孔乙己。

首先，能作为叙述者的有鲁迅本人、孔乙己本人、掌柜、酒客和小伙计。鲁迅先生从不孤立地描写一个人，而是善于把人物置于与他人的关系中来表现这个人物。他总要在悲剧主人公的周围，设置一群无主名无意识的杀人团，构成一种社会环境，在与社会的关系中来展现他的悲剧性格和命运，从而形成“看／被看”的叙述模式。如果以孔乙己作为叙述者，将会是一个单一的视角，孔乙己和众人的观点态度是不一样的，把孔乙己作为叙述者表现出来的内容是不客观不深刻的，无法展现看客的冷漠心理。用旁人的视角来写孔乙己，则更加客观，更加有表现力。

没有选择掌柜和酒客，这和鲁迅先生的写作方式有关，他的关注点从来都是双重的，把"看客"和"被看者"同时纳入他的艺术视野，作为被观察和描写的对象。联想鲁迅当年弃医从文，就是因为看到日俄战争期间，中国人为俄国人当间谍，在执行枪决之前，中国人麻木的充当看客的这一事实，深深刺痛了鲁迅的神经。在鲁迅看来，这是十分悲哀的。这篇文章正是对"看客"的嘲讽。在这种情况下，选择一个无足轻重的小伙计作为叙述者，他既可以客观地观察孔乙己，又可以冷静地观察掌柜和看客，所反映的内容就更为宏大和深刻。一方面，表现了中国社会知识分子的悲哀，另一方面更是对以"掌柜"和"酒客"为代表的"看客"的嘲讽。同时，读者也可以发现文本是隐藏着一个"看客"的，即鲁迅自身，他也在看，看孔乙己，看掌柜和酒客，看小伙计。当读者在阅读这篇文本时，就又多了一层"被看 / 看"的关系。

鲁迅先生展现了每一个"看客"和"被看者"的性格特征以及他们在其他人眼里的百态。仅仅是一个叙述视角的选择，就足以看出鲁迅先生非凡的思想和艺术功利。钱理群能有条理地将鲁迅叙述视角选择的深意用简单直接的方式呈现出来，也足见其文学理论功底的深厚，这正是当今语文教师需要努力提高自己的所在。如果没有掌握一定的叙事学的理论知识是很难领悟到这一层次的，这就给语文教师提升自身的理论素养带来一定启发和要求。

（二）《我的叔叔于勒》教学中的"悬念"与"叙述视角"

具备了一定的文学理论素养后，就能更加敏锐地感知文章的写作特点和写作手法。在分析莫泊桑的《我的叔叔于勒》一文时，也是从文章的写法入手，从文章中故事悬念的设置和叙述者、叙述视角的选择入手来解读文本。

开头铺垫于勒叔叔是一个成功的发财者形象，全家都把希望寄托在了于勒叔叔身上，结果到最后惊天大逆转，于勒叔叔只是一个衣衫褴褛、饱经风霜的穷苦老人。悬念的设置就是为了让读者产生这种震撼，也是为了更好地塑造人物性格。文本选择"我"（于勒的侄子若瑟夫）作为叙述者，既是旁观者，又是参与者，这样的设置是为了客观地讲述故事，同时又可以表达自己的感受，使文本形成了多重的"看"和"被看"的关系。首先是父母如何看待于勒叔叔（以金钱为标准），"我"怎样看待父母这样看于勒叔叔，（嘲讽、同情、理解），"我"怎样看于勒叔叔（亲情至上）等视角。当我们在阅读这篇文本时，又形成了我们如何看待于勒叔叔，社会上其他人怎么看待于勒叔叔等。钱理群站在人道主义角度，从叙述视角出发，揭示文章主旨，也体现了立言以立人的教育思想观。这种解读方式能调动学生的兴趣和探索欲，十分值得语文教师借鉴。

运用西方文论中的叙事学理论，解读文本隐含的多重视角，在此基础上分析人物性格和文本主题。例如在分析都德的《最后一课》时，钱理群从叙事学的角度出发，着重提到作者选择一个小男孩作为叙述者的原因，在分析刘亮程《走向虫子》时更是开篇指出文章的文体是说理文，所以重点分析说了什么理，怎样说理的问题。值得一提的是，在分析一个文本时，他并非单独使用一种方法，而是多元解读，是多种方法的结合。试问，如果我们的语文教师不掌握一定的理论知识素养，他又怎能从众角度中选择适合这篇文本的角度，又怎么能运用这些方法来分析文本呢？一个优秀的语文教师必然是全方位发展自己，提升自己的，语文教师涉猎的范围应该既包括经典文学名著，也包括专业理论书籍。

二、语文教师的逻辑思维素养

语文教师既要具备思想素养，也要具备教学知识素养，同时还应该具备一定的教学技能，教学技能的训练应该包括逻辑思维的训练。在强调教师应具有一定的逻辑思维的同时，着重阐述了教师应该注重比较和延伸，同时要深挖关键词，从这两个角度来分析文本，解读文本，达到训练自己逻辑思维的目标。

（一）注重比较和延伸

逻辑思维的培养需要分析矛盾，具体到语文教师，语文教师应该着重分析文本之间的矛盾。有矛盾才有分析，有过分析和比较之后才能更快地揭示文本的主旨和文章的意义。矛盾的产生通常需要经过比较。有时候单一的文本往往很难分析，不同文本之间的比较就会容易得出结论。比较包括同一作者不同时期文本的比较（主题或者题材类似），同一主题同一时期不同作者的比较等。在解读文本时，善于使用比较法，同时也注重文本主题、内涵等的延伸。这种延伸是在掌握大量资料基础上的合理的延伸，本节试以钱理群解读的鲁迅先生的《从百草园到三味书屋》——《如何读与教〈从百草园到三味书屋〉》和莫泊桑的《项链》——《〈项链〉告诉读者什么》为例。

《项链》的主人公马蒂尔德是一个长相出众的女人，她觉得自己生来就应该过着高贵优雅的生活，但是因为出生于一个普通的小职员家庭，没有机会结识富贵的人家，因此嫁给了一个小科员。本文的主题历来被认为是对资产阶级享乐思想的批判与嘲讽。对此，钱理群并不赞同，他认为莫泊桑在这篇文章中凸显的是主人公马蒂尔德在面临命运差错面前的反应。现实的贫困使马蒂尔德开始在精神幻想中寻求补偿，她渴望过上锦衣玉食的生活，梦想住在富丽堂皇的大房子里，这其实是每一个不甘于现实，追求更高生活质量的人都有的经历。钱理群将马蒂尔德"狂乱的梦想"和"包法利主义""堂吉诃德精神"（追求正义与理想，置生命于不顾，缺乏理性）、阿Q"精神胜利法"（麻木不仁、自轻自贱、欺软怕硬等）进行比较，认为他们之间存在某种共通，即都是对人类某种精神现象的关注和发现。他们都体现了对超越现实的物质和精神生活的追求，同时又受到现实种种无奈的打击，最终导致了人物命运的悲剧性和戏剧性。既然是比较，就一定是有同有异的。马蒂尔德又与这些人不同，她受着命运的神秘力量的强大影响。终于等来了一个"机会"，可以使她的聪明、美丽、性情充分展示出来，于是她买了衣服，借了项链去参加舞会，她成为舞会关注的焦点，然而也正是这个舞会让她丢失了项链，这又是命运的强大力量，马蒂尔德成了一个穷苦人家粗壮耐劳的妇女了，他们夫妇用10年的时间还清了债务。换言之，这篇文章更多的是强调人无法左右命运，命运对人的强大的影响力，这点体现在文章的结尾："人生是多么奇怪，多么变幻无常啊，极细小的一件事可以败坏你，也可以成全你！"这再一次揭示了偶然性在命运中的神奇作用。将马蒂尔德和包法利夫人、堂吉诃德、阿Q进行比较，这既有利于提高学生的学习兴趣，拉近了文本与读者的距离，锻炼了学生的思考能力和逻辑思维，同时也可以引发读者更为深入的思考，扩大学生的知识积累。此外，对这篇文本的解读不局限于批判享乐主义，而是关注偶然在命运中的作用，十分能引起读者的共鸣。当然，这就要求我们的语文教师除了阅读丰富的经典文本外，还要在广泛阅读文学理论书籍的基础上，对文学作品中的经典人物做比较和归纳。不仅擅长对东西方不同作家笔下人物做比较，还擅长通过分析同一素材在不同作家笔下的差异，进而总结出作家之间的差异。在对鲁迅的《从百草园到三味书屋》的解读中，钱理群采用"对照阅读"。当年鲁迅在百草园嬉戏的玩伴还有二弟周作人，他们都对百草园进行了描绘，然而二者的描述风格迥异，现将二者原话列举如下：

不必说碧绿的菜畦，光滑的石井栏，高大的皂荚树，紫红的桑椹；也不必说鸣蝉在树叶里长吟，肥胖的黄蜂伏在菜花上，轻捷的叫天子（云雀）忽然从草间直窜向云霄里去了。单是周围的短短的泥墙根一带，就有无限趣味。油蛉在这里低唱，蟋蟀们在这里弹琴。（鲁迅）

蟋蟀是蛐蛐的官名，它单独时名为蝗，在雌雄相对，低声唱的时候则云弹琴……普通的蛐蛐之外，还有一种头如梅花瓣的，俗名棺材头蛐蛐，看见就打杀，不知道它会不会叫。又有一种油唧蛉，北方人叫作油壶卢，似蟋蟀而肥大……他

们只会嘘嘘的直声叫，弹琴的本领我可以保证它们是没有的。（周作人）

从这两段的描述中，我们可以感受到面对同样地事物，两者感受的明显差异。鲁迅是以一个童年的视角来叙述百草园的，在他眼里，百草园的一切事物都是充满生机的，新鲜好玩的。周作人则更多的是以一个科学家的眼光和趣味进行精细的辨析和考证，是充满"理趣"的，鲁迅则是艺术家的"情趣"。从他们文章的语言风格再联想到他们以后的发展，我们是可以得到一些启示的。这就要求教师在解读文本时，还要注意多方面的比较，既包括对不同作家的不同作品进行比较，也包括对相似作家的不同作品进行比较，同时还包括对相似写作对象由不同作家描写的差异进行比较，这样能够更容易了解文学作家的性格和作品，从整体上梳理作家的思想和情感。当然，这对语文教师的阅读的广度和深度也提出了更高的要求。

世界上没有绝对不可比的东西，也没有现成可比的东西。关键在于有一颗善于发现的心，这与个人深厚的文学积淀和多年的文本解读能力的培养密切相关的。钱理群的比较法在文本解读中的运用对我们的语文教师具有重要的参考价值，同时也对语文教师提出了更高的要求。教师的逻辑思维正是在一次次的比较、分析、综合中得到应用与发展，逻辑思维的进一步发展又会激发出教师对文本的比较、分析的兴趣，锻炼教师解读文本的能力，同时也会激励教师不断学习和提升专业修养。

（二）深挖不易察觉的关键词

只有具备较强的逻辑思维能力才能迅速而准确地抓住文章中的关键词进行重点分析，同时，善于抓关键词的语文教师一定也具有较强的逻辑思维能力。因此，深挖不易察觉的关键词也是教师专业素养的重要组成部分，对成为一名优秀的语文教师具有重要的作用。

关键词分析法是每个进行文本分析的学者和教师都会采用的方法，所谓关键词分析法就是通过分析文本中的关键词来达到理解某一句子、某一段落、某个问题、某个主题等的方法。钱理群的关键词分析法与其他学者和教师不同，他很善于抓住文本中很难引人注意的关键词进行深挖，同时他也很善于从大家都公认的关键词中分析出不一样的观点态度，最终发掘文章的主题，解决阅读中的困难，理解文章的深层内涵。这样的分析是他基于对文本鉴赏的热爱、多年从事语文教学的经验和深厚的文学素养和积累的基础之上形成的。钱理群在解读文本时广泛采用关键词分析法，以下为钱理群解读的鲁迅的《阿长与〈山海经〉》、都德的《最后一课》和卢森堡的《狱中书简》。

1.《阿长与〈山海经〉》褒贬词分析

针对鲁迅的这篇文章，很多教师包括教案都会把关注点放在小鲁迅对阿长前后感情的变化上，进而归纳出鲁迅所采用的先抑后扬的表现手法，分析这篇文章的语言描写。应把重点放在语言上，通过分析关键词提出对这篇文章的理解，剖析鲁迅对阿长妈妈的感情。首先这篇文章第一部分采用了"憎恶""不大佩服""讨厌""疑心""无可想象""不耐烦"等词来表明对阿长的不喜欢和厌恶，这点读者是很容易感知到的。然而，做出了这样的思考，难道阿长真的就那么"讨厌"吗？难道"我"对于阿长就真的只有"憎恶"吗？下面以文章中鲁迅对阿长的两段经典描写为例来深入探究。

最讨厌的是常喜欢切切察察，向人们低声絮说些什么事。还竖起第二个手指，在空中上下摇动，或者点着对手或自己的鼻尖。我的家里一有些小风波，不知怎的我总疑心和这"切切察察"有些关系。又不许我走动，拔一株草，翻一块石头，就说我顽皮，要告诉我的母亲去了。

一到夏天，睡觉时她又伸开两脚两手，在床中间摆成一个"大"字，挤得我没有余地翻身，久睡在一角的席子上，又已经烤得那么热。推她呢，不动；叫她呢，也不闻。

这是鲁迅描写阿长的两个生动片段，读者脑海中很容易浮现出阿长的形象，一个喜欢切切察察，睡觉成大字的乡下女人形象，这个人似乎就存在于我们的生活中，可是我们会恨她吗？不会，我们会觉得这个人是一个热情或者说有点可笑的人，甚至还有点可爱。可是这一段明明是鲁迅用来描写讨厌阿长的证据，那么这就产生矛盾了，矛盾是分析的开始。为什么会有这种矛盾呢？这是因为鲁迅先生对阿长的这种"憎恶"感是童年时的想法，长大后的鲁迅在回顾这段童年生活时，更多的是对长妈妈对自己的爱的真挚的感谢。这点我们也可以从后文阿长给鲁迅先生买《山海经》，鲁迅先生的"我似乎遇着了一个霹雳，全身都震惊起来"的反应，即采用分量很重的词来表明对阿长的敬佩、吃惊和感动看出来。鲁迅把这些言外之意巧妙地传递给了我们。因此，针对这个解读，钱理群提出这部分的重点就是让学生体味阿长的"可笑"与"可爱"以及成年鲁迅对阿长的真正态度。

2.都德《最后一课》"最后"的分析

都德的《最后一课》在中学语文教材中也是一篇很重要的文章，这篇文章很明显是历史的时代产物。1870 年至 1871 年，因为争夺欧洲霸权发生了普法战争。法军大败，阿尔萨斯沦陷以后，普鲁士军队强行禁止当地人民说法语。都德正是在这样的背景下写出了这篇文章，这篇文章的关键在于对学生进行伟大的爱国教育，激发学生的爱国热情和危机意识。大部分教参和课堂实录则是直接从历史背景或者爱国情怀入手，分析课文所表达的爱国主题和人们的愤懑情绪。但提前告诉学生文章主题这一方法可能会使学生丧失兴趣，进行爱国主义教育所达成的效果不够理想。

《最后一课》这篇文章的关键词是题目中的"最后"二字，同时，这篇文章还有另外一个副标题，就是阿尔萨斯省一个男孩的自叙。在此基础上，钱理群提出"为什么写最后一课""为什么要选择'一个男孩的自叙'""最后一课对今天的中国和今天的中学生进行语文教育还有意义吗"，围绕这三个问题，对文章的内容、主题、叙事手法和启示进行了剖析，完成了文本解读的过程。由于本节内容主要是对钱理群的关键词分析法进行阐释，因此着重以"为什么选择最后一课"来论证。

"最后一课"既是对写作背景的交代，即普法战争法国战败，普鲁士禁止阿萨尔斯省说法语，这是最后一节法语课，也给所有人以内心的震慑。这是最后的法文课，最后的民族语言的教导和学习，它所能激发的感情，引起的共鸣和出发的思考都是十分深刻和严峻的。文中韩麦尔老师在课堂中说道：

法国语言是世界上最美的语言——最明白，最准确；我们必须把它牢记在心里，永远别忘了它，亡了国当了奴隶的人民，只要牢牢记住他们的语言，就好像拿着一把打开监狱大门的钥匙。

这是以一种怎样的悲痛和愤懑说出的话啊，这里的关键词是"牢牢记住他们的语言"，这和"最后一课"相对应，同时这也是战败民族最后的坚守，如果连民族语言都守不住，那就什么都没有了。出此，引申到每个民族，在不同的时代，都会遇到"最后一课"的问题，"最后一课"应该永远讲下去，应该培养学生的危机意识和爱国情怀，守护好我们民族的根，守护好我们民族的语言文化。通过标题中的"最后"这个关键词来对文本进行层层分析，抽丝剥茧，达到理解文章深层内涵和教育学生的目的。

3.《狱中书简》"狱中"的解读

《狱中书简》是作者罗莎·卢森堡在 1916 年 7 月至 1918 年 10 月在狱中写给自己的好友宋儒莎的信札之一。卢森堡是德国共产党创始人和领导者之一，列宁称她是"世界无产阶级国际的优秀人物"，"国际社会主义革命永垂不朽的领袖"。这篇文章教学重点是理解文章的主题、革命者的情怀和体会作者对生命的热爱。

教师在讲解这篇课文时一般会从文本背景切入，钱理群在解读这篇文章时，则认为要抓住"狱中"这个标题中的关键词,也就是作者的写作环境。在狱中写作,说明作者是处在"非常状态"中的,是不自由的写作,然而这篇文章作者的语调虽然也有忧郁,但整体上似乎都是自由的、欢快的,让学生把握这个矛盾进行分析,那么作者对生命的热爱和追求自由的主旨就很容易把握。此外,还需重点分析几个关键性句子,"我在花园里给你写信""我竟对这半死的孔雀蝶讲起话来""我等待太阳时,发现白杨在散播种子""夜莺的啼叫压倒雷声,唱亮昏暗"等来加深对文章主旨的理解。这几句话营造了"生命"和"死亡"的对峙。作者之所以担心"半死的孔雀蝶",是因为它也是生命,它的状态就是现在的"我"的状态,在垂死挣扎,所以"我"要救活它,不仅体现了作者热爱生命,也凸显了作者坚贞不挠的抗争意识,即使身处逆境,但也积极乐观。其他几个句子都是作者热爱生命,努力追求自由的感情流露。

通过重点分析几个关键性句子或者词语,来把握文章主题。这些句子或者词语可能存在于文章中,可能存在于标题中,也可能存在于课后习题的某些提示中,需要教师在预习备课的过程中善于发现,善于探究,善于思考。对这些文本的解读,也是在暗示教师应该通过训练巩固逻辑思维能力,逻辑思维的训练会让教师教学更加轻松,也更加充满趣味,同时可以极大地开发学生的动脑能力,锻炼学生的逻辑思维能力,这种能力对学生创造力的培养和创新人才的塑造都具有重要的意义。

第四节 以"立人"为核心的教育思想

任何一种理论的形成都有其特定的时代背景和个人背景。语文教师的专业素养是以其思想素养为基础的,专业素养是在其思想素养基础上形成的,即以"立人"为核心的教育思想素养。"立人"的教育思想观和人文情怀是对语文教师素养的基本要求。教育的本质就是将学生内心深处的善良、智慧等最美好的人性因子激发出来,加以培育和升华,以此来压抑人的内在的恶因子。语文教师应该发挥其榜样作用,树立崇高的教育理想和博大的教育情怀来感染学生,这是语文教师也是一名教育职业者最基本的从业道德和原则。语文教师一方面要充分关心学生的身心发展,关心学生成才和学生的思想状况,另一方面更要关注教师自身的发展,教师即使被社会赋予很多光环和责任感,但其归根到底也是一种职业,教师也要在完成本职工作的基础上,充分了解自身,关爱自身,愉悦自身。

一、关注"人"的发展

所谓以"立人"为核心的教育观是指把人的发展作为教育的核心，关注人的全面发展和终身发展，允许并支持和鼓励人的个性发展。在这里，以"立人"为核心的教育观中的"人"不仅包括我们通常意义上的学生，还包括教师。也就是说，我们的语文教师既要把关注学生发展当作自己的使命和不可推卸的责任，也要关注自身的发展和幸福，为自己的教学注入活力和希望。

（一）关注学生的发展

教学的理想状态或者说正常状态应该是不仅让学生得到自由全面的发展，同时又要愉悦教师自身，使教学活动成为教学相长的契机。教学要充分尊重学生的权利和自由。教师要以学生为中心，一切为了学生，保护学生的精神发展和心灵成长，要注意保护学生的隐私。教师要站在和学生平等的地位上与学生交流，应充分考虑学生的心理承受能力和接受能力，友好对话，真诚交流。

理想的教育要呵护成长之美，保障成长自由，即好奇、发现、探索的权利还有自由成长的权利，不能剥夺孩子们的自由时间和空间。要培育青春精神，青春精神就是自由、创造的精神，还要引入"文化之门"的概念，即读书为孩子打开一个广阔的文化空间。

教育一直在提倡关注学生发展，一切以学生为中心，然而现实情境往往更关心学生的分数，学生的成绩，教师和学生之间地位往往不平等。即使是有崇高理想的教师也往往受制于现实而屈服、退缩。应把学生的发展特别是学生个性的发展放在一个制高点，把学生放在和教师平等的地位上。学生的生活分为平面生活和立体生活，所谓立体生活指的就是精神生活，提出教师应该注重学生的精神生活，把属于学生的还给学生，放手让他们建设自己的精神家园。

（二）关注教师的发展

教师不能跪着教书，教师也是人，有人的权利和自由，有人的情感、意识和欲望。现实生活中教师很难让自己成为"蜡烛"和"春蚕"，人们也不应该要求或者强制教师成为"春蚕"和"蜡烛"。教师也有家庭，也需要在这个社会上生存，也会面临种种困境，不应该被这种不合理的"光环"捆绑。实际生活中，教师物质待遇比其他职业要低，然而所要承担的责任和风险却比任何一门职业都要多，投入与收获严重不成正比，这使得很多心怀教育理想的毕业生和准教师望而却步。

教育要成全所有生命的发展，包括学生生命的发展和教师生命的发展。如果教师自身没有职业幸福感，为了谋生而非理想教书，那么培养出来的学生也不会有职业幸福感，也更容易使学生滋生出功利主义心理。

社会和教师自身要关注教师的身心发展的同时，对教师也提出了一定的要求。教育是理想主义者的事业，必须具有人文情怀和高度的责任感，没有人文情怀和高度责任感的教师是不可能培育出国家所需要的优秀的人才。教师要达到的境界是，善于等待、善于宽容、善于分享、善于选择。教师教学不应该是表面热闹，却缺乏深刻和实质的，应该拒绝表面的浮华，追求生命最深处的崇高。教学是需要反思的，教师也必须具备独立思考和自我反思的能力。教学反思可以帮助教师更好地审视自我的心灵，获得教学的职业幸福感和崇高感，同时能够不断地改进自己的教学，一个优秀的语文教师必然是不断进行反思，善于接受新鲜事物的语文教师。

教育作为一种理想主义的事业，主要是由教师和学生这两个对象组成的。作为传道授业解惑的教师，应该心怀信念和敬畏感，才能真正育好人，教好书。同时，教师也要做好为教育奉献青春的心理准备，承担来自社会各界和自身教书育人的压力。既然选择了，就要坚持下去。教师的确很累，可能得不到理想的回报，但同时教师又很美好，想想你忍不住要哭，想想你忍不住又要笑。因此，每一个立志当教师的人都应该做好为教育事业耕耘一生的思想准备，同时又要具备愉悦自我身心的能力，不断追求教学和生活之间的平衡，提升自己的职业满足感。

当然，这是在教师能够满足自身物质需求和精神需求的前提下进行的。也就是说，我们的社会要更多的关注教师自身的物质需求，改善教师的精神生活。唯有如此，我们才能真正激发和满足教师的职业幸福感，我们的教育才更有希望，我们培养出来的学生才更优秀，更有人情味儿，我们的民族和国家才能更强大。

二、以"立言"为基础的语文育人观

毫无疑问，语文教育对人的一生都具有重大的影响。语文学习可以使人形成不断学习的观念，培养个体独立自由的阅读习惯和思考表达的能力。语文学习对个体品德的塑造和熏陶，对个体的处世原则的确立和性格养成都具有重要的作用。语文教学作为一门必修课，从小学到大学都是所有课程中的重点科目，同时很多大学也开设了高校语文课程，足见国家对这一学科地位的重视。

语文的这些作用主要是通过语言文字落实的。也就是说，"立人"是以"立言"为基础的，通过"立言"来达到"立人"的目的。所谓"言"既包括语言，也包括文字。既包括师生对语文教材文本的学习，也包括师生相处时的语言文字交流。在高校语文教学中，学生学习语文课主要是通过教材中的课文来学习基础知识，感悟人生哲理，接受情感熏陶，形成自己独特的价值观和品德个性的。人正是通过听、说、读、写，来感知语言，丰富自身的精神境界，拓宽自身的思想厚度，启发自身的思维和想象力的。

教师正是通过对语言文字的传授与讲解，让学生在言语中交流、感悟、净化身心，树立理想，确立正确的价值观念，从而使自己成为有文化有教养的社会主义建设者和接班人。因此，语文教师是不能脱离"立言"空谈"立人"的，也不能脱离"立人"单讲"立言"的。学生正是通过课堂内和课堂外语言文字的交流，完成从自然人到社会人，从物质人到精神人的蜕变的。

语言的趣味和思想情感的灵性是互为表里的，语文教师只有充分全面地解读教材中的作品，才能把握语言大师文字中的声音、颜色、味道、情感和质感等，把这种感悟和启发传递给学生。语文教师应该重点把握师生之间的对话，把握文字的语言美，通过语言进行情感熏陶，让学生养成终身学习的习惯，打好精神学习的底子。

以"立人"为核心的教育观既是对五四时期以蔡元培为首的一批教育家和启蒙思想的继承和延续，也是对鲁迅"立人以立国"教育观的批判和继承，更是教育观念的基础和支撑，同时也是对当下教育存在的诸多困境的反思和建议，这对语文教师提升自己的精神修养和增添语文教学的信心具有重要的启发作用。

要实现"立人"教育目标，语文教育和语文教师具有特殊的担当。语文教育是为人打精神的底子的事业，在对人品性的养成，对人独立自由精神的塑造方面都具有潜移默化和深远的影响。实现"立人"的教育目标需要从语文教育出发，把人的发展放在第一位，就教学而言，就是把学生的全面和谐发展放在第一位，为把学生培养成现代社会所需要的自立、自尊、自强、自学的人而不断努力。语文教师应该将这一理念运用到语文教学中去，打好学生和自身的精神底子，在此基础上践行和提高专业能力素养。

事实上，将这一理念运用到语文教学中去，才能形成打好学生精神底子的语文目的观、文质兼美的语文教材观、回归文学经典的阅读教学观以及注重平等对话的写作教学观。从听、说、读、写四个方面入手，对语文教师提出了要求，这也都是在他以"立人"为基础的教育思想观的基础上形成的。

第九章
核心素养背景下高校语文教育教学创新路径

第一节 创新型高校语文教师

一、创新型语文教师的基本要求

教师是教育成功的关键因素，影响着人的一生。教师是人类灵魂的工程师，是人类文明的传承者，承载着传播知识，传播思想，传播真理，塑造灵魂，塑造生命，塑造新人的时代重任。这是对教师职业的性质认定与基本要求。而作为大学教师其使命担当应该有更高层次的要求，这是因为中国特色社会主义进入新时代，人类正在走向创新创造、构建人类命运共同体为重任的智慧新时代。新时代需要新教育，新教育呼唤创新型教师。在实现民族伟大复兴中国梦的征程中的大学教师，使命更崇高，任务更艰巨。就专业学科而言，实现创新型高校语文教师时代化升华的本质内涵，造就高尚的道德情操、渊博的文化知识、高超的言语技巧、睿智的思维能力以及宽广的胸怀和娴熟的教艺，成为学习型、专家型、引领型、创新型教师。

（一）高尚的职业道德情操

改革开放后，国家经济不断发展，人们生活水平不断提高，对生活质量的要求也随之提高，教师作为教育行业中的核心人员，人们对教师的要求也在不断提高。"职为人师，人之所敬"，有理想信念、有道德情操、有扎实学识、有仁爱之心的四有教师既是党对教师的基本要求，也是社会对教师职业的价值认定。面对这样的情况，高校语文教师要明确自身价值的重要性，不仅要做好"教师"，重要的是如何做好"人师"。首先就要从职业道德入手，加强淬炼与提升。教师的基本要求包括高尚的职业道德情操、渊博的文化知识素养、高超的语言表达技巧、睿智的逻辑思维能力、宽广的胸怀、娴熟的教艺等。从高尚的职业道德情操开始分析，不论是教师还是其他任何行业，职业道德情操都是必须具备的，只有具备了职业道德，才能真正地投入到工作中去，提高工作质量，主动推动教育质量、教育水平的不断提升。职业道德是道德的一种，也是道德对职业活动的一种特殊要求，同时职业道德也是道德体系中的重要组成部分。对于高校语文教师而言，职业道德要求教师在教学过程中要遵循相应的服务标准和行为标准，这些标准中包括了教师和学生、教师和教学、教师和教师之间的关系。职业道德也是评价教师行为的具体标准，因此，职业道德可以包含三个方面：第一，教师教学具有的专业技能，且专业技能有着对应的道德标准；第二，教师在教育过程中必须要遵循的道德规范；第三，教师必须要遵守的社会准则。对高校语文创新教育工作来说，高校语文教师需要具备的高尚的职业道德，是指教师在进行高校语文教学时必须要根据教师职业道德和高校语文教学的本质特征，调整高校语文教育过程中必须要遵循的相关原则。此外，高尚的职业道德也要求教师在其专业领域内，行使专业的权力，完成自身的责任和使命，主要包括了高校语文教师职业的道德信念、道德责任，以及对大学生的伦理责任，更好地推动大学教学工作的全面发展。

随着时代的发展，社会对教育提出更高的要求，无论是国家的发展还是社会的进步，抑或是学生的成长，都需要教师具备良好的职业道德，才能够更好地完成教育工作。可以说职业道德和教师发展相辅相成，职业道德决定教师的行为，教师的行为也反映出了教师职业道德意识的变化。教师只有具备高尚的职业道德情操，才能成为学生的指导者、引领者，也才能起到言传身教的示范作用，不断激发学生的学习兴趣，让学生的综合素质得到全面的提升。可以说，职业道德是衡量教师的第一标准，如果没有职业道德，那么其他的要求也失去了意义，想要保证教师的研究水平得到真正的提升，推动高校语文创新教育工作全面发展，就要保证教师具有高尚的职业道德，这是教师基本要求的基础与核心。因此，教师必须要对教学发展提出具体的想法，而这些想法是基于职业道德的基础上所提出来的创新方案，以此保证创新方案的有效性和科学性。和其他职业不同，教师的职业对象是变化的、成长的，而教师的职业道德会对教育对象产生深刻的影响，甚至会改变教育对象的生命轨迹，如果教师具有高尚的职业道德，就会对学生造成深远的影响，甚至丁影响学生的一生，让学生终身受益，学生一生都会在教师的影响下，形成优秀的品德。学生影响家庭，影响社会乃至更多的人。由此可以看出，教师具有高尚的职业道德，是保证教育成功的重要因素。

加强大学教师职业道德建设，首先要从思想认识上着手，要把教师思想政治素质和职业道德水平放在教师队伍建设的首要位置。一方面，学校党政组织要强化师德师风建设，通过全校范围内的师德师风学习、宣传、教育、表彰、督查等活动，对全体教师进行统一要求，统一管理，高标准考核，增强每一位教师立德树人、教书育人的责任感与使命感。另一方面，要从教师自身建设抓起，加强个人道德修养，强化自我约束，树立崇高道德规范，崇尚科学，热爱职业，遵纪守法，恪尽职守，增强师德师风建设的责任感与紧迫感。其次，要从专业成长着手，打造过硬本领，深化引领作用。教师作为传道授业解惑者，直接影响学生的价值取向与专业素养的形成。因此，作为高校语文教师要充分发挥身正为范的引领作用，打造高超育人水平，坚持教书与育人相统一、言传和身教相统一、潜心执教和关注社会相统一、学术自由和学术规范相统一，真正做到学为人师，行为世范，形成严谨治学、诚实守信、追求卓越的学术风格和优良教风。另外，要坚持终身学习，善于反思，不断进取。在学术和教育教学上狠下功夫，反骄破满，求真知，务实情，寻真理，及时更新知识结构，科学运用先进技术，积极投身教学改革，创造性从事教育科研，以高水平教育教学成果追逐梦想。

（二）渊博的文化知识素养

对于教师而言，劳动输出的方式以脑力劳动为主，劳动方式较为独立、灵活，这是新时期很多高校教育研究人员的重点研究内容。高校语文教师的一项基本素养就是要具备渊博的文化知识素养。渊博的文化知识素养，可以让教师个人魅力得到提升，也能够让教师更好地引导学生。教师想要引导学生、教育学生，就必须要具有渊博的文化知识素养，从而不断提升自身的教学水平和教学质量。如果一个高校语文教师知识面窄，语文贫乏，水平不高，那么在实际的教学工作中就会出现力不从心、捉襟见肘的尴尬局面，在课堂上无法解答学生提出的问题，也不能够给学生带来有价值的见解，最终导致课堂教学质量低下，学生学习兴趣不高，最终被淘汰。而教师秉持积极的学习能力，强力的探索精神，不断积累文化知识，在课堂上引经据典，访古问今，通过不同的方法，吸引学生探究知识的奥秘，辨别事物的真伪，给学生带来积极向上的价值观念、人生观念和世界观念。在这样的情况下，教师不仅会成为学生的引导者，同时也会成为学生的成长榜样和奋斗伙伴，从而带动学生全面地发展，推动教学活动丰富多彩，教学质量不断提高。同时，教师必须要具备渊博的文化知识素养，才能够对教学研究工作提供全面的帮助，从而更好地促进教学的改革与创新。

教师的文化知识素养，是指教师可以有效解决在教学活动中遇到的困难，在研究工作中能有独到见解，游刃有余，这些能力集中体现在知识运用的熟练程度上。高校语文教师的水平应体现在具有本学科所需要的全部知识上。首先，要有广博的科学文化基础知识，包括社会科学、自然科学、人文学科、新兴学科等，这是由语文学科知识的丰富性和综合性决定的。从某种角度说，高校语文教师应该是一定程度上的"活字典"和"百科全书"，只有这样，教学中才能得心应手，左右逢源。正如《礼记·学记》所言，"学然后知不足，教然后知困"，这在教学过程中体现得非常明显。其次，高校语文教师要有扎实而精深的专业知识，其中包括语言学、文学、美学、古代汉语、现代汉语、文学理论、文章学、写作学、哲学、历史学等。牢固而系统地掌握这些专业知识及其相关技能，是高校语文教师必备的能力，只有这样，才能传道授业解惑。再次，就是作为高校语文教师还要具有丰富的教育理论知识和现代信息技术知识。当今时代，能否掌握现代教育理论，包括教育学、心理学以及现代教育技术，不仅关系到一个教师教学活动的成败，而且也是衡量一个教师是否符合新时代教师职业要求的基本条件。因此，高校语文教师的教育理论和研究能力要与时俱进，不断提升。随着人工智能的发展，很多体力劳动甚至智能劳动将由机器和软件代替，创新创造型人才培养促使教师发挥创造能力，成为知识、技能、创新三位一体的复合型教师，以适应新时代对人才培养的需要。

　　高校语文教师必须具备综合性的文化知识素养，使之眼界开阔，知识渊博，思维敏捷，反应灵活，善于用智慧点燃智慧，塑造高尚人格，传承优秀文化，这不仅是自身价值追求，更是职业要求。尤其是高校语文教师更应该加强语文专业修养。首先是人格修养，应形成积极的人生理想、独立的思想观念、深厚的人文素养。语文教师人格魅力不是追求完美，而是发展积极的心态，表现真实的自我，其个性的基础和核心都是自己对生命感悟、孕育出的思想。因此，必须学会思考，善于反思，树立观点。崇尚科学，追求真理，独立思考，是每一个语文教师坚守的人生信念。语文教师的人文素养主要体现在两个方面，一是人文知识，二是人文信仰，具体而言，就是对哲学、宗教、历史、社会、文学、美学等知识的通晓以及对社会人生的深情关怀，并把人文知识内化为自己的人文精神和人格力量。而语文教师的道德理想又是对现实问题的超越，始终坚持综合系统的理想主义价值取向，以道德之心对待学生，以自律之心对待自我，以宽容之心对待社会，并通过教师职业影响学生与社会。具备其理想的语文教师，一定会敏锐地发现语文课程的重大意义，深入地开拓语文课程的积极价值，不断地探索语文课程的诗意境界。其次是学术修养，应成为专家型教师。高校语文教师学术修养的核心是语言文学素养，要对语言的掌握和理解达到精深熟巧的程度，要能熟练地操作和富有创造性地运用语言，有丰富的阅读经验，熟悉文学艺术的知识体系和历史渊源，能用扎实的知识顺利解决教学难题。语文教师的教学能力还需要具备教育科学理论，包括教育哲学、教育学、教育心理学和语文教育学，这是成熟教师的教学理论基础。教师只有了解教学规律，运用科学的教学方法，才能有效促进学生主体作用的发挥，从而获得最佳教学效果。再次是能力修养，应成为教育艺术家。高校语文教师的能力结构应该是复合型的，包括语言传媒运用技能、言语表达技能、教学设计技能、课堂控制技能、语文活动技能、教学评价技能以及教学研究技能。多种技能中，语言和思维能力是非常重要的，往往被忽略。语文教师的语言既是教学的工具，也是教学的内容，它包含着丰富的文化信息，具有强大的激发和组织功能。教师的语言修养在很大程度上决定着学生在课堂上获取知识的效率。而教师的教学能力要在教学过程中才能得以体现：一是以高度的责任感创造性地履行好自身职责；二是有明确的教学目的，不但要让学生掌握语文知识和技能，而且要对学生进行感情价值教育，培养学生独立获取知识的能力；三是要有效发展学生的思维能力，通过教学活动让学生在掌握语文知识的同时将知识转化为语文读写交际能力，不仅要发展学生的常规思维能力，也要发展学生多项思维能力，提高其思维品质，并借以发展学生的智能。

综上所述，教师的知识文化素养不仅可以提升自身的教育教学水平，也会在潜移默化中影响学生，引导学生，让学生认识到知识的重要性，此外教师在实际应用的过程中，知识文化素养的丰富，也可以让教师从多角度开展教学活动，根据教学内容进行有机拓展，让学生体验到更加丰富的教学内容。

（三）高超的语言表达技巧

教师在实际的教育教学工作中一刻也离不开语言的运用，包括备课、上课、批改作业，和家长、学生沟通，这些工作都需要教师具有高超的语言表达技巧，才能保证工作的顺利开展。语文是一门学科，也是一门艺术，教学的每一个环节都闪烁着创造的智慧，语文的教学过程实际上也是语言实践的过程，教师语言的形象性、启发性是教学艺术最重要的特征。通过打比方、做类比、举例子、摹声、绘状等艺术处理，使学生感知语文教材，如临其境、如见其人、如闻其声，从而产生巨大的感染力，促使学生的感知、思维、理解和想象等认知活动积极展开。综合运用叙述、说明、论证、抒情等各种表达方式，则能化难为易，引起共鸣。娓娓动听的讲解，丝丝入扣的分析，循循善诱的点拨，引人入胜的谈话，跌宕起伏的节奏，令人荡气回肠。教学语言的抑扬顿挫，诙谐幽默，或是慷慨激昂，深沉委婉，都能令人回味无穷。语文教师的语言具有鲜明的学科性质，即可感性、情感性和启发性，具备了这些语言特性，就能将深奥的事理形象化，把抽象的事物具体化，把无声的文字变成有声的语言，生动再现教材的思想内容。所以，高校语文教师理应成为运用语言的艺术家。

教师这一行业非常特殊，所承载的使命是灵魂的塑造，所以语言的表达对于任何教师而言都是一个重大命题。从某种角度看，教育就是作为语言而存在的人的精神活动，教师语言的传达直接作用于学生的心灵，成为师生灵魂交往的桥梁，促使学生诞生新的思想。高校语文教育相当于一种高级语言教育，具体指向大学生听、说、读、写能力的培养。而大学生自主学习的能力在不断加强，新时代新媒体所构筑的视听文化氛围，为学习者提供了广阔的学习平台。获取知识的途径异常丰富，各种电影、电视、网络资源中丰富的关于文学、艺术的语言资料，不仅对大学生构成强烈的吸引力，而且也对大学教师的语言素养提出了更高的要求。言之无物不行，言之无味同样难以让大学生所接受。必须承认，大学课堂教学是享受还是忍受，教师在教学中的语言素养与表达技巧举足轻重。所以，高校语文教师的教学语言理所当然应具有语文学科的性质，体现语文学科的特征。在具体教学过程中需注重语言运用的幽默美、叙述美、哲理美和抒情美。

在信息时代，从美学角度来看，人们生活在一个充满戏剧气氛的历史环境中，或冷或热的幽默性语言更能迅速有效地贴近、牵动、抓住当代大学生的耳膜。孔子曾说过："知之者不如好之者，好之者不如乐之者。"具有幽默性的语言课堂有助于学生学习心态的良性运行，能推动学生产生喜悦与激情，在学习活动中收到如鱼得水、如沐春风的效果。在课堂教学实践过程中，具有幽默语言风格的教师其语言表达往往具有强大的沟通效果，很容易和学生打成一片，引起心灵共鸣，同时也展示出教师的聪明睿智，彰显自己的人格魅力。

高校语文教学中的哲理性语言是学生走向深度思考的指南针，哲理涉及社会、生活、人生历史等诸多规律性探索归纳。大学时代是理性思考高度发展的时期，大学生渴望以高度、深邃的理性视角来深入地剖析自我与世界，培养自己适应时代生活、学习的新的精神力量。而文学相对于哲学的冷静、抽象、理性而言更接近感性、具象与情绪。优秀的文学作品往往都不会只停留于事实的表面，而是蕴含着丰富多彩的关于社会、人生、文化历史的深层次的哲学思考。其中有对为人处世的奥义深思，也有对生命的终极追问、宏观探索以及微言大义，如果教师能掌握好这些哲理性语言表述的适宜角度，势必可以将课文理解引向深入。例如讲解鲁迅的《伤逝》时，出于作品本身的深厚内涵，教师可以深入阐发人世间关于爱情的哲理思考，而不是简单停留于对爱情的讲述，可以向学生提出"爱"究竟意味着什么的讨论题目，组织深入探讨。用类似的哲学式追问命题让学生思考、辩论、阐释，会取得更强烈持久深刻的思想震撼力。所有哲理性的思考不仅能推动学生智力成长，有利于辨别、分析、归纳、演绎能力的提高，同时也会有助于学生独立自主精神的树立。

高校语文教学中的文学性、趣味性、知识性和综合性特征，很大程度上是通过故事的传达来实现的，教学实践证明，故事的磁场力量有时比单纯的理性传达更为强大。在课堂教学中，教师讲述的故事内容与表达质量高，一般可以制造出更为有效的、生动的听觉效果。讲述故事可以实现的效果、完成的功能常常是一般道理灌输所无法抵达的。大学生生活经验有限，需要曲折生动、丰富多彩、寓意深刻的故事、人物形象来拓展对生活的理解，对文学的了解，对历史的认识，对人生的探索。故事可以为课堂营造一种情景，让大学生身临其境，不仅得到感悟与思考，更能促使他们在教师故事讲述中取代、超越其习以为常的视觉享受，进而专注于感受语言的原始魅力，培养语言想象表达的兴趣与能力。教学中，教师应多选择充分体现高校语文特色并紧密结合生活实际的有历史性、文化性、时代性、个体性的多元化文本，让学生在历史的长河中汲取知识的营养，提升思想的高度，淬炼能力的强韧。

高校语文教学中教师语言的情感因素不可忽视。德国教育家雅斯贝尔斯说过："教育是人的灵魂的教育，而非理智知识与认识的堆积。""感人者，莫先乎情。"[1]原本就属于人文素质教育课程的高校语文，其中的选文均为古今中外语言大师的情感的结晶，期间渗透着"爱"的教育，对真、善、美的追求能促使学生在专业学习之余，培养丰富的感性、情感的领悟与表达力，改善提高学生的情感与文化品位。教师可以将切身情感与作品情感相融合，通过抑扬顿挫或柔情缠绵或慷慨激昂的情感语言舒展、深刻地抒发对于自然、人生、祖国、历史的浓厚情愫，摆脱现实功利的困扰，获得美好的情感熏陶与抚慰。例如在讲授唐诗名篇《春江花月夜》时，作品本身对于自然、人生、时间、爱情的情感投入、情绪波荡原本十分深广浩大，而对于涉世不深、情感思考尚未成熟的大学生而言，如何真正深入地理解作品的情绪与情思并不容易，这就需要教师将自身对于这些重大的人类存在命题的深度思考与情感体验贯穿于课堂教学，在朗读、讲解分析的过程中，通过含有与作品本身的情感色彩相似的感伤深邃、博大通达的抒情语言的挥洒，让学生真切地感受到教师对作品的情感情绪方面的理解与共鸣，由此自然而然地受到教师的强烈感染，感动于教师的真情流露，认真地将自我的情感、思考投放于作品之中，拉近与古人的心灵距离，获得灵魂与精神的洗礼。

总之，高校语文教师语言素养和技巧在实践中不是机械地操作，而是追求一种浑然天成的个性表露，那种煽情的语言在大学阶段必须与较为成熟的现代理性

---

① 转引自：李云.高校语文教学中的语言文字运用能力培养探讨 [J].教育现代化，2018, 5（33）：184-185.

精神、智慧思想火花巧妙、自然地融合，方可取得良好的效果。也只有这样高质量的融合，才能体现出高校语文教师情感的深度与力度，这有赖于教师自觉的知识积累与艰辛的能力训练。

（四）睿智的逻辑思维能力

逻辑是关于概念、判断、推理的科学，它属于思维训练的内容，它与人的认知能力有关，人的认知能力强，对规律意义上的逻辑把握就好一些，逻辑思维能力最重要的是观察、思考和表现事物规律的能力。读书有规律，这就是读书的逻辑；记忆知识有规律，这就是记忆的逻辑；教学有规律，自然是教学规律。高校语文教师应该掌握系统的逻辑知识，而逻辑思维训练主要是两个方面，一是逻辑知识修养，二是逻辑思维能力训练，这对高校语文教师而言十分重要。因为思维能力与语文教育的关系十分密切，思维教育在整个教育活动中具有重要地位。语言是思维的直接现实，思维靠语言来表达，二者是相互依存的关系。在解决语言的过程中，思维活动十分活跃，需要想象、联想、分析、综合、抽象、概括、判断、推理，形象思维和逻辑思维交替进行。在表达语言的过程中，也同样需要复杂而紧张的思维活动参与。如果没有分析比较，就不可能准确地选择词句；如果没有抽象概括，就不可能言之有序，前后统一，合乎逻辑。所以，高校语文教师必须要具备睿智的逻辑思维能力。

苏霍姆林斯基说过："真正的学校应当是一个积极思考的王国。"[①] 真正的语文课堂一定是学生有效思维的天堂，一定是弥漫着一种浓烈的思维文化氛围的阵地。在实际的教学活动中，教师承担着引导学生建立形成正确的语文逻辑思维能力的重任，而这一职能就要求教师首先要具备睿智的逻辑思维能力。对于教师而言，逻辑思维能力是完成高校语文创新教育工作的基础，如果教师的逻辑思维能力较差，那么教师也就无法完成高校语文创新教育工作，更不能够保证高校语文创新教育的实际效果，严重的情况下，还会对学生造成一定的负面影响。首先，高校语文教师要以睿智的逻辑思维能力为基础，具备整合知识、创造知识的能力，善于总结不同知识之间的联系性，并且将其上升成为一种全新的知识体系，以此引导学生在脑中形成语文思维逻辑，将语文知识和社会实践相结合，真正让学生做到学以致用。其次，教师要具有创新逻辑思维的能力，也就是要在教育教学环节中，具有变通的思维能力。比如，教师在讲解《雷雨》等作品时，可以从其中找

---

① 转引自：蒋旭.语文阅读教学中的语言训练研究［D］.扬州大学，2012.

到精彩的环节，让学生扮演其中的角色，通过表演体会作品内容；而在讲解《祭父》时可以让学生根据自身的见闻或者经历展开讨论，通过不同的教学手段和教学形式，提高学生的课堂参与度，让学生更好地解决问题。高校语文教师必须要具备创新性的逻辑思维能力，善于发现学生的潜能，因材施教，多角度全面化地培养学生。高校语文教师一旦具备了睿智的逻辑思维能力，可以更好地运用综合性的教学方法和教学艺术，让学生真正地成为社会需要的人才，教师也会成为创新型人才的培养者。高校语文作为公共基础课程之一，具有提高学生人文素质，丰富学生语言应用能力、思维能力的作用，教师必须要处理好逻辑与语文内容融合的关系。语文重在语言，逻辑重在思维，如果不注意逻辑融入语文，很容易相互割裂，要想方设法将逻辑知识渗透到语文的全过程，贯穿在词语解释、作业、作文、演讲等学习活动中，在具体的教学活动中进行思维训练，不断提升自身能力。

逻辑思维能力的培养工作就极为重要，教师可以通过旁听其他优秀教师示范课来观察体会优秀教师的教学思维逻辑，对于自身的思维逻辑形成提供一定的参考，从而为高校语文创新教育工作的全面提升奠定基础。教师只有具备了良好的逻辑思维能力，才能够更好地完成自身的使命，为社会培养出更多的优秀学生。比如，某校教师定期去向校内执教经验丰富的高校语文教师讨教，并且旁听其他语文教师的课程，感受其他教师的思维逻辑，积累丰富的教学知识和教学手段，从而对自身的教学方式产生一定的认识，丰富自身的研究内容，为研究工作提供全面的参考，有效避免研究方法的单一和教学质量低下的问题，也能够让学生得到高质量的教学环境和教学氛围，真正地引导学生形成优秀的逻辑思维。因此，教师必须要突破原有的思维模式，创造性发展教育信息，更新教学内容，借此激发学生的学习兴趣，引导学生了解语文学习，形成综合性的发展。

除了上述内容之外，高校语文创新教育工作也需要教师具有睿智的逻辑思维能力，只有如此才能够通过课堂内外的讲授和指导，引导学生进入语文知识的实际，成为具有创新精神和实践能力的综合性社会人才。通过文献研究法对国内多个高校语文创新教育研究工作文献进行研究发现，优秀的教师不仅要具有极高的职业道德素养、丰富的知识素养以及表达能力，还要具有良好的逻辑思维能力，才能够保证教师得到全面的发展，并且促进高校语文创新教育工作日益完善，教学水平不断提升。

（五）宽广的胸怀

对于教学人员而言，不论是逻辑思维能力、知识文化素养、语言表达能力，都是对教师自身职业知识水平的要求，职业道德素养代表着教师对待工作的态度，而宽广的胸怀，则是在职业道德素养的基础上，对教师个人人格提出的一个基本要求。由上可知，教师是一种特殊的职业，在日常工作中，经常需要面对学生家长的误解，学校上级领导批评，甚至是学生的误解，如果教师不能够合理调节自身的心态，就会对学生造成一定的影响。宽广的胸怀是教师必备的基本素养，教师在实际的工作过程中，如果无法调节自己的心态，不仅会对自身造成影响，也会给学生带来影响。教师要认识到除了传道授业解惑之外，教师也会对学生的世界观、人生观、价值观带来一定的影响，如果教师不能够合理地控制自己的情绪，会对课堂教学效率、课堂教学情况造成阻碍。比如，教师在教导学生的过程中，学生做出逆反的举动或者言语，如果教师也采用同样的态度，只会让事情进一步恶化，而教师如果采取更加科学合理的方法解决，让学生主动认识到自己的错误，而不是心存怨恨，才有利于学生心理的健康和人格的塑造。以某校教师为例，该校教师为了更好地和学生进行沟通，建立了相应的微信群，了解学生的学习情况，和学生交朋友，为学生解决生活中的问题，教师主动为学生排忧解难，包容学生的小错误，从而让学生感受到教师的包容，体会到教师的关爱。在这样的关系下，教学效率和教学质量也会在无形之中得到提升。想要做到这些都需要教师具有宽广的胸怀，包容学生，从而更好地开展教学活动。同时，教师也要包容家长，很多家长对学校的实际情况并不了解，通过学生片面的描述，从而产生误解，此时，教师要耐心地同家长做解释，获取家长的信任。教师是一种特殊的职业，并不是一个知识丰富、教学成绩优秀的人员就是教师，一个教师必须要具备宽广的胸怀，能够在家长和学生之间得到一致好评，才能算作一个优秀的教师。高校语文创新教育工作中将宽广的胸怀作为创新型教师的基本要求，必须保证教学人员以宽广的胸怀对待教学工作和教学研究工作。但是，宽广的胸怀并不是要求教师一味地退让，教师要学会保护自己，合理地使用自己拥有的权利，保证自身能力得到充分发挥，做到以德服人，从而为学生树立起一个榜样，让学生也朝着同样的方向发展，这才是创新型教师在高校语文创新教育工作中需要起到的作用。教师不仅是学生的引导者，也是学生的参考形象，大学生在毕业后即将步入社会，教师要在此时，给学生传达出正确的人生观、价值观和世界观，才能够让学生成为对社会有用的人，成为社会的栋梁，为中华民族的伟大复兴做出贡献。比如，教师可以成立家长微信群和学生微信群，定期和学生、家长进行沟通，保证学生和家长都感受到尊重，在这样的情况下，教师就可以更好地开展教学活动，也会得到家长和学生的支持，以此在日常教学活动中得到帮助，并且更好地推动高校语文创新教育工作，让高校语文创新教育工作得到真正的落实。

（六）娴熟的教艺

目前，高校语文教学面临着严峻挑战，教学效率不高是普遍存在的问题，从教师本身素质建设角度看很有反思的必要。随着社会的发展，人们对创新型教师有了全新的定义，有些人已认识到教师素养是语文教学改革深化的关键，但他们大多关注的只是语文教师的语文专业素养，忽略了语文教师的教育素养。事实是，学者未必是良师，语文教师的专业水平高，语文教育的效果不一定好。这里涉及教育素养问题。语文教师的素养主要由语文专业素养和教育素养构成。教育素养又主要包括教育观念与个性、教育理论知识、教育能力和技巧三方面。无论是从理论还是现实的视角分析，对于我们当前的语文教育来说，提高语文教师的教育素养显得尤为重要和迫切。从理论的层面来看，教育的本质和语文教育的自身规律都要求语文教师应不断提高自己的教育素养。丰富的教育素养是一位合格语文教师的必备素养，但是，在高校语文教学中只讲知识的传授，不讲教学艺术已是事实。所谓教学艺术，就是教育素质在教学过程中的体现，是提高教学效果的技巧与方法。教师只有具备了娴熟的教学艺术后，才能够在教学活动中更好地把控流程，保证教学工作得以全面进行。想要成为一名优秀的创新型语文教师，就要做到德艺双馨，除了具有高尚的职业道德情操和坚韧不拔的工作态度以外，还要具备高深的学术造诣和知识文化素养，熟悉语文学科的教学方式方法，才能在教学研究和教育教学工作中不断总结经验教训，坚持双向发展，将高校语文创新教育工作的成果全面落实，以此拓展学生的语文思维，开阔学生的视野，让学生得到全面发展。

教师要以娴熟的教艺作为追求目标，不断加强教育素养的修炼，提升自身素养。学校也要加强师资队伍的建设，利用经验丰富的老教师带动新教师发展，对新教师形成引导和示范，以此吸引更多的教师积极展开高校语文创新教育工作，创新发展出现代化的高校语文教育方法、思想以及人才培养模式，让学生从根本上提高学习质量，满足学生的学习需求，提高学生的学习成绩，从根本上提高教师的教学质量，满足高校语文创新教育工作的要求。高校教师的教学艺术包括教学方法、教学手段、教学观念等多个方面，对于教师而言，如果教师没有娴熟的教艺，那么即使教师拥有高尚的职业道德情操、渊博的文化知识素养、高超的语言表达技巧、睿智的逻辑思维能力、宽广的胸怀也无法让教学工作得到充分发展，因此教师必须要科学地采取教学手段，综合使用多种教学技巧开展教学，满足教学模式发展。近年来，信息技术的全面发展，很多教师都开始应用多媒体技术，但是随着多媒体技术的发展，信息技术的普及，这种教学技术还需要得到更进一步的发展，才能够真正地促进教学水平的提升。比如教师可以改变多媒体技术的利用方式，将其和传统教学方法有机结合，借助多媒体技术的同时，也采用传统教学方法中有效的教学手段，保证教学质量，推动教学活动的全面开展。对于高校语文创新教育工作而言，重点在于创新，教师具有娴熟的教艺，会帮助教师更加合理地采取教学方式，在不同的教学方式之间进行切换，并且对教学方式进行优化，让教学方式的作用得到充分的发挥。以提问的方式为例，课堂提问是一种传统的教学互动方式，但是，这种方式如果得不到合理的应用，就会变成教学的形式化，就会引起学生的反感，继而对教学效果造成影响。课堂提问法也可以让教师对教学内容进行全面的考核，并且第一时间了解学生的学习情况，因此教师可以对这种提问方式进行优化，比如，教师可以采取小组提问的方式，通过小组之间的讨论，加强学生之间的沟通，或者可以在课堂的最后留出一定的时间，对课堂教学内容进行考核，合理选择考核问题，既要照顾学习能力相对较差的学生，也要考虑学习能力较强，学习成绩优秀的学生。通过生生互评、教师评价的方式，让学生明确自身存在的不足，也能够让教师了解学生对知识的掌握情况，进而更加有针对性地展开教学。不仅是课堂提问教学法，很多传统的教学方法都具有优秀的教学效果，只是需要教师对其进行合理的判断，让教师更好地面对学生，更加直观地面向教学活动，切合学生的学习心理，为学生构建出良好的学习方式，引导学生正确地参与语文学习活动。

二、树立创新教学观念

（一）变主讲为主导

在对创新型高校语文教师进行研究的过程中可知，思路创新和视角创新是高校语文创新教育研究工作中的重点内容，而教师作为高校语文创新教育工作中的主体人员，树立创新性的教学观念是重点内容。在树立创新性教学观念中，第一要素就是要变主讲为主导。纵观国家教育行业的发展情况，传统的教学方式中，教师是课堂的核心，承担着主要的教学任务，课堂上教师占用的时间最多，而学生处于被动接受的地位，在教学过程中被动地接受知识，自我消化的时间较短。尤其是中国的应试教育，这种教育教学手段的效果最为明显，能够让学生取得十分优秀的成绩。但是随着改革开放的程度不断加深，国外文化的传入，对中国教育行业造成了一定的影响。新时期，社会需要综合性、创新性的人才，采用传统教学方法培养出来的学生，虽然具有较强的理论知识，但是实践能力较弱，创新性较差，对于一些创造性的职位无法胜任。所以改革旧的教育教学方式是必然的选择，比如，教学时间要尽可能地缩短，学生的互动时间要适当延长。传统教学模式下，教学时间可能占据课堂整体时间的95%，现如今，就要将教学时间缩短到50%，甚至更少。教师可以采用微课、翻转课堂等新出现的教学方法，从固有的主讲转变为主导，以指导、引导为主，让学生主动思考问题，让学生参与到教学互动中，改变以往的讲解式教学方法，采取理解式教学方法，将大部分课堂时间留给学生，而教师只需要少部分的教学时间，形成与现代人才培养相适应的教学观念。

教学观念对教学实践具有指导作用，教师可以采用启发式教学、互动式教学，以此培养学生的学习能力、创新意识。教师自身的教学观念会影响教师选择教学方法和教学手段，这就需要教师必须要打破传统教学模式的限制，打开视野，大胆创新，变主讲为主导，在正确认识教学地位的基础上，选择合适的教学方式，以此保证教学方法的有效运用，让学生的综合实力得到真正的提高。比如，教师在实际的高校语文创新教育工作过程中，由内而外肯定了学生主导地位，将指导学生、引导学生作为教学的核心关键，在选择教学方法时，避开单一性的教学方法，而是选择一些互动性较强的方式，保证教学工作得到全面的开展，从而在实际应用的过程中，提高教学方法的有效性，保证教学方法得到真正的落实，以此不断提高自身的教学水平，保证教学质量。新课改不断深入的过程中，教师在教学中的地位发生了根本上的改变，以某高校的教师为例，该校教师在实际的教学活动中，通过提问式教学法，让学生带着问题进行阅读，对课文进行自主分析，进而回答教师的问题，如果教师发现学生对课文产生错误的理解后，再来纠正学生，以此锻炼学生的阅读分析能力，也能够利用问题让学生明确阅读的重点，从而更好地展开教学工作，保证教学任务得到充分落实。

（二）变保守为开放

开放性是高校语文教学的重要原则之一，也是新课程课堂教学的基本要求。开放性要求在教学过程中能不断激起学生的思考、领悟、体验、探索和发展，让学生的思维、心态处于开放的状态，而不是被动地接受。高校语文教学必须体现开放性。

教师是教学方法的创造者，教学方法并不是独立存在的，也不是一成不变的，教学方法是教学活动的一种外化表现形式，很多教学方法中包括了教学经验，是教师在实际应用过程中不断总结出来的。虽然，优秀的教学方法有很多，但教学方法要随着时代的发展而改变，要深入教学活动中去，才能够符合时代的需求。然而，教育行业的实际发展情况是，教师身上担负着较大的教学压力，在社会、家长、学校等多方面的要求下，教师更倾向于采取传统直接的教学方法，以此保证学生的学习水平有直观的提升，很少有教师愿意尝试创新性的教学方法，因为创新需要实证，也需要时间，有一定风险，导致高校语文创新教育工作很难推进。大学教学既是传授知识与文化的活动，同时也是创造知识与文化的活动，因此教师必须要变保守为开放，将高校语文创新教育工作成果应用到实际的教学工作中，推动教学改革进程。教师必须要积极地借鉴、发展、创新出更多的教学方法，优化教学活动，勇于实践，主动创新教学方法。很多高校教学人员都承担着教学研究任务，通过高校语文创新教育研究工作，教学人员收获了全新的教学方法理论，但是这些高校语文创新教育研究工作成果的应用情况却不容乐观，虽然很多教师都对教学方法极为重视，积极参加培训，但是大部分教师没有真正地认识到教学方法创新的作用。比如，教师在确定教学方法的过程中，需要考虑到学生的学习背景、知识背景、接受能力等因素，从而保证挑选出来的教学方法符合实际。但是教师忽略了教学方法改革的根本目的是要改善课堂教学效果，让学生更加容易接受新知识，提高教学质量。而传统的教学方法已经不适用于新时期的教学环境，教师想要让学生获取知识，提高学生的实用能力，就要按照现代创新教育思想观念，注重创新，勇于创新。

以某高校教学名师为例，该校教师乐于尝试全新的教学方法，并且形成了教学实验班，对该班的学习成绩进行全面监控，观察教学方法的有效性，继而对教学方法进行进一步的优化，带动全校高校语文创新教育工作发展进步。教学方法是一把双刃剑，如果教学方法存在问题，会对教学质量造成影响，还会让学生产生抵触情绪，因此，教师在变保守为开放的过程中，一定要从教学实际情况出发，选择真正有作用的新教育方法，让教学方法符合学生发展情况，进而调动学生的学习积极性，通过实际的应用让学生的学习水平得到提升，也能够让教师从主观上看到创新教学方法的有效性，对教学方法创新的重要性产生全面的认识。从保守到开放是一个漫长、系统的过程，不能够将传统教学方法一棒打死，但是也要学会取其精华、去其糟粕，比如，武汉某高校的相关教学研究人员在进行高校语文创新教育研究工作的过程中，提出了一种全新的教学方法，这种教学方法就是将传统教学方式和现代化教学理念进行结合。以该名教师提出的全新教学提问法为例，传统的教学提问法，是由教师提问，学生回答，如果学生回答错误，教师就会给出正确答案。但是这种方法限制了学生的思考，依然是一种变相的知识灌输。而创新后的教学提问法，虽然也是由教师提问，学生回答，但是如果学生无法回答，或者回答不上来时，教师并不会直接给出答案，而是让学生自己寻找、思考，教师从旁细心引导，给予提点。学生会对一个由自己思考而得出的答案留下深刻的印象，同时学习自信心也会得到真正的提升。

教师要树立正确的教学心态，秉持严肃的职业态度，正确分析该教学方法的科学性和可行性，并且将其应用到教学过程中，对于在教学过程中发生的问题，结合实际情况，对教学方式进行优化，以及让学生真正地感受全新的教学方式，才会产生教学效果，这需要教师有宽广的胸怀和开放的视野，不断吸收新信息，接受新方法，才能促进专业发展，提高教育素养。也只有教师变保守为开放，才能够让教学工作得到真正的落实，以此建立起良好的高校语文创新教育工作氛围，提高高校语文教育教学人员创新教育工作的质量，保证教学方法的实际有效性，让高校语文创新教育研究理论和高校语文创新教育工作相结合，以此推动高校语文创新教育的发展进步。

（三）变统一为多元

想要真正地树立创新教学观念，除了要变主讲为主导、变保守为开放之外，还需要变统一为多元。传统教育教学观念中除了保守性、主导性较强这两个缺点之外，还有一点，就是教学模式固定、单一性较强，因此对于高校语文创新教育工作而言，需要创新型教师变统一为多元，以此实现教学活动多样化、多元化发展。只有如此，才能更好地吸引学生注意力，调动学生积极性，满足学生的实际需求，为学生发展创造出良好的课堂学习环境，保证学生得到全面的发展。变统一为多元也是创新型教师在实际应用的过程中必须遵守的教学原则之一，通过落实多样化的教学手段，才能够让高校语文创新教育工作得到真正的开展。比如，教师想要从多个角度启发学生，让学生进行深入的思考，这就需要教师采取多样化的教学模式，提高教师的授课质量。在高校语文创新教育工作中，很多教师都认为语文知识重在积累，因此花费大量的课堂时间，要求学生记忆、背诵或者记录课堂笔记，但是这种单一化的教学方式，已经不符合新时代的教学需求。教师要将课堂时间进行科学划分，留给学生更多的互动时间和思考的时间。语文教学中积累固然重要，但是积累的实际意义是实践，如果只是机械地积累，最终只会让知识失去原本的价值。综合上述内容可知，教师需要改变传统的教学方式，积极采用多种不同的教学方法，让学生的学习能力得到真正的提升。比如，教师要变单一为多元，实际上任何教学方式都存在优点和缺点，而且单一的教学方式反而会让教学研究工作存在某些问题，长此以往还会导致学生出现倦怠，对教学活动失去兴趣。教师要以学生为中心，综合利用多种不同的教学手段和教学方法，让学生有新鲜感，随时保持学习激情，让学生的学习能力、创新意识得到真正的提升。以大连理工大学的某位高校语文教师为例，该名教师在采用多媒体教学方法的同时，还采用传统的教学手段，包括课堂提问法、启发引导法等，以此综合利用不同的教学方法，让学生的学习能力和创新意识得到提升。教师是教学方法的创造者和使用者，有效的教学方法要以具体的教学背景和教育对象来确定，没有一成不变的教学模式，教学方法也不是独立于教师主体，教学活动中教师要根据实际的教学手段，运用综合性的教学方法，在实践中总结，在实验中提炼，这是高校语文教师基本的教育素养，也是高校语文创新教育研究工作的重要内容之一。对于高校语文教师来说，在创新过程中，不仅要积累丰富的专业知识，更为重要的是要树立起科学的教学理念，继而不断地完善知识结构，成为一个综合型、创新型的教师。

三、形成创新教学方法

（一）创新教学方法的内涵

基于建构主义对创新高校语文教学方法进行分析，将语文创新教学法分为三个部分，即陈述性教学方法、非策略性的程序性教学方法、策略性的程序性教学方法。

第一，陈述性教学方法，主要是针对一些陈述性知识也就是语言知识、文学知识、文章知识、文言知识、文化常识等，其中语言知识还可以分为文字、词汇、语法、修辞等。针对这种理论知识可采用的教学方法极为有限，一般都是通过直接的讲解，从而让学生理解语文教学知识并得到全面的发展，但陈述性知识主要是高校语文中的理论知识，这种知识并不能够直接转化为实践能力，因此在高校语文创新教学中这种知识的教学方法需要得到全面的创新。

第二，非策略性的程序性教学方法，主要是针对非策略性的程序性语文知识，这种语文知识中包括了言语知识、查阅工具书知识、标点符号运用知识等，这些知识主要是关于活动过程和活动步骤的，因此在实际的教学过程中，教师要对这些知识进行详细的讲解，可以说非策略性的程序性知识是语文的教学目标之一，对于语文教学全面的发展而言具有重要的意义。因此新时期必须要保证教学工作的全面发展，以此让教学方法得到全面的发展，为教学研究工作奠定良好的基础，比如，教师在实际应用的过程中，想要保证教育教学研究工作得到全面的发展，就要运用一些工具书教学法、阅读法等非策略性的程序性教学方法。

第三，策略性的程序性教学方法。除了以上两种教学方法之外，在实际的教学过程中，还需要考虑策略性程序性教学方法，这种教学方法主要针对的是策略性程序性知识，这种知识包括学习方法、学习程度，比如阅读策略、言语策略、写作策略等。通过科学合理的策略性程序性教学方法可以让学生更好地展开学习。以某校教师为例，在阅读教学工作中采取了引读法、提问法等手段进行全面的研究，以此让策略性的程序性知识得到进一步发展，让学生可以更好地掌握策略性的程序性知识，从而对自己的学习过程和学习任务进行反思，以此明确教学的实际情况，让教学得到全面的发展。

通过对陈述性教学方法、非策略性的程序性教学方法、策略性的程序性教学方法的分析，初步确定了高校语文创新教育教学方法的主要内涵，明确了高校语文创新教育教学方法中的主要内容。

（二）创新教学方法的原则

高校语文创新教育教学方法的原则不仅要基于高校语文创新教育教学方法的内涵，还要对高校语文创新教育教学方法的过程进行分析，由上可知高校语文教学研究创新的过程具有三个特点，分别为：适合性、多样性、建构性。而这三个特点也是高校语文创新教育教学方法的主要原则。

第一，适合性原则。所谓的适合性原则就是高校语文创新教育教学要符合学生发展，满足学生需求，适合社会发展需要，更要符合教学目标。从高校语文创新教育教学方法来看，高校语文教学研究创新是其理论基础，高校语文教学研究对象为学生、教学内容、外在条件等方面。因此，高校语文教育教学方法的创新实践也要从这几个方面出发，以保证高校语文创新教育教学方法的科学性。首先，从学生的角度考虑，大学和其他阶段的学习不同，很多教学方法并不适用，因此在高校语文教育教学方法的创新实践过程中，必须采用具体形象、感染能力较强的教学方法，教授大学生更喜欢、更感兴趣的内容，满足学生的需求。其次，从教学内容的方面考虑，在一些陈述性知识的教学上，传统的陈述性知识教学方式，已经无法满足社会对高校语文教育教学方法的要求，教师要利用生动活泼的表达方式和综合多样的教学方式，形成良好的教学氛围。再次，从外在条件的方面考虑，要求大学校园不断提升教学设备，包括多媒体设备、实践教室、教学道具、课外书籍等辅助教学条件，要不断完善必要的教学设备，同时要符合高校语文创新教育教学的实际需求。综上所述，在高校语文教育教学方法的创新实践的过程中必须坚持适合性原则，这不仅是教学方法和教学条件的适合性，也是教学方法和教学对象的适合性。

第二，多样性原则。在对语文教学创新研究的实践过程中，除了要保证适合性这一特点之外，多样性特点也极为重要，只有在实际的教学过程中，利用多样性的原则展现出高校语文教育教学方法创新的魅力，并且从实际的教学情况出发，对教师的语文教学工作进行分析，创新发展出具有教学特点的研究内容，以此让教学方法得到综合使用，才是教学改革的真正动力。纵观大部分教师的实际教学过程，大部分采取的都是直奔主题的形式，教学质量的提升较为缓慢，对教学效率造成一定的影响，因此，在高校语文教育教学方法的创新实践中，必须坚持多样性这一原则，想要保证教学质量的全面发展，就必须要实现高校语文教育教学方法的创新实践的多样性，让教学方法服务于教学任务，进而实现教学目标，提高教学质量。多样性原则的实施，要依靠教师和学校的共同努力，教师首先要形成多样化的教学理念，学校要提高对高校语文教学的重视，为教学活动的开展创造良好的条件和环境。教师要不断积极地创新教学方法，了解新时期学生的心理，从而开创出可以充分调动学生学习积极性的教学模式。

第三，建构性原则。重点关注教学环境、学生学习意识、教师教学方法。在高校语文教育教学方法的创新实践过程中，教师可以通过具体的教学内容和教学方法，开展高校语文教育教学方法的创新实践工作，从而让高校语文教育教学方法的创新实践工作得到全面的落实，推动高校语文创新教育得到全面的发展，提升高校语文教育的优异性。建构性原则指的就是以学生为主，调动学生学习积极性，让学生主动发现知识的使用价值，而非传统教学中学生的被动接受。因此，建构主义要求学生的学习环境必须要得到强有力的支持，还需要教师不断加强教学的实践性。第一，学校要为学生营造一个良好的校园学习环境，这就需要学校加强校园文化的构建；第二，教师要转变传统教学观念，强调学习，创新教学，让学生主动地融入课堂教学环境中去。

（三）创新教学方法的手段

基于高校语文教育教学方法的创新实践的内涵和原则可知，现阶段高校语文教育教学方法的创新实践可以采取的手段有很多，包括开展科研工程、定期组织培训、实现教师合作小组等。对于高校语文教育教学方法的创新实践而言，必须要建立具体的教育教学环境，有针对性地进行改革创新。传统的高校语文教育教学方法，在掌握陈述性知识方面具有较大的作用，但是对于其他方面的知识，包括非策略性的程序性知识以及策略性的程序性知识等内容时，传统的语文教育教学方法并不适用，因此教师要根据实际需要对教学方法的创新发展进行全面的分析，让学生可以更加容易接受高校语文知识，在脑海中形成正确的语文逻辑思维。比如，在写作教学中的评改教学法，教师可以让学生以某种体裁完成一个不超过三百字的小短文，教师在学生写作的过程中巡视，以此了解学生的学习情况，为接下来的评论工作奠定基础。在学生完成了写作任务后，教师可以给学生展示一些具有代表性的示例作文，让学生进行评价，找出其中存在的问题，在学生评论过后，对写作中需要注意的问题先进行总结分析，找出写作的关键点让学生更好地学习语法知识。在上述案例中教师通过适当的引导和指引，让学生主动发现问题可以让学生留下深刻的印象。在解读了示例作文后，教师可以让学生相互交换自己的作文，进行生生互评，继而教师再对全体学生的作文进行批改，最后，让学生自己发现其中的问题。通过这种教学方式，学生的学习水平就会得到全面的提高，而且在上述过程中，教师的教学质量和课堂教学效果也都得到了全面的发展。

（四）独特教学模式的构建

高校语文教育是实施素质教育的重要突破口，只有摒弃传统的记忆型、接受式教学方式，实施以自主学习为精神指导的多样互动的创新教学模式，才能真正实现培养和提高大学生创新能力的教育目标。而创新教学模式既不是传统教学模式的简单变形，也不是别出心裁的花样翻新，它必须是在新时代教育沃土上培养出的新品种，代表着新时代教育发展的方向与进程，同时为新时代创新人才培养发挥出事半功倍的作用，具有其独特的教育功能，是教育者反复实验的结果，反映出教育者的智慧与贡献。对独特教学模式的构成过程，可以从三个方面进行分析，分别为教师、学生和教学环境。首先是教师，对于教师而言，独特教学模式的构成，需要教师不断地创新实践，通过教育理论的积累和教育实践的历练，善于破旧，敢于创新，勇于实践，以此在真正的语文教育教学过程中，不断探索，总结提炼，找出最优秀的教学方式，综合使用多样教学方法，营造出良好的环境氛围，从而形成具有教育价值的独特教学模式。其次是学生，对于学生而言，独特教学模式的构成，必然要符合学生的学习需求。学生作为语文教育教学的主体，在其中发挥着十分重要的作用，在教师实践过程中，学生要积极配合，给予教师真实的效果反馈，通过直接感受指出教学方法中可能存在的问题，让教师更有针对性地完善教学模式的提炼，保证教学工作得到全面的发展，继而让语文教育教学方法得到有效应用。最后是教学环境，新时期很多教学方法都依赖于教学条件和教学环境，如果教学条件无法满足教学方法的开展，那么也就无法构成独特的教学模式，因此教师要根据自身的教学与研究内容，让教学模式得到真正的完善，以此推动教学全面地展开，让语文教育教学方法形成符合学生特性、学习环境的独特教学模式。

需要注意的是独特教学模式充分考虑了不同班级、不同专业、不同学校之间的区别，这种教学模式是独立的，并不适用于整体教学环境，针对性和个性化较强。教师在实际应用这种独特教学模式时，必须要对教学实际情况进行分析，以保证语文教育教学方法得到有效运用。以某大学为例，某高校语文教研室为了保证教学质量，每月定期开展教学研讨会，通过教师之间的探讨分析，集合教师之间的意见建议，综合讨论结果，形成改革方案；也会在研讨会上，提出教学过程中存在的问题，由当次负责的教师总结研讨结果，形成书面文件上交学校指导部门，反映教师的真实需求，让学校可以及时地满足教师需求，为教师创造出良好的教学条件和教学环境，进而构建出独特的教学模式。该校某位高校语文课程教师善于总结教学经验，基于多媒体技术，创建了表演教学法，以此激发学生的学习兴趣，将课堂内容以歌曲、戏剧等多种不同的形式表演出来，让学生对知识形成深刻的印象，同时也创建出了轻松活跃的课堂气氛，很受学生欢迎。实践证明，高校语文教学过程中教师应把每堂课都作为学生创造探索的历程，才能敞开心扉，放飞学生的思路，启发学生的心灵，才会达到处处是创造之地，天天是创造之时，人人是创造之人的境界，这就是独特教学模式所产生的教学效果，其中充分体现了这种教学模式所具有的情景、研究、活动与合作等特点。

第二节　创造性开展语文实践活动

一、语文实践活动的意义

（一）语文与生活的关系

1.语文起源于生活

文学主要来源于人们的生产劳动，最初的文学作品是在人的劳动过程中产生的。语文起源于生活体现在以下几个方面：一是劳动行为是语文知识产生的前提，人类在不断发展中，逐渐开始使用工具进行交流沟通，并创造出语言系统和文字系统；二是劳动行为满足了语文活动需求，最初的文学活动便是为了协同劳动进行创作的；三是劳动是早期文学创作主要参考内容，如《吴越春秋》中《弹歌》等文学艺术作品，都是围绕劳动活动创作得到的。因此，可以说语文来源于生活，与生活实际间存在紧密联系。

2.生活影响语文发展

语文发展动力主要为生活发展需求，随着人类生活形式的改变，人们对精神文化提出了更多需求，这种情况促使语文内容和形式朝着多样化方向发展，体现出生活需求在语文发展上的促进作用。早期文学作品普遍以诗歌的形式存在，内容相对单一。而随着时代发展，诗歌表达内容更加丰富，由于受到诗歌形式限制，又产生其他多种类型的文字样式，包括小说、散文、戏剧等。随着信息时代的到来，新型交流媒体广泛应用，提高了信息交流效率，简化了信息交流过程。时代的发展，一定程度扩展了人们的视野，要求人们运用创新性思维和开放心态来为语文发展注入活力。为了满足语文发展的要求，需要人们在新时代的背景下具备更高的文字选择和运用能力，即表明生活发展可推动语文发展。例如，人类在不断发展中形成了多种文化，如涂鸦文化、声乐文化等，这些文化的产生离不开实际生活，而随着文化内容的不断丰富，再次为语文发展提供了有利条件。

3.语文使生活更加美好

在对语文和生活之间关系进行分析时，要注意的是，语文活动的开展能促使生活更美好。语文来源于生活，但是又超越生活，大多优质文章都是对实际生活的超越，代表了作者思想，作者将对生活的期许借助文字形式传达出来。这类文章不仅有利于学生对写作技巧的掌握，同时能给人们生活希望。在欣赏语文作品时，应该从文章本质出发，感受其传达的美好意愿，以提升人们心灵境界，以超越的态度对待作品，通过语文知识的学习，促使读者自觉追求乐观向上的生活，为读者提供审美体验。例如，在学习诗歌等教学内容时，可鼓励学生结合实际内容想象出一定情境，为学生营造轻松愉悦的学习氛围，不仅有利于学生对知识的掌握，还能使学生树立正确的三观，对他们的生活态度产生积极影响，使得他们能对现实生活产生巨大热情。

（二）在语文活动中培养学生的语言交际能力

1.加强普通话练习

普通话是现代汉语的标准语，它是以北京语音为标准音，以北方话为基础方言，以典型规范的现代白话文著作为语法规范的中华民族共同语。它是文字改革的一个重要的组成部分。1955年，现代汉语规范问题学术会议规定：普通话是现代汉语的标准语。如果我们大家都学普通话，用普通话与大家交流，彼此间建立了深厚的友谊，那么普通话就是我们友谊的桥梁。普通话是人类生活中必不可少的东西。如果，你到外地去，大家对你说的都是方言，你一句也听不懂，但是你讲普通话就便于沟通，用它来解决沟通上的问题是再好不过的了。普通话还是对长辈的尊敬，因为它响亮易懂，悦耳动听，使长辈听了心情愉悦。在语文实践活动开展过程中，普通话有利于提高学生语言交际能力。教学大纲要求，学生要注重普通话的练习，以获得较好的交际能力，需要在把握语音标准的基础上，确保学生具备较高的普通话水平。加强对大学生普通话水平的训练可看作是提高他们交际能力的重要途径，大学生可塑性较强，可通过训练实践，丰富学生词汇量并增强他们的语感，在提升学生语言交际能力方面有着重要意义。实际进行普通话训练时，可着重从韵母、语调、声调等方面着手，安排一定课时集中进行普通话训练。掌握声母和韵母是提高学生发音准确性的基础，可根据学生发音特点，有针对性地选择训练内容，以在保证学生具备较高普通话水平的情况下，确保学生语言交际行为的良好开展。

2.通过朗读训练表达能力

朗读指的是将视觉感官接收到的语言信息，转化为有声语言的创造活动。朗读需要朗读者根据特定的语言材料，借助语言的媒介作用，将文章核心思想准确地展现出来，通常将朗读看作是创造文学作品形象的一类活动。在实际的语言教学实践中，通常采用朗读这一教学手段，能起到传授知识、锻炼技能以及提升能力的作用。对于朗读者而言，需要在开展朗读活动的基础上，深入探索文章含义和韵味等。在朗读过程中，学生可想象作者创作时的感情和心境，再次利用自己的语言将作者思想情怀以及语言信息等传达出来。例如《从百草园到三味书屋》写道："先生自己也念书，后来我们的声音静下来了，只有先生在大声朗读着：铁如意，指挥倜傥，一座皆惊……每当读到这里，先生总是微笑起来，将头仰起并摇着，向后拗过去。"文章中对先生神态的描写，明显体现出先生陶醉在自己的朗读情怀中。朗读文章能一定程度地培养学生审美情趣，并有利于提高他们的写作能力及鉴赏能力，对学生语文学习能力的整体提升有促进作用。反复的朗读，能够将人的注意力集中到文本内容，感受理解文本意境和思想。并且，在朗读过程中，要求学生能根据文章情感特点，合理控制语调和语速，通过上述训练，帮助学生养成较好的语言习惯；同时可在朗读实践中，加大对学生表达能力以及理解能力的培养，在上述能力全面提高的情况下，可保证学生具有较强的语言交际能力。

3. 语感能力的训练

语感能力的训练同样对提高学生口语交际能力有重要意义，应在合理设定并落实语感能力训练的基础上，促进学生相关能力的发展。语感指的是人们对文字的敏感程度和直觉程度，不同个体的语感能力有差异，对于语感能力较强的人来讲，能在听读一段话的同时，快速掌握其中蕴含的情感。语感不仅能起到加深人们对文字理解的作用，还能保证人们充分表达自己的情感，写作实践中需要充分利用这一能力，以便丰富文章中的情感内涵。语感能力一定程度上决定着学生的交际能力，语感较好的学生，能准确表达说话的内容。而语文教学活动的开展，对学生语感能力的提升有积极促进作用，因此，可通过大力开展语文教学活动来促进学生语感能力和交际能力的增强。

（三）在语文活动中培养学生的创新品质

1. 引导学生从观察中发现

语文实践活动的开展，有助于锻炼学生的创新思维，语文活动能为学生提供广阔的观察空间，引导学生在实际观察中发现创作源泉，进而在整合各类信息的基础上，提高学生的创造能力。因此，为了发挥语文实践活动在培养学生创新品质上的积极作用，教师应有意识地引领学生观察生活，真正发现生活与语言之间的联系，并在生活实践中增长见识，提高语文学习兴趣。例如，实际语文教学过程中，教师将根据教学内容，组织学生参加户外活动，并要求学生将观察到的事物记录下来，养成他们自主观察的习惯，为之后写作实践活动的开展奠定基础。语文来源于生活，高质量的创作文章离不开对生活素材的收集与整理，只有在保证全面收集生活信息的基础上，才能确保文章体现出较高现实性。因此，在培养学生观察能力时，有必要定期组织观察活动，通过实践活动提高学生的观察能力及创新实力。

2. 引导学生在想象中感悟

要想提高学生创新能力，还应注重引导学生在语文活动中充分发挥想象力，根据生活中的语文知识，营造出相应的场景和语境，以便做到对知识的深刻掌握。如高校语文课堂上可开展不限制主题的写作活动，学生能根据自身喜好确定写作主题，并在基于已有的语文知识的条件下，发挥其想象力，从而丰富文章内容。这有利于提高学生的文章鉴赏能力。在语文活动中运用想象力，能有效实现学生对语文知识的深刻感悟，以免限制学生语文能力的全面发展。想象力在写作过程中的运用，是提高学生创造能力的重要途径，需要学生在营造想象情境的情况下，从多个角度出发学习语文知识。为了保证学生想象力在语文活动中的有效运用，要求教师能尊重学生个性特点，保证语文活动在和谐的氛围下高效开展，这对提高学生创新能力有一定帮助。

3. 引导学生向课外延伸

语文教学课堂中获取的知识有限，考虑到语文知识的学习受到社会环境和自然环境的影响，因此，需要注重语文知识向课外延伸，将语文知识与社会生活联系起来，能进一步完善学生语文知识体系，挖掘生活实际中的语言元素，从而起到丰富语文教学内容的作用。例如，在组织学生参与语文实践时，教师会引导学生树立知识不断扩张的意识，在语文活动开展中，重点关注课内外联系以及学科的融合等，促使学生做到从多个角度出发，运用其创造性思维来思考问题，能保证其对问题理解得更加透彻，并能实现语文知识的灵活运用。语文教学主要任务之一便是加大对学生创造能力的培养，以便将学生创新性格培养成珍贵的思维品质，为学生语文知识学习提供保障。

二、大学生语文活动的原则

（一）独创性原则

为了充分发挥大学生语文实践活动在促进学生语文能力提升上的辅助作用，需要明确实践活动的开展原则，从而为实践活动的有序进行提供保障。其中独创性原则是进行大学生语文实践活动时需要充分落实的原则，指的是确保实践活动内容的创新性和时效性，帮助学生掌握充足的语文知识，促进学生语文能力结构体系的完善发展。语文活动的高效开展需要同时发挥师生双方在实践活动中的创造性及主动性，以便提高师生在活动中的参与度。语文实践活动的开展需要突出学生主体地位，要求教师能发挥其组织和引导作用，为学生提供适宜的活动内容，并引导学生将创新思维运用到活动开展的过程中。要想保证独创性原则真正落实在语文实践活动设计中，要求教师能尽快接收新的教育观念，将新的语文知识渗透到实践活动设计中，为学生提供全面的语文知识。避免照搬原有的活动设计形式，否则，就会导致学生活动参与积极性降低，并无法保证活动内容符合学生发展需求。另外，在实践活动设计及开展过程中，教师应有意识地吸收新知识，以便提高其综合素养，能在活动开展阶段提供更好的教学指导。另外，实践活动内容创新特点还应通过挖掘教材内容来实现，教师应在以教材内容为主的基础上，准确把握教材内容并创造性地利用教材资源。通过上述做法，能保证实践活动内容设计的合理性，并能在延伸教材内容的情况下，提高实践活动的针对性，挖掘学生潜能。为了达到精心设计教学活动的效果，需要在语文实践活动中采取启发式以及讨论式的教学形式，提高学生智力并加强语文教学效果。

在制订讨论内容方面，可由教师和学生共同商讨，主要针对教材内容中有研究价值的地方进行细致探讨，从而保证对教材细节知识的有效掌握。语文活动课程重视与社会生活以及学生实际联系起来。学生对已经经历过的事件通常有深刻体会，并希望借助文字载体将其思想表达出来，同时对外部世界有强烈的探索意愿。语文实践活动设计时运用的素材是取之不竭的，能通过将新的社会观念结合到主题讨论中，得到更加深刻的研究成果。总的来讲，独创性原则在实践活动内容设计上的运用具有重要意义，是提高活动效果的关键，并且在独创性原则的规范作用下，能整体提高实践活动质量，促使学生参与到语文活动中，实现自身语文能力的发展。

（二）综合性原则

学生语文活动实践阶段要按照一定原则来设计实践内容，以便取得最佳实践效果。语文实践活动应具有综合性特点，促使学生自觉将语文知识内化为能力，形成语文素养。语文活动关键目的在于扩展语文知识学习和应用的领域，明确语文教学和实际生活的密切联系，以便在多方参与语文教学实践的情况下，实现学生语文素养全面发展。在实践活动的不同环节中，教师要以培养学生多方面能力作为活动开展原则，例如，通过设定相应的教学目标，使学生能在完成学习任务的过程中，提高他们自身的口语交际能力、信息处理能力、合作能力、书面表达能力以及创新能力等，进而使学生提高语文素养。如为了保证语文实践活动的设计能起到培养学生多方面能力的作用，可设计采访环节，鼓励学生开展课后采访及现场采访等活动。在采访实践中，学生听说读写等综合能力得到了一定发展。将语文知识运用到实践中，可促使学生明确语文知识学习的重要意义，从而提高学生的自主学习意识。

综合实践活动的开展，还将帮助学生形成优良的学习习惯，由于已经掌握了实践经验，这时学生会通过自己设计安排、活动实践等，真正获取直观的感受经验和理论知识，在实践中确保知识运用的合理性，加深学生对语文知识的理解。在上述语文实践活动有序开展的条件下，能极大程度调动学生的语文学习兴趣，增强他们将语文知识转变为自身能力的转换技能，从而体现语文教学实际价值。语文实践活动主要特点便是将社会生活与语文教学结合起来，可促使学生语文知识获取渠道的多样化，进而开阔学生视野，使得学生认识到多元文化的学习价值，并能自觉吸收优秀传统文化，达到学生思想境界的提高。另外，语文实践活动能保证语文知识真正运用在生活实际中，并在实践中得以丰富，因此，有必要重视语文实践活动。通过加大语文教学和社会实践的联系，有助于培养学生实事求是的科学态度，吸引学生参与到语文活动中，为语文活动开展效果的提升奠定基础。

（三）艺术性原则

实践性教学内容的设计需要遵循艺术性这一原则，确保实践活动设计能激发学生参与活动的积极性，并且突出活动内容的艺术感，有助于调动学生问题探索意识和创新意识等，是加强实践性教学质量的根本条件。通常将科学性原则及艺术性原则的辩证统一看作是语文活动设计的根本特征，其中科学性指的是在进行语文实践活动内容设计时，应借助先进教学观念及教学原理的指导作用，保证实践活动内容与语文教学规律以及学生语文能力的发展规律相一致，即确保实践活动具有较强可行性，是实践性教学良好开展的重要保障。而艺术性原则主要是针对实践性教学需求提出的，语文教学设计需要体现艺术性特征，进而为语文教学活动的开展注入活力，在语文实践教学高效进行方面有着较大推动作用。艺术性主要是指在进行语文教学设计过程中，教师应利用创新发展意识，突破传统课堂模式的限制，避免实践性教学活动设计受到教材的制约。例如，教师通常会凭借自己习惯的教学方式，来深入解读作品并组织教学活动，这种做法能保证教学活动开展的同时，最大限度呈现教师个人教学魅力，有利于调动学生兴趣，保证学生将自身情感融入教学实践中，促进他们个性的形成以及语文能力的发展。语文实践活动设计需要遵循多种原则，这些原则的规定主要是从语文实践教学本质、需要实现的教学效果等角度出发来确定的。借助多种原则的引导规范作用，有利于推动实践性教学朝着高层次发展，使其逐渐成为培养学生语文能力的重要途径。其中艺术性原则具有重要参考价值，这一原则能有效增强教学内容趣味性，要求实践活动内容的设计满足学生心理特点，体现出其创造性思维，通过为学生提供新的活动形式，可确保教学活动在学生积极配合下顺利进行，真正做到促进学生个性化发展，是实践性教学主要发展趋势。

（四）发展性原则

实际设计语文实践活动内容时，要注重发展性原则的运用，明确语文实践活动的组织在发展学生语文能力上的促进作用。对于语文活动而言，其本质为变革，组织语文教学实践活动的主要目的在于加强对学生语言文字运用技能以及语文素养的培养，从而保证语文活动内容设计的合理性。需要在正确认识语文实践性教学本质的基础上，保证活动内容的针对性设计。发展性原则的提出充分体现了实践性教学在学生发展上的促进作用，需要保证发展性理念贯穿在实践活动设计过程，使得实践活动设计体现出先进性特点，为学生语文能力提高提供基础条件。实际上，语文教学活动和语文知识学习之间并不总是促进关系，语文教学课堂中听说读写等活动的开展，将促进语文学习过程顺利开展，并保证学生不断积累语文知识。但是随着学习行为的演变，学习者的学习能力和知识获取倾向等将发生变化，这种变化能长期保持，在这种变化下，个体对语文知识的需求有所改变，要求语文知识具有多样化特点，并能逐渐提高知识学习难度。但是实际课堂教学中，大部分教学活动只是在单一水平标准上的重复，这时教学活动的开展与语文知识学习之间不成正比关系。

因此，有必要在设计教学活动内容时，严格遵照发展性原则，保证教学实践活动的开展有助于学生语文能力朝着高层次发展。例如，在鉴赏诗歌时，应在保留朗读这一教学手段的同时，增加新的教学形式，包括以教材文本为主，尽可能多地收集相似诗歌作品，在细致分析多个诗歌作品间相似点的过程中，使学生掌握诗歌的相关知识。随着教学实践的推移，还要适当提高语文教学难度，确保语文实践活动在难度设定上体现出层次性特点，从而始终保持教学活动在学生语文能力发展上的促进作用，是语文实践活动设计遵循发展性原则的重要体现。在明确教学活动设计原则后，要求教师能在实践活动开展阶段指导学生有序学习语文知识，保证实践活动与语文教学紧密联系起来。当实践活动内容以及活动形式的选择都处于学生近段时间的发展区内时，则说明活动设计符合学生语文学习特点。要做到活动设计难度与学生学习能力相适应，进而最大限度地调动学生学习能动性，推动其朝着高认知水平发展。

（五）操作性原则

在进行语文实践活动设计时，要确保活动设计方案体现出较强的可操作性，从而确保实践活动实施策略的有效落实，为实践活动顺利进行添加保障。组织语文活动的目的在于为学生语文知识的探索和运用提供广阔平台，保证学生通过参与语文活动，来达到自身语文素养的提高。可操作性原则应贯穿在语文活动内容设计整个过程中，需要针对学生个性特点、学习能力以及学习需求等，设置相应的活动内容，确保活动内容的设计涉及学生多种能力的培养，从而实现学生整体语文素养的提升，在实践过程中做到语文知识向能力的转换。因此，教师在组织实践活动前，通常会要求学生针对语文实践活动提出自身看法和建议，以便在收集多方观点的条件下，提高实践活动设计方案在实际语文教学中的适用性，使得活动内容满足学生发展需求。可操作性原则是语文教学固有规律，不能违背。在设计实践活动时，还应遵照促进体验、落实教学策略和激发创造性思维的要求来安排活动内容和流程，保证语文理论成果是通过实践得到的，进而增强理论知识可信度，并能保证在实践过程中加深学生的知识掌握程度。

活动设计效果的实现，还要求在设计实践活动环节严格遵循可行性原则。语文活动应在充分考虑学生已有生活经验的基础上，结合其实际能力及认知水平等，判断活动内容的可完成性，从已经具有的客观条件以及主观条件等方面出发，具体判断实践活动的设计是否合理，避免由于语文活动内容与生活实际联系不紧密，导致活动效果较差。因此，在进行语文活动设计时，不能将活动完全按照课本还原，还应在此基础上向深层次发展，同时不能将实践活动设计得过于宏大或复杂，导致学生在实践活动中无从下手。从某种程度上看，实践活动体现出较强的可行性，是可操作性原则、目标性原则有效落实在语文实践活动开展上实现的，是增强实践活动效果的根本条件，对提高学生语文知识运用灵活性以及问题分析能力等有重要的促进作用。具体来说，实践活动的可操作性是保证语文教学活动取得预期效果的前提，实际开展实践活动时，要从主客观等多个条件出发，全面分析实践活动设计难度和复杂程度并做出合理选择，真正体现学生在语文活动中的主体地位，进一步提高实践活动开展质量。

（六）愉悦性原则

除了上述原则外，在组织语文实践活动时，还要遵循愉悦性原则，旨在保证活动开展过程中体现出明显的趣味性和开放性，在轻松的氛围下深入探讨问题本质，并实现探索成果的有效分享。进行语文活动成果交流时，会体现出趣味性及互动性的特点，由于具备这些特征，使得语文实践活动受到学生广泛欢迎，并能提高语文活动质量和效率。为了确保愉悦性原则在实践活动开展中的有效落实，首先应保证活动表现形式的趣味性和多样性，为学生提供多种活动行为，从而学生可根据自身行为特点和知识需求等，选择适当的实践活动形式，确保学生积极参与到语文实践中，并能在实践环节自觉进行语文知识收集和整合等，从而发挥语文实践活动在培养学生语文素养上的积极作用。具体来说，实践活动成果交流是语文活动最后一个环节，活动成果交流深度及广度对语文活动整体开展效果有直接影响，为了确保成果交流在良好环境下进行，则需要在明确语文活动组织原则的基础上，从丰富活动成果表现形式这一角度出发，为成果有效共享提供多种传播载体。

另外，还要保证语文实践活动获得的结论是多样化的，要在保证得到统一正确认识的同时，保留其余多种意见，保证学生能在多种观点相互碰撞后，对客观事物有自己的认识和判断。语文活动得出的结论不一定是完整的，也可以保留一块空白，以便为学生之后的问题探讨保留一定空间，使得他们能通过创新思维的运用，获得参考价值较高的活动成果。实践活动对应结论的多样化，能保证语文活动的开展满足愉悦性原则，有利于语文实践活动取得预期效果。实践经验表明，学生在掌握一定语文知识后，需要为其提供广阔的展示平台，促使学生能及时将理论知识与生活实践结合起来，并且鼓励学生展示其风采，增强他们的自信心，是保障语文实践活动取得良好开展效果的关键。如教师将语文活动主题设定为"桥"后，有学生选择播放 PPT 来向人们介绍中国名桥，在图像、视频和文字等多种要素配合作用下，加深学生对中国名桥的了解。另外，还有学生组成活动小组，通过问答形式来探索有关桥的知识。总的来说，活动成果交流分享体现出的多样性、开放性以及趣味性特点，是语文实践活动取得成功的关键，有利于调动学生学习意识，培养他们的自主学习意识。

三、语文活动形式

（一）文学论坛

文学论坛在高校语文课程实践教学中发挥着十分重要的作用，是保证高校语文课程教学实效性的措施之一，因此必须要充分发挥出文学论坛在高校语文教学中的作用，形成以知识学术类文学论坛为主导，文学艺术类论坛为补充的文学社团形式。同时高校语文教师也要加强对学生文学论坛活动的指导，以此从根本上强化高校语文教学活动的实效性。语文是大学生自身可持续发展的重要组成部分，将文学论坛加入语文教学活动中，不但可以增强语文课堂的实践性，还会增强语文课程的实践性，也能够让学生更好地发挥自己的主观能动性。文学论坛的学习可以有效提升学生的自我认识，培养文学知识、语言修养、美感品质等综合素质，此外通过文学论坛可以让学生毕业后成为一个全面发展、具有发展潜力的公民。想要实现这一目标，就要改变传统的教学模式，让学生主动参与其中。让学生从被动接受知识逐渐转变为主动接受知识，这就必须要借助文学论坛这一平台，展开多样化实践教学活动。文学论坛是提高高校语文教学效果的第二课堂，将文学作品放到文学论坛中，能为学生语文学习提供充足资源。文学论坛的形式多种多样，可采用"请进来，拉出去"的方式，请资深文学专家教授举办文学讲座，与杂志社联合开展专题文学讨论，组织学生参观名胜古迹，开办文学沙龙等。总之，高校语文教学通过各类文学论坛开展相关活动，可以更好地引导学生参加社会实践活动，进而提高学生的道德素质、业务素质、身心素质等，以此全面提升学生的综合能力，让学生更好地理解文学知识，提升文学感受能力。

（二）创作笔会

创作笔会也是提升高校语文教学实效性的语文活动，高校语文承担着民族文化传承、人文精神发扬的重要任务，大学生在语文课程中学习大量的精选作品后，就会收获丰富的学习经验，继而积累较为丰厚的文学审美能力，在实际的语文教学活动中能够拓展综合能力，因此在实际的语文活动中，学生还要提高观察、反思的能力，才能在课堂结束后，将学习到的语文知识，实际运用到生活中去。因此，创作笔会中学生可以通过多样化的创作活动，更好地应用学到的语文知识。学生在创作笔会中具有很强的自主性、灵活性、趣味性等特点，因学生可以通过创作笔会进行交流切磋，并且在活动中吸收他人的优点和经验，完善自身不足，而且随着创作笔会的发展，学生可以设计多种不同的创作题材、创作体例，并在实际应用中更好地进行分析，以此实现自己的人生价值。创作笔会本身就是一种实践性较强的活动，通过创作笔会，学生的创作能力、语文能力都会得到全面的调动，从而让自己在实际应用文学知识的过程中，不断提升应用能力。随着信息技术的不断进步，创作笔会也可利用强大的互联网开展线上培训与线下实践相结合的方式进行，放开视野，广泛吸收，多元体验，涵养提升。现阶段很多教学人员在实际的教学活动中都要求学生多写、多练，创作笔会就是一种锻炼学生创作能力的活动，因此积极开展创作笔会活动，是能够促进学生语文综合素质和综合能力提升的活动之一，也可以将其应用到大学生语文创新教育中，为教育教学活动开展奠定良好的基础。

（三）体验生活

现阶段，高校语文创新教育活动中，教学实践性、效率性较低，高校语文创新教育之间存在着一定的阻碍，很多高校在提高和拓展高校语文教学创新性上都采取了很多的手段，比如开设辅助辅修课程等方式，但是在实际应用的过程中，大部分学生虽然得到了锻炼，但是相应的课堂实践创新活动依然较为单一，覆盖面较小，还有实践经费不足等问题。体验生活其实就是一种成本最低，实践性最强的语文活动，而且体验生活具有广泛性，且覆盖性较强，因此大多数学生可以通过体验生活来加强语文创新能力。通过体验生活，学生也可以更好地感受到生活中被忽视的宝藏，继而感受到文人思想中的魅力，在实际的生活中找到语文知识的舞台，为学生打开全新的语文知识大门，也能够让学生在生活中发现传统文化知识，实现创新创业发展。实践证明，有针对性地开展社会调查、专业实践等活动，使学生走出象牙塔，深入火热的社会，体验不一样的生活，不仅能丰富文化知识，而且能锻炼思维能力，提升认知水平。体验活动可以分为很多种，不同性质的体验活动可以给学生带来不同的语文能力和语文素养，将体验活动融入高校语文活动中，可以锻炼学生的语文逻辑思维能力，提升学生的生活经验，进而让学生了解到语文知识的魅力，建立起语文学习的知识体系，感受生活中的小智慧，丰富自我修养和人文底蕴，进而在学习体验生活中，感受到创作的乐趣，从而达到体验生活的实践效果，让学生自愿参加到语文活动中去，提升自身的语文能力。应鼓励学生参与到课外实践中，如在"感受四季"这一活动中，学生可结合自身知识储备，提出自身对客观事物的认知，并通过语言文字表现出来，培养学生语文学习兴趣。

（四）才艺展示

才艺展示是一种培养大学生能力的活动方式，是校园文化建设的重要内容之一。才艺活动可以让大学生施展才华，培养学生的综合能力，此外才艺展示也为学生提供了一个良好的平台，让大学生的个人特长得到充分展示，而且在活动中还能结交到很多优秀的朋友，进而引导大学生树立正确的世界观、人生观、价值观。高校语文本身就承担着培养大学生文化素质的重要任务，随着学生参与才艺展示活动次数的不断增加，学生的人文性、审美性都会得到提高，而且通过才艺艺术的方式将文学作品表达出来，会让文学语言更加生动形象，也更能够感染人、打动人。不仅如此，新时期，学生在参与才艺展示活动的过程中，会逐渐树立起想要效仿的对象，继而在无形之中提升自身的思想高度，养成正确的价值观。因此，必须要充分发挥才艺展示在高校语文教育中的作用，促使高校语文教师走出语文课堂，按照相应的教育教学方式，从世界观、人生观、价值观、道德情感、意志信念等角度出发，帮助大学生策划文艺展示活动，比如话剧、歌剧、情景剧演绎、主持风采等形式，以此加强大学生语文教学的实践性和创新性，让师生在文艺展示活动中共同进步，推动自身能力的不断发展。文艺展示活动可以有效推动学生的人文素养，展示自身才华，通过文艺展示活动，可以让高校语文教育教学活动得到拓展，在全校范围内建立良好的语文学习氛围。

（五）经典朗诵

经典朗诵也是提高大学生人文素养，建设校园文化的重要组成部分，作为文学爱好者展示自身能力的舞台，也是经典文化传播发扬的舞台，经典朗诵活动的存在具有无可替代的作用。组织经典朗诵活动可以让文学青年的文学底蕴得到进一步的积累，这种经典朗诵读书活动也可以引导语文爱好者更加积极地参与其中，帮助大学生提升自身的内涵，从经典文学中探寻人性和审美创新。现代社会中人们对人文精神的追求日益强烈，经典朗诵是人们对经典文学作品的一种全新的阐述，也就是说，在现代社会中，通过经典朗诵的形式，可以在物质解放的同时，更好地发现文学作品中的美，提高大学生的身心素质，进而培养其公民意识，以此更好地弘扬语文文化和语文精神，实现自我价值，提升内在素质。如教师可组织学生以某一艺术作品为主题，自行创作朗诵内容，并在朗诵过程中加深对艺术作品情感的把握。而且经典朗诵除了可以在校园内活动之外，还可以在校园外、社会中进行活动，以此对经典文化进行传播，构建出和谐的文化学习氛围，以此为社会和谐发展奠定基础。必须要发挥出经典朗诵活动的作用，让高校语文走出课堂，走向社会，切实提高经典朗读活动的实效性，实现高校语文的创新发展。基于此，高校语文教师要根据教学内容和语文知识理论，对经典朗读活动进行策划，其内容必须是经典的，形式必须是灵活多样的，有利于学生自由思想与独立精神的培养，从而保证活动得到科学而有效的开展。

（六）演讲比赛

演讲比赛和经典朗读活动相似，但是相比之下，演讲比赛更能够调动学生的积极性，激起学生的求胜欲，通过科学合理的演讲比赛可以在学生之间树立起良性的竞争关系，让学生感受到压力的同时，激发学生的学习动力。高校语文课程的实践性和创新性教学想要取得一定的效果，就必须要让学生充分发挥自身的优势，教师也要指导学生积极参加演讲比赛，提高语言能力，强调语言运用的技巧。教师要积极为学生开展不同主题的语文演讲比赛，指导学生撰写相关演讲文章，参加更高层次的演讲比赛。通过开展演讲比赛活动，可以有效扩大学生的阅读面，并且开展优秀的演讲选手和作品的评选活动，将知识融入趣味性、知识性的活动中，借此活动充分调动学生的学习积极性，让学生主动学习高校语文，增强语文知识的创造性，真正实现教学相长。在执行演讲比赛活动的过程中，还可考核学生，让学生真正学习到语文知识，无论是何种形式、何种主题的演讲比赛形式，主要目的都是要让学生对知识的掌握程度进一步加深，以此让学生按照自己的兴趣自愿选择演讲形式，参加演讲比赛，继而撰写演讲稿，选择自己有兴趣的作品或者文化内容进行评价，让理论和实践之间的联系性日益密切，从根本上提高学生的实际操作能力，满足学生的需求，让语文知识得到实际应用。

（七）课外阅读

除了文学论坛、创作笔会、体验生活、才艺展示、经典朗诵、演讲比赛之外，课外阅读也是大学生语文学习的一种创新活动，在大学生的学习生涯中，学生的课外阅读活动也极为重要，学生通过选择一个感兴趣的作品和文化现象进行分析可以更好地进行阅读理解和文化分析，进而更好地积累学生的课外知识。课外阅读活动势必会对大学生阅读产生一定心理影响，如果忽视了课外阅读活动，高校语文课程就不是完整的。语文教学必须要贴近学生的学习生活，让学生和课堂知识更加地接近，因此，随着信息时代推进，大学生想要提升自身的语文素养，可以阅读更多的课外书籍，以此满足现代社会对人才的不断需求。学生除了可以阅读文学类等方面的书籍外，还要大量阅读与自己学习生活有关的其他学科的书籍，必须要保证社会发展对高素质人才的需求，进而通过阅读提升自身的文化素质，才能够让大学生更好地提升自身的竞争优势，从而让高校语文创新教学开展更加地顺畅。通过课外阅读也可以更好地吸收经验，满足自身需求。大学生的阅读面不能仅仅局限于所学专业范围内，要扩大阅读视线，政治、经济、文化、社会、军事、历史、哲学、宗教等各类书籍都要阅读，才能适应社会发展的需要。比如，大学生可以通过人物传记的阅读，借鉴他人的经验，继而完善自身的知识结构，加深专业知识，以更好的状态面对市场竞争。此外，还可以引导学生更好地认识社会，了解人生，从而让学生可以更好地理解人生知识，让学生感受到更多的专业知识，为学生的人生服务。

（八）个人博客

个人博客也是一种全新的语文活动形式，众所周知，随着电子计算机技术水平得到全面的发展，新时期大学生中拥有计算机已经是一种极为普遍的概况，甚至很多学生从小就开始接触计算机技术，为大学生提供一种全新的技术方式。很多学生都拥有了优越的学习条件，在这样的学习情况下，学生可以通过个人博客，展示自己的文学才华，实现广泛的信息交流。在实际的调查过程中，发现很多学生都拥有自己的个人博客，个人博客让学生借助计算机技术更好地展开语文活动。对于大学生而言，计算机、手机等智能设备已经极为常见，因此必须要让学生更好地利用这些现代化学习工具展开语文活动，个人博客也是自身写作能力提升的练兵场，并且能让大学生产生读书热情。作为高校语文教师必须要正确指导学生展开个人博客活动，引导学生正确读书，提高自身的阅读文化素质。大学生们除了要阅读必修的语文教材和教师指定的参考书籍之外，还要阅读其他内容，例如其他同学个人博客中发布的优秀文章，包括小说、散文、随笔等，继而不断地提高自身的文化素质。从调查中发现，大学生产生一定的阅读能力，对语文活动起到很大的促进作用。

大学生可以参加的活动有很多，不同的语文活动带来的效果各不相同，因此，重视并积极开展多样化高校语文实践活动，让大学生在活动中锻炼成长，是高校语文创新教学的有效选择。

参考文献

[1] 张敏．语文核心素养背景下的阅读教学对话研究 [D]．哈尔滨师范大学，2021．

[2] 李川川．高校语文教育现状及改进策略探究 [J]．才智，2017（07）：147．

[3] 马学海．大学语文教学中传统文化渗透的策略 [J]．文学教育（上），2021（11）：82–83．

[4] 胡硕娇．核心素养视域下高校语文教学研究 [J]．现代职业教育，2020（36）：168–169．

[5] 李娟．高校"大语文"教育教学观建构的当代审视 [J]．中国大学教学，2010（03）：43–45．

[6] 宋红军．语文教育与文学素养研究 [M]．长春：吉林大学出版社，2017．

[7] 袁彬．试论语文教师教育的当代转型 [D]．华东师范大学，2013．

[8] 刘玥．传统文化在大学语文课堂教学中的应用 [J]．文学教育（上），2018（07）：68–69．

[9] 文智辉．大学语文教育与教学研究 [M]．长沙：湖南大学出版社．2019．

[10] 李艳华．大学语文教学践行课程思政新理念的思考 [J]．文教资料，2019（32）：56–57+65．

[11] 疏勤．高校教育管理创新下的语文教学改革研究 [J]．语文建设，2014（23）：11–12．

[12] 杨玉．基于语文学科核心素养的单元教学设计研究 [D]．河南大学，2020．

[13] 王一如，邱天．高校语文教育教学研究 [M]．北京：中国时代经济出版社，2013．

[14] 刘俊司．高校语文教育教学研究 [M]．长春：吉林文史出版社．2020．

[15] 李莉．浅阅读时代下语文教育教学对策的浅探 [D]．陕西师范大学，2012．

[16] 张松竹．我国高职院校大学语文教育管理的困境与发展研究 [D]．燕山大学，2013．

[17] 刘薇．现代教育技术在高职语文教学中的应用研究 [D]．湖南师范大学，2014．

[18] 王凯．高职院校语文教学的问题、归因及对策 [D]．内蒙古师范大学，2010．

[19] 洪华平．高校语文教学与和谐课堂创设研究 [M]．北京：国家行政学院出版社．2018．

[20] 廖敏晴 . 浅谈语文教育教学之创新路径 [J]. 南方论刊，2021（11）：98-100.

[21] 王耀东，彭青 . "全国大学语文教育教学论坛"综述 [J]. 汉字文化，2019（19）：3-4.

[22] 侯丹 . 大学语文创新教育研究 [M]. 长春：吉林人民出版社，2018.

[23] 宋莉媛 . 读写结合教学法在语文教育教学中的研究 [J]. 汉字文化，2018（06）：69-70.

[24] 李大鹏 . 高校语文教育与思想政治教育的结合策略研究 [J]. 语文建设，2015（02）：16-17.

[25] 郝晓辑 . 语文教育与文学素养研究 [M]. 北京：中国纺织出版社，2019.